Collection: “Histoires Authentiques”

seconde édition

-

Suivi éditorial : Didier Antonelli
ISBN 2-911218-07-08
EAN 9782911218071

150 rue Aristide-Briand
92300 Levallois-Perret
Tel.01 47 30 53 10
livres@altiprsse.com

crédits photographiques couverture: David Lawrence (stock market).
Agence Gamma
Sipa Presse

Le secret des boîtes noires

Derniers enregistrements avant le crash

Jean-Pierre OTELLI

Éditions Altipresse

LE SECRET DES BOÎTES NOIRES

A ma mère, au ciel...

AVANT-PROPOS

Les statistiques sont formelles: la moitié des crashs aériens sont causés par des fautes de pilotage...

La raison en est simple: les pilotes sont des hommes comme les autres avec leurs forces et leurs faiblesses. Lequel pourrait affirmer sans mentir qu'il n'a jamais fait d'erreurs aux commandes de sa machine? Les spécialistes américains du ***Crew Ressource Management***[(1)] *estiment qu'un navigant commet en moyenne sept erreurs par heure de vol. C'est un chiffre qui peut sembler énorme pour un non-initié pourtant c'est une réalité qu'il serait malhonnête de nier...*

Cela n'empêche pas l'avion d'être le moyen de transport le plus sûr du monde. Les systèmes de sécurité sont conçus de telles manières que les fautes de pilotage sont presque toujours corrigées et restent sans aucune conséquence sur la sécurité des passagers. Cependant, il arrive que certaines erreurs soient si graves qu'aucun système de protection ne puisse les rattraper. Ce sont alors des gaffes monstrueuses qui méritent d'être racontées:

– L'équipage écoute un match de football et se perd en Amazonie.

– Le commandant de bord est trop pressé, il se trompe de balise d'approche.

– Drague dans le cockpit...

– Le pilote effectue volontairement un décrochage qu'il ne parvient pas à rattraper.

– Le steward donne des conseils: l'avion tombe à l'eau.

– L'équipage oublie de signaler qu'il a un moteur en panne: l'avion repart...

(1) Discipline visant à gérer au mieux les potentialités des pilotes. Appelée également: Cockpit Ressource Management.

– Le quadriréacteur tente de décoller sur 3 moteurs : il s'écrase.
– etc.

Devant de telles bourdes, il est bien tentant d'avoir un réflexe corporatiste et de ne rien dire. Ce n'est pas une façon de faire progresser les choses. La vérité n'est pas toujours agréable à entendre, pourtant à long terme, elle ne peut que grandir l'image de la profession.

Grâce aux conversations extraites des boîtes noires, le lecteur pourra suivre le déroulement des accidents dans leurs moindres détails.

PRÉCISIONS SUR LES BOÎTES NOIRES...

Tout au long de cet ouvrage les sigles CVR et FDR reviendront très souvent. Il convient de les expliquer par avance car ce sont les termes techniques qui désignent les boîtes noires.

Leur vrai nom est: “enregistreurs de vol” et ils ne sont pas noirs mais de couleur orange avec des bandes fluorescentes pour être mieux visibles au milieu des débris de l'avion. En cas d'accident, le public sait bien que ce sont ces “boîtes” d'une dizaine de kilos qui vont permettre de découvrir ce qui s'est réellement passé quelques secondes avant le crash. Sans révéler totalement la Vérité, elles vont contribuer à l'établir dans de nombreux cas. C'est la raison pour laquelle, tout est mis en œuvre pour que les informations qu'elles contiennent restent exploitables après l'accident. On comprend alors que les normes de fabrication des boîtes noires soient terriblement sévères: elles doivent pouvoir supporter 5000 g[1] ce qui représente un impact contre un mur de brique à plus de 600 kilomètres à l'heure. Pour vérifier leur résistance, au cours des tests on projette les enregistreurs sur une paroi à l'aide d'un canon spécial. A titre de comparaison, un corps humain est complètement brisé aux environs de 25 g.

(1) L'ancienne norme de 3400 g est sur le point d'être abandonnée.

La plupart des crash provoquent de violents incendies. Les boîtes noires doivent donc pouvoir livrer leurs informations après avoir séjourné une heure dans un feu à une température de 1100 degrés... Elles sont aussi parfaitement étanches et peuvent supporter l'énorme pression qui règne à 7000 mètres de profondeur. En outre, elles sont équipées d'un émetteur ULB[2] permettant de les localiser dans n'importe quel milieu et en particulier dans les profondeurs océanique.

Jusqu'ici, le support des enregistrements était des bandes magnétiques. Ces bandes étaient métalliques pour améliorer la résistance aux chocs et à la chaleur des incendies. Pour augmenter encore leur fiabilité, les nouvelles boîtes noires disposent maintenant d'une mémoire stockée sur des systèmes comparables à ceux d'un ordinateur. L'enregistrement des données est numérique et la capacité très supérieure à ce que l'on pouvait attendre autrefois d'une bande magnétique. Chaque avion possède deux boîtes noires qui sont placées à l'arrière. Elles sont presque toujours dans la queue parce qu'en cas de crash, c'est l'endroit qui est généralement le moins abîmé.

La première boîte noire est le *Cockpit Voice Recorder* (CVR), un système qui enregistre les conversations des navigants, les bruits dans le poste de pilotage et les contacts radio avec le contrôle aérien. C'est grâce à ces enregistrements que les dialogues de ce livre ont pu être reproduits avec une extrême précision aussi bien dans leur contenu que dans leur chronologie en heures, minutes et secondes. La durée d'enregistrement était autrefois de 30 minutes. Aujourd'hui, les nouvelles normes des *Cockpit Voice Recorder* permettent de conserver jusqu'à 2 heures de conversations continues.

(2) Underwater Locator Beacon : Balise sous-marine de repérage.

La seconde boîte noire est le Flight Data Recorder (FDR) qui enregistre tous les paramètres techniques du vol en lui-même: vitesse de l'avion, taux de montée, puissance des réacteurs, inclinaison, position du train d'atterrissage et des volets, etc. Les FDR de nouvelles générations enregistrent jusqu'à 88 paramètres pendant les 25 dernières heures de vol. Grâce à cet enregistreur, il est possible de reconstituer le vol sur un ordinateur et de le visualiser en trois dimensions dans toutes les positions.

Lorsqu'elles sont retrouvées en bon état, les boîtes noires permettent presque toujours aux enquêteurs de connaître la vérité. La véritable question qui se pose alors est de savoir si le public est informé des résultats?

Il faudrait être naïf pour croire qu'il n'y a jamais eu de tentatives de dissimulation. Ce ne sont pas les raisons qui manquent pour justifier le recours au secret: intérêts financiers considérables, raison d'état, souci de protéger les susceptibilités nationales, corporatisme, protection de l'emploi, etc.

Tous les détails techniques des accidents racontés dans ce livre sont parfaitement authentiques... Ils soulèveront parfois un sentiment d'indignation, de peur ou prêteront même à sourire: la Vérité est parfois inattendue.

Après avoir lu ce livre, le lecteur sera peut-être tenté de ne plus prendre l'avion Il aura tort: statistiquement, le transport aérien est le plus sûr du monde. Même le train est plus dangereux... Les catastrophes ferroviaires sont seulement un peu moins médiatisées.

LE CRASH DU VOL SWISSAIR 111 À HALIFAX.

La compagnie Swissair était l'une des plus sûres du monde. Elle n'avait eu que dix accidents depuis 1945[1]*. C'est très peu comparé à certaines compagnies qui font régulièrement les gros titres des journaux. Les spécialistes aéronautiques n'hésitaient pas à attribuer à Swissair le titre envié de "Compagnie aérienne la plus sûre du monde". Le crash du vol 111 à Halifax a écorné sérieusement cette image d'Épinal. L'accident aurait même tendance à démontrer que le mieux est parfois l'ennemi du bien car dans le déroulement des événements de septembre 98, il est probable que la recherche de la perfection est un des facteurs qui ont finalement conduit l'avion à la catastrophe.*

Dans ce cas inédit, il est difficile de parler d'erreur du pilote sans évoquer auparavant les erreurs de la compagnie.

(1) Le dernier crash remontait à 20 ans. Il n'avait fait que 14 morts (le 8 octobre 1979, à Athènes un DC-8 rate son atterrissage et sort de la piste). En outre, sur les dix crashs subis par Swissair, six n'avaient fait aucun mort, ni même de blessé parmi les passagers (en 1950, 54, 56, 57, 67, 70), ce qui est véritablement miraculeux.

2 septembre 1998.
Minuit 50 GMT[2].

Le vol Swissair 111 a décollé de New York *John Fitzgerald Kennedy* à minuit 18 GMT[3]. Il se rend à Genève avec, à son bord, 215 passagers et 14 membres d'équipage. La météo est bonne. Bien qu'il fasse nuit, la visibilité en vol est supérieure à 30 kilomètres et il n'y a ni pluie, ni brouillard sur le nord-est du continent américain. Même le vent semble de repos ce soir-là puisque, en altitude, il souffle tout juste à la vitesse de 7 nœuds.

L'avion de Swissair est un superbe *MD 11* immatriculé HB-IWF. C'est un Jumbo-Jet triréacteur construit par McDonnell Douglas en 1991. Bien que l'appareil ait déjà effectué 35 260 cycles[4], il brille comme un sou neuf. En fait, comme toutes les machines de Swissair, il est parfaitement entretenu. La compagnie a la réputation d'être une de celles qui apportent le plus d'attention à l'entretien de ses avions. En fait, ceux-ci sont si bien soignés qu'ils ont toujours l'air de sortir d'usine. Inutile de préciser qu'ils sont très recherchés sur le marché de l'occasion et que leur cote est si élevée que Swissair ne perd jamais d'argent au moment de leur revente.

Comme tous les avions de nouvelle générations, il n'y a pas de mécanicien navigant dans le poste de pilotage du *MD 11.* L'informatique l'a remplacé. Deux hommes suffisent pour piloter cette énorme machine de 286 tonnes.

Le commandant de bord est Urs Zimmermann. C'est un Suisse très expérimenté qui possède toutes les qualifications nécessaires à sa fonction, il a 50 ans et 9 359 heures de vol.

(2) Heure universelle.
(3) 20 heures 18 en heure de New York.
(4) Un cycle = un décollage et un atterrissage.

A ses côtés son copilote s'appelle Stefan Loew. Il a 36 ans et totalise 2800 heures de vol dont 220 sur le *MD 11* qu'il pilote ce soir-là.

Le vol de New York à Genève doit durer environ 6 heures 30 minutes. C'est presque un saut de puce pour ce Boeing(5) dont l'autonomie lui permettrait de rester en vol plus de 14 heures sans ravitaillement. Avec les pleins complets, il pourrait parcourir jusqu'à 13230 kilomètres...

Pour ce trajet, plutôt court, le pilote n'a pas rempli les réservoirs complètement. Cela ne servirait à rien d'alourdir inutilement l'appareil. Il s'est contenté de mettre le carburant nécessaire à la traversée de l'Atlantique jusqu'en Suisse, en y ajoutant les différentes réserves réglementaires pour une éventuelle attente au-dessus de Genève et un déroutement météo.

Avant de poursuivre ce récit, il paraît important d'apporter quelques précisions sur les performances des gros avions de ligne lorsqu'ils sont obligés d'atterrir d'urgence juste après le décollage. En cas de problème, la plupart ne peuvent justement pas se poser immédiatement s'ils ont les pleins complets. Dans ce cas, leur poids trop important risquerait de détériorer certaines structures de la cellule. En outre, sur certaines pistes courtes, la distance d'atterrissage serait trop importante. Que faire donc si un problème survient juste après le décollage ? Il y a plusieurs possibilités... Le pilote peut tout simplement patienter en vol pour consommer son excédent de carburant, c'est une solution qui prend beaucoup de temps évidemment puisqu'il faut parfois plus de six heures pour consommer l'excès de kérosène... Ce n'est pas toujours la meilleure solution.

(5) Boeing a racheté McDonnell Douglas en 1998.

S'il y a urgence, il est possible d'utiliser un système de vidange du carburant qui permet d'alléger rapidement l'appareil. Précisons qu'une vidange en vol n'est quand même pas une opération instantanée et qu'il faut en moyenne une demi-heure pour vider complètement les réservoirs d'un *Jumbo-Jet.* C'est encore très long...

En cas, de détresse grave, il reste au pilote la possibilité de se poser immédiatement en étant très lourd mais, dans ce cas-là, l'avion devra subir une inspection par des techniciens afin de vérifier qu'il n'a pas été endommagé pendant l'atterrissage.

En ce qui concerne l'avion de Swissair, après son décollage de New York, l'appareil est en légère surcharge pour un atterrissage immédiat. Cette surcharge n'est que d'une vingtaine de tonnes (puisque les réservoirs ne sont pas pleins) mais elle existe et ce sera l'un des facteurs qui contribuera indirectement à l'accident.

Le *MD 11* rouge et blanc est en vol depuis plus d'une demi-heure. Il vient de passer par le travers de la Nouvelle-Écosse.

A l'intérieur de la cabine, la température est de 22 degrés. L'atmosphère est paisible. Bercés par le ronronnement des réacteurs, certains passagers somnolent déjà. Dans 6 heures, ils seront à Genève...

Dans le poste de pilotage, c'est la routine d'une banale traversée transatlantique. Le pilote automatique est branché. Il maintient le niveau de croisière à 33000 pieds. L'avion vient de quitter l'espace aérien des États-Unis et se trouve maintenant au-dessus du Canada, à 130 kilomètres de l'aéroport d'Halifax. La vitesse est de 910 kilomètres à l'heure. Écoutons les dernières conversations qui se sont déroulées entre l'équipage et le contrôle aérien de Moncton. Bien que les deux boîtes noires de l'avion aient cessé de fonctionner six minutes avant le crash, l'écoute des bandes enregistrées par le contrôle aérien permet de mieux comprendre le déroulement des événements.

Minuit 58 minutes 15 secondes *(commandant du vol Swissair 111)*: *Centre Moncton ici Swissair 111, heu Bonsoir messieurs. Nous sommes au niveau 330.*

Minuit 58 minutes 20 secondes *(centre de Moncton)*: *Bonsoir Swissair 111. Je vous informe qu'il y a une légère turbulence à tous les niveaux.*

Minuit 58 minutes 26 secondes *(Swissair 111)*: *Bien reçu. Swissair 111...*

Rien d'inquiétant: la turbulence signalée par le contrôle aérien ne présente aucun caractère de gravité et le *MD 11* poursuit sa route vers l'océan Atlantique.

L'avion suisse n'est pas seul dans ce secteur. Au même moment, de nombreux avions de ligne trafiquent avec le contrôle: un *747* de la TWA, *Virgin 12*, *British Airways 214* et *United Airlines 920* transmettent successivement leur position, leur niveau de vol et leurs estimées pour leur prochain point de report... Même si l'Atlantique nord est une des lignes aériennes les plus fréquentées du monde, c'est le train-train habituel pour les "aiguilleurs" qui contrôlent l'espace aérien supérieur canadien.

Tout à coup, 14 minutes plus tard, la conversation du commandant du vol *United Airlines 920* est brusquement interrompue par un violent sifflement.

Tous les navigants connaissent bien ces parasites désagréables: ils signifient qu'un pilote a parlé sur la fréquence alors que ce n'était pas son tour. Dans ce cas, les émissions radio de deux avions se sont superposées et personne n'y a rien compris.

Le contrôleur canadien va donc terminer de transmettre son message à l'avion de *United Airlines* puis il va chercher à savoir qui d'autre vient de lui parler.

1 heure 14 minutes 12 secondes ***(contrôle de Moncton)*****:** *United 920, vous avez été coupé. Je vous signale de la turbulence légère à tous les niveaux... L'autre avion qui m'a appelé, répétez votre message!*

C'est le vol Swissair 111 qui vient d'essayer de contacter le contrôle. En réalisant qu'il n'a pas été compris, le pilote répète aussitôt son message. La voix est légèrement anxieuse sans pour autant être affolée.

Minuit 14 minutes 18 secondes ***(Swissair 111)*****:** *Ici Swissair 111, nous déclarons Pan... Pan... Pan...*(6)*. Nous avons euh... de la fumée dans le cockpit. Euh, nous demandons un retour immédiat vers un terrain approprié. Je crois que euh... Boston serait bien...*

1 heure 14 minutes 33 secondes ***(contrôleur de Moncton)*****:** *Swissair 111, bien compris. Virez à droite et procédez vers... euh... Vous dites que vous voulez aller à Boston?*

Le contrôleur canadien est parfait... Il a réagi très rapidement, il n'a posé aucune question inutile comme certains contrôleurs ont eu parfois tendance à le faire lorsqu'ils se sont trouvés confrontés à un avion en difficultés. Il s'est contenté de donner immédiatement les bonnes instructions. Au ton de sa voix, on devine pourtant que la demande du Suisse de se dérouter vers l'aéroport de Boston ne lui paraît pas être la meilleure solution.

(6) En aéronautique, la répétition des mots Pan... Pan... Pan... exprime une situation d'urgence. Ce message est beaucoup moins grave que la situation de détresse qui se caractérise par la répétition du mot *Mayday*. Dans ce cas toutes les priorités sont données au pilote concerné.

Du coup, le commandant suisse hésite:

1 heure 14 minutes 33 secondes ***(Swissair 111):*** *Oui, je pense... Boston. On aurait besoin de la météo là-bas pour que... on commence un virage par la droite, Swissair 111.*

1 heure 14 minutes 45 secondes ***(contrôle de Moncton):*** *Swissair 111, d'accord et descendez au niveau 310. Est-ce que ça vous va?*

1 heure 14 minutes 50 secondes ***(Swissair 111):*** *D'accord... (bruit inintelligible qui se superpose sur la fréquence)... Swissair 111.*

Le bruit qui a accompagné la communication radio vient du fait que l'équipage est en train d'enfiler des masques à oxygène et des lunettes anti-fumée. Les vapeurs qui montent autour des deux hommes ne sont pas très épaisses pour le moment. D'après l'odeur plutôt âcre, il semblerait qu'il s'agit d'un problème électrique. Il semble évident qu'il y a un court-circuit quelque part.

Difficile pour les deux hommes de déceler l'origine exacte du problème, cela pourrait aussi bien provenir de derrière le tableau de bord que des câblages situés dans le plancher ou dans le plafond.

Dès les premières manifestations, l'équipage a sorti les check-list d'urgence et il applique scrupuleusement la procédure préconisée. Pas question de se lancer dans la moindre improvisation pour chercher à résoudre le problème au hasard. Les deux hommes lisent soigneusement chaque ligne de la procédure à suivre en cas de fumée dans le cockpit et ils l'appliquent sans faillir...

Lors des entraînements en simulateur, ils ont déjà effectué des atterrissages avec de la fumée dans le cockpit, ça s'est toujours bien passé.

Il n'y a donc pas de raison pour que cela soit différent aujourd'hui.

D'autant que la compagnie Swissair n'est pas du genre à avoir négligé le moindre détail. La documentation est parfaitement à jour et il est obligatoire de la suivre à la lettre. La discipline est telle que tout manquement à la réglementation serait sévèrement sanctionné.

Dans le poste de pilotage du *MD 11*, c'est donc loin d'être la panique. Le pilote est très calme.

Trop calme ? On peut d'ailleurs s'étonner du fait qu'il ait déclaré une “urgence” et non pas une “emergency”. Il y a une différence de gravité importante entre les deux alertes. Or, la présence de fumée dans un avion signifie évidemment qu'il y a le feu quelque part.

Ce n'est pas un incident banal : un incendie en vol aussi minime soit-il, devrait toujours être considéré comme une situation de détresse. Le cas du *DC 9* de ValuJet qui a brûlé quelques minutes après son décollage devrait alerter la vigilance du pilote suisse. Il faudrait faire vite mais le commandant applique scrupuleusement la procédure et cela prend du temps.

Dix secondes plus tard, le contrôleur canadien rappelle l'avion.

1 heure 15 minutes 03 secondes ***(contrôle de Moncton) :*** *Swissair 111, ici le centre de Moncton ?*

1 heure 15 minutes 06 secondes ***(Swissair 111) :*** *Oui, Swissair 111, allez-y !*

1 heure 15 minutes 08 secondes ***(contrôle de Moncton) :*** *Euh... Est-ce que vous ne préféreriez pas aller plutôt à Halifax ?*

Le contrôleur a parfaitement raison de proposer cette solution. De part sa position, le *Jumbo-Jet* n'est qu'à 130 kilomètres d'Halifax. Cela ne représente pas plus de 8 minutes de vol.

Le plus difficile sera de perdre de l'altitude rapidement pour pouvoir atterrir dans la foulée, pourtant s'il effectue dès maintenant une descente rapide, ça devrait marcher.

Halifax est donc une bonne suggestion, toutefois le commandant suisse ne répond pas immédiatement. Il veut jeter un coup d'œil sur ses cartes pour vérifier lui-même la distance qui le sépare des deux aéroports.

1 heure 15 minutes 11 secondes *(Swissair 111)*: *Euh, attendez !*

1 heure 15 minutes 15 secondes *(Virgin 12)*: *Moncton de Virgin 12, on va attendre...*

Le vol *Virgin 12* est un autre appareil dans le secteur. Il se dirige vers Londres. Son commandant de bord vient d'appeler pour faire savoir qu'il patientait un moment pour transmettre son message. Louable attention... Il ne veut évidemment pas déranger les communications radio entre le contrôle et le pilote de Swissair qui semble avoir des problèmes.

1 heure 15 minutes 17 secondes *(contrôle de Moncton)*: *Reçu Virgin 12. Vous attendez !*

Vingt secondes plus tard, le pilote suisse a terminé d'étudier ses cartes. Il donne sa réponse.

1 heure 15 minutes 38 secondes *(Swissair 111)*: *Affirmatif, pour Swissair 111. Nous préférons Halifax à partir de notre position.*

1 heure 15 minutes 43 secondes *(contrôle de Moncton)*: *Swissair 111, reçu. Procédez directement vers Halifax et descendez maintenant vers le niveau 290.*

1 heure 15 minutes 48 secondes ***(Swissair 111)*** **:** *Reçu... Niveau 290, vers Halifax.*

Une fois de plus, on ne peut que s'étonner de la lenteur des réactions du Suisse. Avec un avion qui "chauffe" fortement quelque part, le pilote pourrait demander dès maintenant une descente d'urgence et foncer plein pot vers l'aéroport. Personne ne lui refuserait quoi que ce soit. Or, il se contente d'accepter de quitter le niveau 310 pour le 290 sans paraître s'inquiéter outre mesure. Il est à 10 000 mètres et il va descendre de seulement 600 mètres !

Étrangement, ce sont les autres avions dans le secteur qui semblent se faire du souci pour le *MD 11.* Ainsi ce pilote du vol *British Airways 214* qui, de lui-même, propose ses services.

1 heure 16 minutes 58 secondes ***(British Airways 214)*** **:** *Euh... Swissair 111, c'est Speedbird 214, si vous voulez, je peux vous donner la météo d'Halifax ?*

1 heure 16 minutes 04 secondes ***(Swissair 111)*** **:** *Oui, euh, nous avons les... euh... masques à oxygène... Allez-y pour la météo d'Halifax.*

Évidemment, le pilote suisse a quelques difficultés à prendre des notes avec les masques.

1 heure 16 minutes 10 secondes ***(British Airways 214)*** **:** *C'est celle de 3 heures GMT (??)*(8)*, le vent était du 100 degrés pour 9 nœuds, la visibilité 30 kilomètres, quelques nuages épars à 12 000 pieds et quelques morcelés à 25 000 pieds. La température 17 degrés et le point de rosée 12 degrés. QNH : 29.80*(9)*.*

(8) C'est certainement un lapsus car il est 1 heure du matin GMT et on ne comprend pas pourquoi, le pilote annoncerait la météo de 3 heures. Il a certainement voulu dire 23 heures. Cette erreur est sans aucune conséquence sur la suite des événements.

(9) Pression atmosphérique au niveau de la mer exprimée en pouce de mercure.

Les informations que transmet le pilote anglais sont plutôt rassurantes. A Halifax, le temps est parfait: il n'y a pas de vent, la visibilité est sans problème et les nuages sont très élevés et sans aucun danger.

Ce sont des conditions idéales pour l'atterrissage d'un avion en difficulté.

Le Suisse a de la chance. Maintenant, il n'a donc plus qu'une seule chose à faire: foncer à toute vitesse vers Halifax et s'y poser dans la foulée en remerciant le ciel que cet incendie se soit déclaré si près d'un aéroport et avec une météo si clémente. D'après sa position, il peut être au sol en un peu plus de 7 minutes.

1 heure 16 minutes 29 secondes *(Swissair 111)*: *Reçu Swissair 111, nous avons noté que l'altimètre est 29.80.*

1 heure 16 minutes 36 secondes *(contrôleur de Moncton)*: *Swissair 111. Vous êtes autorisés à descendre vers 10 000 pieds et... euh... l'altimètre à 29.80.*

1 heure 16 minutes 41 secondes *(Swissair 111)*: *Reçu 29.80 et on descend vers 10 000 pieds, Swissair 111.*

Jusqu'ici, on peut dire que, malgré l'incendie qui couve, les choses se présentent plutôt bien pour le Suisse. Il est tout proche d'un aéroport, il est confronté à des contrôleurs efficaces et rapides.

Dans 6 minutes et demie, il peut être en sécurité sur la piste d'Halifax. Celle-ci se trouve exactement sur sa trajectoire. Il faut seulement qu'il accélère la descente!

1 heure 16 minutes 52 secondes *(contrôle de Moncton)*: *Euh... Swissair 111, est-ce que vous pourriez me dire combien vous avez de carburant à bord et le nombre de passagers?*

1 heure 16 minutes 58 secondes ***(Swissair 111)*** **:** *Euh, attendez... Je vous rappelle...*

Il se passe presque une minute et demie sans qu'il n'y ait aucun contact radio entre le *MD 11* et le contrôle canadien. Pendant ce temps, l'avion vole vers le Nord-Est et il approche de l'aéroport mais il ne descend pratiquement pas. Il est toujours très haut... Son altimètre indique 26000 pieds. C'est beaucoup trop pour pouvoir atterrir dans une approche directe sur la piste 06.

1 heure 18 minutes 20 secondes ***(contrôle de Moncton)*** **:** *Swissair 111, est-ce que vous pouvez contacter le centre de Moncton sur la fréquence 119.20 ?*

1 heure 18 minutes 24 secondes ***(Swissair 111)*** **:** *Reçu... 119.20, Swissair 111.*

1 heure 18 minutes 31 secondes ***(contrôle de Moncton)*** **:** *Roger...*

Quelques secondes plus tard, le *MD 11* prend contact avec le nouveau centre qui va s'occuper de lui.

1 heure 18 minutes 34 secondes ***(Swissair 111)*** **:** *Moncton Centre, bonsoir, Swissair 111, niveau de vol 254, en descente vers 250. Actuellement, on fait route vers Halifax et on vole au cap 050...*

1 heure 18 minutes 46 secondes ***(contrôleur de Moncton)*** **:** *Bonsoir Swissair 111. Descendez à 3000pieds. L'altimètre est 29.79.*

Une fois de plus, on peut, remarquer que le contrôle canadien fait son travail avec une compétence parfaite. L'homme est déjà au courant qu'il y a un feu à bord du *MD 11* et lui non plus ne perturbe pas le pilote avec des questions inutiles.

Il anticipe même sur les désirs du commandant suisse: alors que celui-ci est encore à 25000 pieds, il l'autorise déjà à descendre à 3000 pieds.

Le Suisse devrait se sentir en confiance et plonger vers le sol. Avec les aérofreins sortis, il pourrait accélérer son taux de chute et gagner un temps précieux. Il doit bien se douter que, quelque part dans son avion, le feu ronge les organes vitaux et qu'il faut aller plus vite que les flammes. Le temps presse... Le problème, c'est qu'en cas de fumée dans le cockpit, les procédures de la compagnie ne prévoient pas d'effectuer une descente en emergency comme il faudrait le faire, par exemple, en cas de dépressurisation rapide. Et le pilote applique scrupuleusement le texte.

A la lettre...

Et c'est long...

Très long...

1 heure 18 minutes 51 secondes *(Swissair 111): Euh... On préférerait quelque chose comme 8000 pieds, jusqu'à ce que la cabine soit prête pour l'atterrissage.*

Étonnant! Le contrôleur a autorisé l'avion a descendre à 3000 pieds mais le pilote n'est pas vraiment intéressé. Il trouve que c'est trop bas.

Il préfère préparer tranquillement son atterrissage à 8000 pieds: il lui faut du temps pour que son équipage puisse montrer soigneusement aux passagers comment se mettre en position pour l'atterrissage.

Est-ce qu'il n'y aurait pas le feu à bord?

Bon prince, le contrôleur va accéder à toutes les demandes du Swissair 111.

1 heure 19 minutes 00 seconde ***(contrôleur de Moncton)*****:** *Swissair 111, vous pouvez descendre à 3 000 pieds en vous arrêtant à toutes les altitudes intermédiaires que vous voudrez. Avisez-moi seulement...*

1 heure 19 minutes 07 secondes ***(Swissair 111)*****:** *Roger. Pour le moment, nous descendons à 8 000 pieds et je note que nous sommes autorisés vers 3 000 pieds à n'importe quel moment. Je vous aviserai.*

1 heure 19 minutes 14 secondes ***(contrôleur de Moncton)*****:** *Okay... Puis-je vous guider pour vous amener sur la piste 06 à Halifax ?*

1 heure 19 minutes 19 secondes ***(Swissair 111)*****:** *Ah... Pouvez-vous me répéter le dernier vent au sol s'il vous plaît ?*

1 heure 19 minutes 22 secondes ***(contrôleur)*****:** *Okay, la piste en service à Halifax est la 06. Est-ce que vous voulez que je vous guide pour la piste 06 ?*

Étrangement, une fois de plus, on dirait que les rôles sont inversés. Le contrôleur donne l'impression de vouloir accélérer le déroulement des choses comme si c'était chez lui qu'il y avait le feu. Quant au pilote, au contraire, il semble vouloir freiner pour prendre tout son temps.

Il ne sait pas que pendant ce temps-là, les flammes sont en train d'atteindre la partie supérieure du plafond entre les deux portes avant. Le brasier est déjà à l'intérieur des cloisons. Les circuits électriques sont en train de griller les uns près les autres et le feu se propage rapidement. Les enquêteurs découvriront plus tard que, juste au-dessus du cockpit, la température a atteint... 650 degrés. Les pilotes ne le savent pas encore mais les deux boîtes noires ne sont plus alimentées en électricité... Elles ont cessé de fonctionner.

1 heure 19 minutes 26 secondes *(Swissair 111)*: *Oui... Euh. Ce serait bien si vous nous donniez des cap vers la 06...*

A peine convaincu le pilote du Swissair! Aussitôt le contrôleur corrige la trajectoire de l'avion pour accélérer son arrivée à Halifax.

1 heure 19 minutes 31 secondes *(contrôle de Moncton)*: *Swissair 111, virez à gauche au cap 030...*

1 heure 19 minutes 35 secondes *(Swissair 111)*: *Reçu... à gauche au cap 030.*

1 heure 19 minutes 39 secondes *(contrôle de Moncton)*: *Okay. Ce sera pour une approche "backcourse"*(10) *pour la piste 06. La fréquence du Localizer est 109.90. Vous êtes à 30 miles du seuil de la piste.*

30 miles, c'est 54 kilomètres... En considérant la vitesse actuelle de l'avion et en tenant compte du fait qu'il va devoir ralentir pour atterrir, on peut raisonnablement estimer qu'il pourrait être au sol dans 5 minutes. Apparemment, ce n'est pas dans les intentions du Commandant de bord qui, une fois de plus, souhaite temporiser.

1 heure 19 minutes 53 secondes *(Swissair 111)*: *Euh, nous avons besoin de plus de 30 miles. S'il vous plaît, euh... répétez-moi la fréquence?*

En clair, le pilote désire qu'on lui rallonge sa route pour lui permettre de descendre et de préparer son approche tranquillement.

(10) Le contrôleur va guider l'avion dans le sens contraire de la piste et lui faire effectuer un virage qui l'amènera en finale.

Hors de question pour lui de faire les choses dans la précipitation. Il applique la procédure avec méthode et avec beaucoup de calme. Il n'y a pas le feu au lac...

Comme le pilote le demande, le contrôleur va donc lui faire effectuer un virage vers le nord pour le retarder.

1 heure 19 minutes 59 secondes ***(contrôleur de Moncton):*** *Swissair 111, vous pouvez tourner à gauche au cap 360 pour perdre de l'altitude. La fréquence est 109.90. C'est une approche "backcourse".*

1 heure 20 minutes 09 secondes ***(Swissair 111):*** *Roger 109.90 et nous virons maintenant au cap nord, Swissair 111.*

Une minute passe pendant laquelle le *MD 11* perd lentement de l'altitude (il perd aussi beaucoup de temps!).

C'est finalement le contrôle qui le rappelle pour avoir une réponse à la question qui a été posée quelques instants plus tôt et à laquelle le pilote n'a toujours pas répondu.

1 heure 21 minutes 23 secondes ***(contrôle de Moncton):*** *Swissair 111, quand vous aurez le temps, est-ce que je pourrais avoir le nombre de personnes à bord et votre quantité de carburant. C'est pour mettre les secours en place.*

1 heure 21 minutes 30 secondes ***(Swissair 111):*** *Roger, en ce moment, euh, nous avons 230 tonnes de carburant à bord. Nous devons en vidanger un peu. Est-ce qu'on peut faire ça dans ce secteur pendant la descente?*

Étrange réponse que celle du commandant... Elle appelle trois remarques: En premier lieu, celui-ci ne donne toujours pas le nombre de personnes à bord, ce qui pourrait permettre de prévoir des ambulances en quantité suffisante au cas où l'atterrissage se passerait mal...

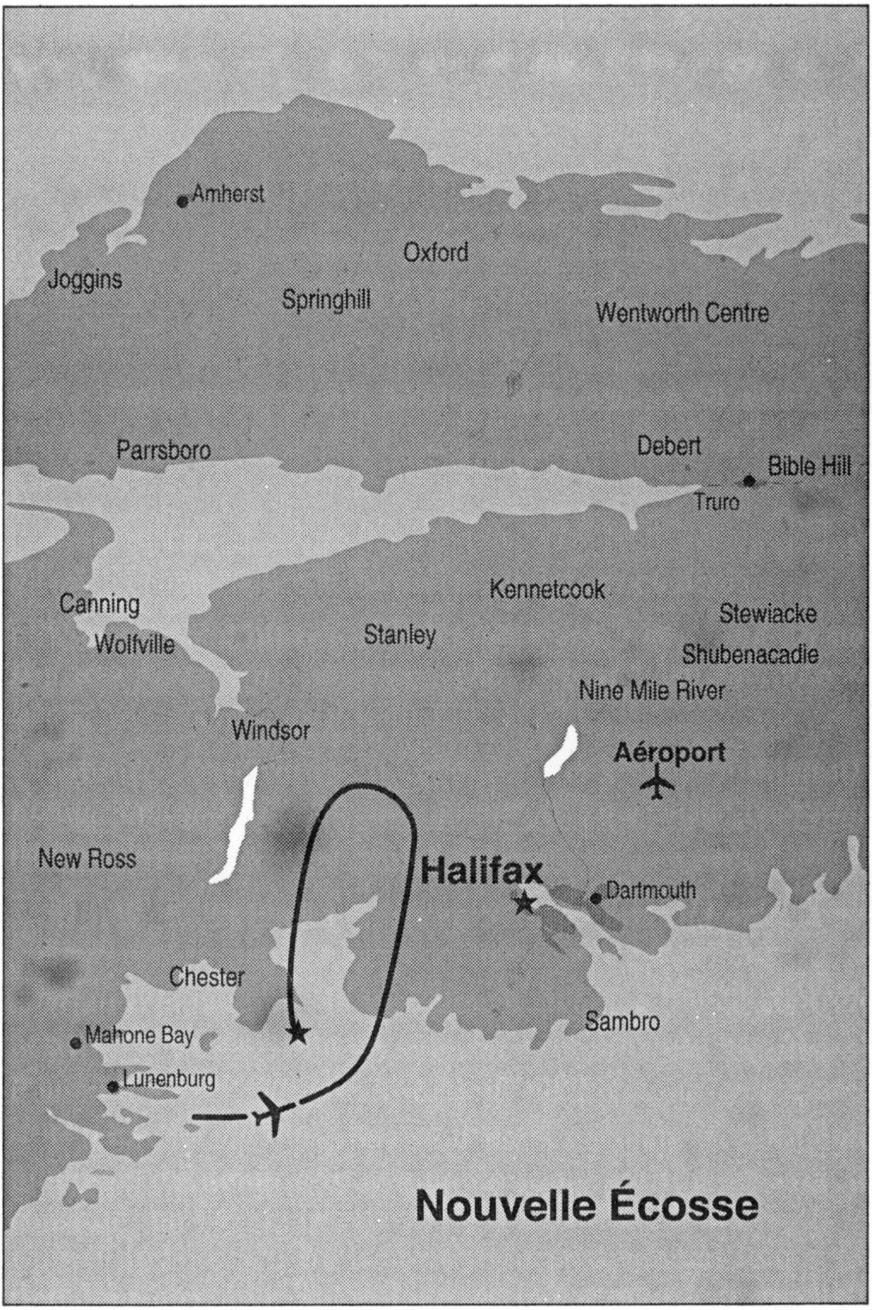
Amherst
Joggins
Oxford
Springhill
Wentworth Centre
Parrsboro
Debert
Bible Hill
Truro
Kennetcook
Canning
Stewiacke
Wolfville
Stanley
Shubenacadie
Nine Mile River
Windsor
Aéroport
New Ross
Halifax
Dartmouth
Chester
Sambro
Mahone Bay
Lunenburg
Nouvelle Écosse

En second lieu et c'est beaucoup plus grave, le pilote ne semble pas connaître la quantité de carburant contenu dans ses réservoirs. L'erreur qu'il commet est énorme ! Car le chiffre qu'il annonce est en fait... le poids total de l'avion.

Le *MD 11* peut en effet emporter au maximum 146 155 litres de kérosène, ce qui représente 105 tonnes pour les pleins complets. Comme il n'a pas fait les pleins, la réponse qu'il devrait donner serait plutôt de l'ordre de 60 à 70 tonnes. On est vraiment très loin des 230 tonnes de carburant annoncées. On peut évidemment mettre cette erreur sur le stress causé par la situation, mais comme apparemment, l'équipage n'est pas vraiment inquiet, il est plus vraisemblable que cette énorme "bourde" est causée par une attention entièrement retenue par la lecture des procédures.

La troisième remarque paraît encore plus importante : le pilote a le feu à bord de son avion, il le sait ! Il a certainement conscience que c'est grave puisqu'il doit porter un masque et des lunettes anti-fumée. Or, en cet instant, sa seule préoccupation est de vidanger son avion. Rappelons que son excédent de poids n'est que d'environ 20 tonnes.

S'il atterrissait avec une surcharge de 20 tonnes, le *MD 11* ne subirait aucune avarie grave. En 1992, un *Boeing 747* s'est posé à Anchorage avec une surcharge de près de 60 tonnes et son avion n'a pas souffert.

Par la suite, l'enquête a montré sans ambiguïté que si le pilote avait perdu du temps à vidanger, l'avion se serait écrasé [(11)].

(11) Lire *le 747 perd un réacteur.* LES MIRACULÉS DU CIEL histoires de survies extraordinaires (même auteur aux éditions Altipresse).

1 heure 21 minutes 40 secondes ***(contrôleur de Moncton):*** *Euh, d'accord, je vais vous prendre en charge. Est-ce que vous pouvez faire un virage d'éloignement vers le sud ou bien est-ce que vous voulez rester tout près de l'aéroport ?*

1 heure 21 minutes 47 secondes ***(Swissair 111):*** *Euh, attendez un moment, attendez un moment...*

1 heure 21 minutes 59 secondes ***(Swissair 111):*** *Okay... Nous pouvons partir pour un virage à droite ou à gauche vers le sud pour vidanger.*

C'est très inquiétant! Voilà donc le commandant de bord qui s'engage dans une longue procédure de vidange. Pendant ce temps-là, l'incendie gagne du terrain. Le long des cloisons, le plastique de revêtement commence à fondre. L'équipage est-il obsédé par le respect des instructions dictées par Swissair au point de ne pas se rendre compte de l'urgence de la situation? Ne sait-il pas qu'en septembre 1996, un *MD 11* semblable au sien a brûlé sur l'aéroport de Stewart aux Etats-Unis ?(12) C'est pourtant un accident qui a fait grand bruit dans le milieu des navigants. C'était au parking! La propagation de l'incendie a été si foudroyante que, même au sol, l'équipage a eu des difficultés pour quitter l'avion.

1 heure 22 minutes 04 secondes ***(contrôleur de Moncton):*** *Swissair 111, Roger. Euh, virez à... gauche au cap 200 et prévenez-moi quand vous serez prêts à vidanger. Ce sera à environ 10 miles de la côte. Vous êtes à 25 miles de l'aéroport.*

Que de temps perdu en procédures! Il y a maintenant 8 minutes que l'équipage a déclaré une situation d'ur-

(12) Cet appareil appartenait à Fedex et l'équipage a eu des difficultés pour sortir de l'avion alors même qu'il était au parking dans le secteur du fret.

gence. Si le pilote s'était dépêché, il serait pratiquement posé sur la piste d'Halifax. Au lieu de cela, il en est encore à 45 kilomètres et se prépare à effectuer une longue vidange de carburant. Une opération qui devrait durer une vingtaine de minutes dans le meilleur des cas...

Or, dans 4 minutes, l'incendie va prendre tellement d'ampleur que l'avion deviendra incontrôlable...

1 heure 22 minutes 20 secondes ***(Swissair 111) :*** *Roger, on vire à gauche et dans ce cas, euh... nous descendons seulement à 10000 pieds pour vidanger notre carburant.*

C'est certainement dans un souci écologique que le commandant de bord attend d'être au-dessus de l'océan pour vidanger son carburant... En entendant sa voix incroyablement paisible, on a envie de lui hurler de tout laisser tomber. Ça brûle... La fumée devient plus dense... Il faudrait abandonner la procédure de vidange, sortir les aérofreins, perdre rapidement de l'altitude et foncer vers la piste, même si l'atterrissage est dur, même si l'avion est trop lourd, qu'importe... De toute manière, l'appareil va brûler au sol, c'est évident !

1 heure 22 minutes 29 secondes ***(contrôleur de Moncton) :*** *Okay, alors, maintenez 10000 pieds, je vous informerai lorsque vous serez au-dessus de l'eau. Il n'y en a pas pour longtemps...*

1 heure 22 minutes 34 secondes ***(Swissair 111) :*** *Roger.*

1 heure 22 minutes 36 secondes ***(Commandant de Swissair 111) :*** *Tu es certain que c'est la check-list d'emergency pour de la fumée dans la climatisation ?*

Ce message n'était absolument pas destiné au contrôle aérien mais le commandant suisse a fait une fausse manœuvre. Tout en parlant à son copilote, il a appuyé sur le micro de la radio. Du coup, tous les autres avions sur la fréquence ont pu entendre sa question.

Évidemment, le contrôleur ne comprend pas la signification de ce message.

1 heure 22 minutes 42 secondes *(contrôleur de Moncton)*: *Swissair 111, est-ce que vous pouvez répéter, s'il vous plaît?*

1 heure 22 minutes 45 secondes *(commandant Swissair 111 réalisant son erreur)*: *Ah pardon... C'était pas pour vous. C'était une question entre nous. C'est de ma faute, excusez-moi!*

1 heure 22 minutes 50 secondes *(contrôleur de Moncton)*: *Okay.*

Le *MD 11* continue à suivre un cap vers le sud qui va l'amener au-dessus de la mer dans environ deux minutes. C'est seulement à ce moment qu'il pourra commencer à vidanger.

1 heure 23 minutes 33 secondes *(contrôleur de Moncton)*: *Swissair 111, continuez votre virage à gauche au cap 180. Vous dépasserez la côte dans environ, ah... 15 miles.*

1 heure 23 minutes 39 secondes *(Swissair 111)*: *Reçu, virage à gauche au cap 180 Swissair 111 et nous maintenons 10000 pieds.*

1 heure 23 minutes 46 secondes *(contrôleur de Moncton)*: *Roger*

1 heure 23 minutes 55 secondes *(contrôleur de Moncton)*: *Vous serez... à 35 ou 40 miles de l'aéroport (environ 70 kilomètres). Comme ça, si vous avez besoin de rejoindre l'aéroport rapidement...*

Une fois de plus, c'est le contrôleur radar qui pense à la sécurité de l'avion (plus que le pilote lui-même!).

1 heure 24 minutes 03 secondes *(Swissair 111)*: *Okay, c'est très gentil pour nous. S'il vous plaît, est-ce que vous pourriez nous faire savoir à quel moment on pourra commencer à vidanger le carburant.*

1 heure 24 minutes 08 secondes ***(contrôleur de Moncton):*** *Okay...*

Toujours absorbé par ses préoccupations écologiques, et par la lecture des procédures d'urgence, le pilote ne sait pas encore qu'il ne lui reste plus que quelques secondes avant que la situation ne se dégrade complètement.

L'incendie dans les câblages électriques est en train de tout dévaster.

1 heure 24 minutes 28 secondes ***(Swissair 111):*** *Euh... Swissair 111. En ce moment, nous devons voler manuellement. Est-ce que nous pouvons voler entre 10... 11 000 pieds et 9 000 pieds ?*

D'après l'information que le commandant vient de transmettre, on comprend que le pilote automatique a cessé de fonctionner. C'est évidemment un signe terriblement inquiétant.

De ce fait, il faut tenir l'avion "à la main" et tenter de garder une altitude stable. Ce n'est pas facile car les deux hommes continuent la lecture des procédures de sécurité tout en se préparant à la vidange du carburant.

1 heure 24 minutes 38 secondes ***(contrôleur de Moncton):*** *Swissair 111, vous pouvez prendre entre 5000 et 12000 pieds si vous le souhaitez.*

Toujours aussi compréhensif le Canadien!

Dans le poste de pilotage, la situation empire de seconde en seconde. La fumée s'épaissit. Les instruments cessent de fonctionner les uns après les autres. Et puis tout à coup, l'équipage du Swissair 111 lance enfin le message qu'il aurait dû envoyer dès les premières secondes où la fumée est apparue dans le poste de pilotage.

Il ne prononce pas les mots fatidiques *Mayday... Mayday... Mayday...* Mais cela revient au même.

1 heure 24 minutes 45 secondes *(Swissair 111)*: *Swissair 111... nous déclarons une emergency.*

Au même moment, on entend la voix du copilote qui vient se rajouter en fond sonore au message radio.

1 heure 24 minutes 46 secondes *(Swissair 111)*: *Nous sommes autorisés entre 5000 et 12000 pieds. Et nous déclarons une emergency à... euh... 1 heure 24minutes.*

Malgré l'avion qui brûle, l'équipage prend soin de noter avec précision à quelle heure, a été lancé le message de détresse.

1 heure 24 minutes 56 secondes *(contrôleur de Moncton d'une voix émue)*: *Roger...*

1 heure 24 minutes 56 secondes *(Swissair 111)*: *111, nous commençons à vidanger maintenant. Il faut qu'on atterrisse immédiatement.*

1 heure 25 minutes 00 seconde *(contrôleur de Moncton)*: *Swissair 111, juste 2 miles, je suis complètement avec vous.*

1 heure 25 minutes 04 secondes *(Swissair 111 avec un fort bruit de fond)*: *Roger.*

1 heure 25 minutes 05 secondes *(Swissair 111)*: *Et nous lançons un message de détresse.*

1 heure 25 minutes 08 secondes *(contrôleur de Moncton)*: *J'ai bien compris...*

Il est fort probable qu'à partir de cet instant des flammes apparaissent à l'intérieur même du poste de pilotage. L'équipage tente de lutter contre l'incendie mais ses moyens sont terriblement limités et l'incendie fait rage. On retrouvera trois extincteurs vides dans les débris de l'avion.

En quelques secondes, le feu dévore tout dans les 12 premiers mètres du plafond. Il s'étend vers le galley avant. L'intérieur de l'appareil devient une fournaise... Les enquêteurs suspecteront que les masques à oxygène de l'équipage ont pu contribuer à attiser les flammes dans le cockpit. C'est une possibilité.

Quoi qu'il en soit, il n'y a plus rien à faire pour éviter la catastrophe.

Au sol, on n'a pas encore réalisé que le drame est en train de se jouer. L'équipage semblait si confiant...

1 heure 25 minutes 19 secondes ***(contrôleur de Moncton):*** *Swissair 111, vous êtes autorisés à commencer la vidange de votre carburant sur votre route. Et avisez-moi quand votre vidange est terminée.*

Pas de réponse. Les secondes passent... Sur l'écran radar, le spot lumineux se déplace lentement. Le contrôleur insiste.

1 heure 25 minutes 43 secondes ***(contrôleur de Moncton):*** *Swissair 111, vous êtes autorisés à commencer à vidanger votre carburant.*

1 heure 25 minutes 49 secondes ***(Swissair 111):*** Sur la fréquence, on entend un long grésillement avec des parasites. Quelqu'un appuie sur le bouton du micro, on devine une voix affolée dans le lointain mais les paroles sont totalement incompréhensibles.

C'est la fin des communications... 50 secondes plus tard, le contrôleur voit avec effroi l'écho lumineux du *MD 11* disparaître de son écran radar. L'appareil vient de s'abîmer en mer. La côte est à 8 kilomètres du point d'impact.

Il tombe à 63 kilomètres de l'aéroport d'Halifax par le travers du phare de Peggy's Cove. Cet endroit deviendra rapidement un lieu de pèlerinage pour les familles des victimes. On y jettera des centaines de bouquets de fleurs à la mémoire des disparus.

229 morts...

Dès l'annonce de l'accident, l'émotion est très vive dans le monde. Les média s'emparent de l'affaire. Un avion occidental qui disparaît fait toujours plus de bruit qu'un *Tupolev* qui explose au fin fond de la Sibérie. Les opinions publiques veulent connaître les causes de la catastrophes. Le gouvernement canadien met alors des moyens considérables pour aller chercher les débris de l'avion à 60 mètres au fond de l'océan. Tout comme le *Boeing 747* du vol TWA 800, la quasi totalité du *MD 11* de Swissair est remontée à la surface pour reconstituer un puzzle géant dans un immense hangar. C'est un travail colossal qui coûte plusieurs millions de dollars mais qui permet de procéder à une enquête sérieuse et approfondie sur les causes du crash. Elles sont multiples et vont susciter de violentes controverses qui ne sont pas prêtes de s'apaiser.

LES CAUSES DE L'INCENDIE...

Très rapidement, les enquêteurs ont la confirmation qu'il s'agit bien d'un incendie d'origine électrique. On retrouve des traces de courts-circuits. Certains fils fondus ne laissent aucun doute.

Et c'est alors que surgit la première polémique. Cette catastrophe était peut-être prévisible et donc évitable. En effet, pour isoler les câblages dans les circuits électriques, le constructeur de l'avion (McDonnell Douglas) a utilisé du "Kapton", un matériau moderne fabriqué par la firme américaine Dupont de Neumours. Or, il se trouve que le "Kapton" a cessé d'être employé dans la construction aéronautique depuis plusieurs années. En effet, il a été testé sur certains avions militaires et on s'est aperçu que cet isolant révolutionnaire présente le défaut de ne pas être un bon... isolant. Dans certaines conditions, il peut provoquer des arcs électriques entre plusieurs fils situés à proximité les uns des autres.

L'US Navy en a donc interdit l'utilisation sur ses avions de chasse qui justement sont construits par... McDonnell Douglas !

Incompréhensible ! Comment a-t-il été possible d'utiliser du "Kapton" sur des avions civils alors même qu'il avait été abandonné définitivement sur les avions militaires ? Le constructeur du *MD 11* ne s'est pas encore expliqué sur ce point qui semble pourtant capital...

L'Administration Fédérale de l'Aviation américaine (FAA) n'est pas davantage très à l'aise sur ce point car c'est elle qui a procédé à la certification du *MD 11* et a accepté la présence de Kapton comme isolant dans les circuits électriques de l'avion. Il est probable que toutes ces erreurs promettent une longue bataille d'experts juridiques pour savoir qui, du constructeur ou de la FAA, est véritablement responsable de cet état de faits.

LES MONTAGES ÉLECTRIQUES DE SWISSAIR

Les responsabilités de McDonnell et de la FAA ne dégagent pas pour autant celle de la compagnie aérienne. Quelque temps avant l'accident, celle-ci avait fait monter sur ses avions des consoles de jeux pour distraire les passagers pendant le vol. Les câblages électriques de ces divertissements électroniques (fabriqués par la société *Interactive Flight Technologies*) étaient regroupés en faisceaux et aboutissaient... dans le cockpit. Il est probable que l'excès de consommation électrique de ces systèmes supplémentaires a provoqué une augmentation importante de la consommation électrique. La surchauffe aurait mis le "Kapton" en défaut et provoqué les courts-circuits. Swissair dément catégoriquement que les consoles aient un rapport quelconque avec l'incendie, il n'empêche qu'après l'accident, tous les jeux électroniques ont été rapidement démontés de tous ses avions.

LA RÉACTION DE L'ÉQUIPAGE

Les enquêteurs n'ont pu que s'interroger devant l'étrange attitude des pilotes pendant l'incendie. Nombreux sont ceux qui se sont étonnés de l'extrême lenteur de leurs réactions devant la présence de fumée dans le poste de pilotage.

Pourquoi les deux hommes ont-ils déclaré une situation d'urgence *(Pan... Pan... Pan...)* alors qu'il aurait été bien plus logique de déclarer une emergency *(Mayday)* ? Il est évidemment possible d'imaginer que, dans un premier temps, ils ont sous-estimé la gravité du problème mais ils n'ont pu rester indifférents à la réduction de la visibilité dans le cockpit. Pourquoi ne pas avoir effectué une descente rapide? Pourquoi avoir insisté pour vidanger l'avion? Pourquoi s'engager dans un circuit de retardement? La réponse à toutes ces questions est relativement simple: ils ont effectué, une à une, toutes les actions prévues par la procédure en cas de fumée dans le poste de pilotage et cette procédure est très longue et totalement inadaptée à la situation d'un incendie à bord de l'avion.

Or, les experts sont formels: si le *MD 11* avait effectué une descente d'urgence, il aurait pu se poser à Halifax quelques minutes avant que le feu ne prenne de l'ampleur et ne rende l'appareil incontrôlable.

Dans ce cas, le *MD 11 a*urait certainement brûlé au sol mais les passagers auraient eu le temps de débarquer.

Au cours d'une conférence de presse, le chef pilote de Swissair a affirmé que, l'avion étant à 33 000 pieds et à 70 miles d'Halifax, il n'aurait pas pu effectuer une approche directe sur l'aéroport d'Halifax. De nombreux pilotes de *MD 11* prétendent le contraire... Il est très facile de vérifier ces affirmations, aussi bien en simulateur qu'en vol réel.

Swissair a également insisté sur le fait que l'avion était beaucoup trop lourd pour atterrir. Là encore, avec seulement 20 tonnes d'excédent, le poids n'aurait pas été un gros problème et l'avion n'aurait pas vraiment souffert dans l'atterrissage.

De nombreux navigants s'élèvent actuellement pour demander que soient réétudiées les procédures préconisées par Swissair. En cas de fumée dans le cockpit notamment, il faudrait privilégier la rapidité de la descente pour atterrir le plus tôt possible.

De toute évidence, les check-list réglementaires sont absolument incompatibles à une situation d'urgence. D'ailleurs, certains équipages n'ont pas attendu pour réagir : quelques jours après l'accident d'Halifax, un autre avion de ligne, victime d'un début d'incendie s'est posé sans respecter la procédure. L'atterrissage s'est bien passé et tout le monde s'en est sorti sain et sauf !

Il serait intéressant de savoir quelles auraient été les sanctions encourues par l'équipage du *Swissair 111* si le commandant n'avait pas respecté la procédure. Aurait-il été sanctionné si de lui-même, il avait effectué une descente d'urgence et avait atterri trop lourd à Halifax ? Impossible d'être catégorique mais le non-respect du “règlement” ne serait certainement pas resté sans conséquences sur la carrière du navigant! Certains pilotes suisses ont eu des problèmes avec la compagnie pour ce genre de faute, l'un d'eux a même été licencié pour ne pas avoir respecté des procédures qu'il estimait lourdes et trop contraignantes.

En cas de danger immédiat, que doit donc faire le commandant de bord d'un gros porteur? Doit-il prendre des initiatives personnelles et risquer de perdre sa place ou appliquer les textes au pied de la lettre et se retrouver dans la situation du pilote du *Swissair 111*?

Il ne fait aucun doute que les “textes” sont indispensables à la sécurité mais ils ne peuvent pas tout résoudre, surtout s'ils sont mal conçus. Les hommes aux commandes ne sont pas des robots, ils sont dotés d'une intelligence et d'une capacité d'adaptation qui leur permettent d'analyser sainement une situation.

On murmure que les procédures de Swissair sont actuellement en cours de modification. Dommage que ce soit un peu tard...

DRAGUE DANS LE COCKPIT...

Accumulation d'erreurs, négligences, laisser-aller et décontraction incroyable...

Le crash du vol Independent Air 1851 démontre à quel point, il est dangereux de confondre le poste de pilotage d'un avion de ligne avec un club de vacances.

L'avion emmène à son bord 137 passagers et 7 membres d'équipage. C'est un *Boeing 707* de type 331B immatriculé aux États-Unis N 7231T.

Il appartient à la compagnie de charter Independent Air, une toute petite compagnie aérienne dont le siège se trouve à Smyrna dans le Tennessee. Rien à voir avec les "Majors" du transport aérien comme TWA ou Delta Airlines : la flotte d'Independent Air se compose, en tout et pour tout, de... deux *Boeing 707*. Deux machines plus toutes jeunes puisqu'elles sont sorties d'usine 21 ans plus tôt. Pourtant l'âge avancé des avions n'a aucun rapport avec ce qui va suivre, de nombreuses compagnies aériennes utilisent des machines bien plus vieilles sans qu'il ne se passe jamais rien. Ce sont avant tout les erreurs et la décontraction inacceptable du commandant de bord qui sont à l'origine de la catastrophe du vol IDN 1851.

Comme la plupart des compagnies de charter, Independent Air affrète ses avions pour des Tour Operators qui les remplissent de touristes avides de soleil. Ce qui signifie que chaque opération est ponctuelle et ne se renouvelle pas. Aucun rapport avec les vols réguliers des grandes compagnies qui sont répétitifs sur des secteurs du monde bien définis.

Pour Independent Air, la plupart des vols se font, au hasard des demandes sur l'ensemble du continent américain. Il arrive même, de temps en temps, que le service commercial décroche des vols en direction de l'Europe.

C'est relativement rare mais comme ce sont des trajets financièrement rentables, la compagnie accepte systématiquement.

Et c'est le cas du vol IDN 1851 de ce 8 février 1989: l'avion doit effectuer le trajet de Bergame (nord de l'Italie) à Punta Cana (République Dominicaine). Une escale technique est prévue aux Açores sur l'aéroport de Santa Maria.

Comme on le verra plus loin, l'équipage semble absolument ravi d'effectuer ce vol qui les change des liaisons incessantes au-dessus du territoire américain. L'Europe, c'est intéressant mais... c'est complexe puisqu'il pour y aller, il faut évidemment survoler l'océan Atlantique.

Et les navigants d'Independent Air n'ont que très peu d'expérience des traversées océaniques. Naviguer six heures au-dessus de l'eau demande une excellente connaissance du métier: aucun aéroport de dégagement sur la route... des communications radios en H.F. différentes des contacts VHF habituels... des procédures de navigation spécifiques à l'Atlantique. Il vaut mieux ne pas commettre d'erreurs...

Et pour les pilotes d'Independent Air, c'est d'autant plus difficile que leur documentation aéronautique n'est pas vraiment à jour. En effet, la compagnie leur fournit des documents qui sont complètement périmés.

On croit rêver mais leurs cartes de navigation datent de... 1962. C'est-à-dire qu'elles ont plus de 27 ans. Elles sont recouvertes de gribouillis de toutes natures, rajoutés année après année par les équipages qui les ont utilisées...

Certaines sont complètement déchirées aux pliures, recollées avec du scotch fatigué. A force d'être manipulés, les coins ont disparu et des informations primordiales n'existent plus.

On imagine bien que ce genre de bricolage est totalement impensable au sein d'une grande compagnie aérienne où les cartes de navigation sont renouvelées plusieurs fois par mois. Même dans un petit aéro-club, on n'admettrait pas de faire naviguer un élève avec des cartes aussi vieilles. Rien ne change en effet plus rapidement que les informations qui sont reportées dans la documentation aéronautique. Chaque jour, de nouvelles antennes sont construites à proximité des aéroports, les fréquences radios sont modifiées, les procédures sont améliorées pour assurer encore plus de sécurité... Chaque changement donne lieu à la publication d'une Jeppessen modifiée. Évidemment dès la parution du nouveau document, celui qui le précédait est immédiatement annulé et détruit sans hésitation.

Utiliser une carte périmée est très dangereux.

Il n'est donc pas étonnant que le plan de vol du *Boeing IDN 1851* soit bourré d'erreurs sur les point d'entrée, les points de report, les trajectoires d'arrivée.

Il faut souligner que ces anomalies, bien qu'elles soient inadmissibles ne sont pas la cause directe de ce qui va arriver. Elles démontrent cependant à quel point la compagnie

Independent Air est gangrenée par un laisser-aller général à tous les niveaux.

Un état d'esprit d'amateur en totale contradiction avec la sécurité que l'on doit assurer aux passagers qui vous ont fait confiance.

Avant de suivre le déroulement du vol, il est indispensable de dire quelques mots sur les trois hommes qui sont aux commandes de l'appareil...

Étrange équipage...

Le commandant de bord a 41 ans, il a 7700 heures de vol. Il possède toutes les qualifications pour piloter un *Boeing 707* mais il a été opéré deux mois plus tôt d'un problème au pied. Or, malgré le temps, l'homme semble toujours souffrir des séquelles de cette intervention orthopédique. Le jour du drame, plusieurs témoins affirment l'avoir vu monter l'escalier de l'avion avec difficulté. Il boîte toujours. Un copilote de la compagnie qui a volé avec lui trois jours plus tôt attestera même que l'homme avait beaucoup de difficultés pour poser le pied sur le palonnier.

Évidemment, cela peut parfois rendre les choses plus difficiles pour piloter un avion !

Et d'un !

Le copilote a 36 ans, il a 3700 heures de vol dont 64 heures sur *Boeing 707*, ce qui est très peu. Pourtant, en temps normal, cela ne devrait pas poser de problème car tous les pilotes ont eu un jour 64 heures de vol sur un type d'appareil. Dans la mesure où la formation du navigant a été bien faite, celui-ci ne doit avoir aucune difficulté à maîtriser la machine. Et c'est justement là que le bât blesse car le copilote n'a pas effectué toutes les heures obligatoires sur simulateur de vol pour obtenir sa qualification. Grâce à une dérogation, il a pu éviter cette “corvée” longue, coûteuse et parfois fastidieuse. Cette procédure exceptionnelle est réglementaire (même si elle est un peu limite) mais elle réduit énormément l’expérience aux commandes de l’avion. C’est d’autant plus gênant que le copilote n’est “en ligne” que depuis 15 jours... C’est son premier vol transatlantique et il ne s’est jamais posé aux Açores.

Et de deux!

Le mécanicien navigant a 34 ans, il a 6500 heures de vol. D’un point de vue professionnel, il possède toutes les qualifications pour travailler sur *Boeing 707*. Par contre, du côté de sa vie privée, il a un léger problème: il suit un traitement psychiatrique très contraignant. Suite à des déboires conjugaux, il ne va pas bien du tout dans sa tête et l’unique objectif de sa vie semble être de reconquérir l’épouse dont il s’est volontairement séparé quelque temps plus tôt.

Et de trois!

Étrange équipage!

Lorsqu’ils étudieront les conditions du crash, les enquêteurs ne pourront s’empêcher de se demander si les problèmes de ces trois hommes: physiques et psychiques n’ont pas finalement joué un rôle très important dans le déroulement de la catastrophe du vol IDN 1851.

Un vol dont les préparatifs ont très mal commencé.

Depuis 46 heures, un épais brouillard recouvre tout le nord de l’Italie. La couche nuageuse est si tenace que la veille du départ, les passagers ne savent pas encore de quel aéroport le charter pourra décoller. Ils ne cessent de téléphoner à leur agence de voyage pour avoir des informations. Ça reste très vague. On leur parle de Gênes, puis de Milan et enfin, en début de soirée, ils apprennent que le départ se fera de Bergame... Ce changement de programme de dernière minute a évidemment des conséquences importantes sur les horaires de chacun. La plupart des passagers doivent quitter leur domicile au milieu de la nuit. On leur impose un trajet en autocar de plus de 4 heures pour rejoindre l'aéroport Orio Al Serio de Bergame. Une fois sur place, le supplice n'est pas terminé puisqu'ils doivent attendre encore très longtemps dans le hall de l'aérogare : c'est le petit matin et les comptoirs d'enregistrement sont fermés...

Protestations, réclamations, menaces, rien n'y fait. Il faut attendre...

Finalement après des tracasseries dignes d'un parcours du combattant, les malheureux touristes réussissent à enregistrer leurs bagages et à rejoindre la salle d'embarquement. Nouvelle attente interminable. Exaspération, fatigue, assoupissement sur des banquettes inconfortables... Un bien mauvais début pour des vacances qui s'annonçaient idylliques.

Ce n'est qu'à 8 heures GMT que le Boeing finit par décoller de la piste 12 de l'aéroport de Bergame.

Malgré les excuses du commandant de bord pour ce retard "indépendant de notre volonté", on peut imaginer aisément l'état d'esprit des touristes qui se demandent s'ils ont choisi la bonne compagnie aérienne pour partir en vacances.

On a déjà compris qu'ils ont fait un très mauvais choix... Certes, le prix du billet n'est pas très élevé mais il y aura quelques inconvénients dont aucun des protagonistes ne se remettra jamais...

La durée de vol prévue pour rejoindre les Açores est de 4 heures 10 minutes.

Pour l'équipage, les premières difficultés surviennent deux heures après le décollage. Ce ne sont pas des problèmes graves mais ils sont très inhabituels s'agissant de professionnels de l'aéronautique. Ainsi, à plusieurs reprises, le copilote semble éprouver de grosses difficultés pour établir des communications radio de routine en H.F. avec le contrôle transatlantique. Il bafouille, commet des erreur de phraséologie standard et il ne connaît pas certaines trajectoires obligatoires au-dessus de l'Atlantique Nord. De même, du point de vue de la navigation, l'équipage reste très vague lorsqu'il transmet sa position. Visiblement, les points de reports survolés sont approximatifs ou même carrément oubliés. Ces erreurs sont un peu trop techniques pour être reportées dans cet ouvrage mais là encore, elles révèlent une ignorance grave des procédures aéronautiques en vigueur.

Ce n'est qu'un début...

C'est avant de commencer la descente sur l'aéroport de Santa Maria des Açores que les plus grosses bourdes vont survenir.

A ce moment, l'avion vole en croisière au niveau 310[(1)].

Le mécanicien appelle le contrôleur sur la fréquence d'approche. Étrangement, malgré les difficultés de communication et le fait que l'équipage ne soit pas accoutumé à cette ligne, les trois hommes sont totalement décontractés. C'est presque une ambiance de fête dans le poste de pilotage. Des éclats de rires, des conversations extravagantes et quelques blagues sans rapport avec le vol, ponctuent régulièrement le “travail” des navigants. Lorsqu'on écoute la bande du *Cockpit*

(1) 31 000 pieds.

Voice Recorder, on ne peut s'empêcher d'être surpris par l'ambiance incroyablement relaxe qui règne à bord.

13 heures 43 minutes 57 secondes ***(mécanicien navigant):*** *Santa Maria, ici Independent Air 1851, bonjour.*

13 heures 44 minutes 07 secondes ***(contrôleur):*** *1851, Santa Maria, je vous reçois 5/5, allez-y.*

13 heures 44 minutes 11 secondes ***(mécanicien navigant):*** *Bonjour, monsieur, je voudrais vous demander la dernière météo sur votre terrain...*

13 heures 44 minutes 20 secondes ***(contrôleur):*** *Roger 1851... On a un vent du 260 degrés pour 14 nœuds avec des rafales à 24 nœuds. Une visibilité de plus de 10 kilomètres. Pour les nuages: un huitième à 1200 pieds et 6 huitièmes à 3 000 pieds. La température est de 17 degrés et le QNH 1019 millibars*(2).

C'est une météo qui ne pose aucun problème particulier. Bien sûr, il y a un peu de vent de travers mais il reste dans les limites de l'avion et son seul inconvénient est qu'il va certainement provoquer quelques turbulences près des reliefs de l'île mais il n'y a rien là d'inquiétant.

Quant à la couche nuageuse, elle se situe vers 1000 mètres d'altitude. Même si par endroits, il pleut légèrement, il y a quelques trous par lesquels on aperçoit l'océan.

Il n'y aura donc aucun problème pour atterrir. Du point de vue aéronautique, c'est du beau temps.

13 heures 44 minutes 44 secondes ***(mécanicien navigant):*** *1851, vous pouvez nous donner la piste en service s'il vous plaît.*

(2) Pression atmosphérique au niveau de la mer.

13 heures 44 minutes 44 secondes (contrôleur): *Répétez?*

Sur la bande du CVR, on n'entendra pas la réponse du contrôleur qui vient d'indiquer que c'était la piste 19 en service.

La raison en est simple. Une hôtesse vient tout juste d'entrer dans le poste de pilotage, et du coup, tout le monde parle en même temps. Comme on va pouvoir le constater dans les enregistrements qui suivent, les sujets de conversation sont très variés: pluie... beaux yeux... vent de travers... plaisir de vivre aux Açores... Est-ce la présence de la jeune femme qui trouble les navigants à ce point?

Difficile de l'affirmer. Quoi qu'il en soit, c'est la cacophonie et toutes les paroles ne "passent" pas sur la bande.

On ne peut comprendre distinctement chaque phrase mais on parvient malgré tout à en deviner le sens. Ainsi, dans la même seconde (notée seconde 50), se superposent les dialogues suivants:

13 heures 44 minutes 50 secondes *(mécanicien à la radio)*: *OK merci.*

13 heures 44 minutes 50 secondes *(contrôleur)*: *Roger.*

13 heures 44 minutes 50 secondes *(commandant de bord)*: *Qu'est-ce que j'aimerais vivre dans ce coin!*

13 heures 44 minutes 50 secondes *(copilote)*: *Il pleut au sud.*

13 heures 44 minutes 50 secondes *(commandant)*: *Lorie a des yeux... superbes.*

13 heures 44 minutes 50 secondes *(hôtesse)*: *OK, très bon...*

13 heures 44 minutes 50 secondes *(mécanicien navigant)*: *On a vraiment un fort vent de travers. Il va falloir arriver comme ça...*

Et cela continue ainsi comme sur le même ton pendant plus d'une minute... On l'aura compris, on parle beaucoup aux commandes de cet avion.

Un peu de pilotage... Et beaucoup d'autres choses n'ayant aucun rapport direct avec le vol.

Personne ne se fait de souci à propos de l'atterrissage et de l'approche puisque l'avion est au-dessus de l'océan.

A l'exception des quelques massifs montagneux qui montent au-dessus des îles, il n'y a pas vraiment de risques d'accrocher un obstacle. Et c'est peut-être justement la simplicité apparente de cette arrivée qui pousse l'équipage à cette stupéfiante décontraction.

De temps en temps, le copilote revient sur les conditions météo du terrain mais il lui est difficile de se concentrer sur son travail alors qu'une douce voix féminine le trouble en permanence.

13 heures 45 minutes 58 secondes *(copilote)*: *Vent du 300 degrés avec de la pluie.*

13 heures 46 minutes 13 secondes *(hôtesse)*: *Personne m'a jamais dit des trucs comme ça !*

A 13 heures 48, l'avion n'est plus qu'à 90 nautiques de Santa Maria. Il est toujours en croisière au niveau de vol 310 mais il est temps de commencer à descendre.

13 heures 48 minutes 16 secondes *(copilote)*: *Santa Maria, ici Independent Air 1851, on voudrait descendre*

13 heures 48 minutes 23 secondes *(contrôleur)*: *Independent 1851, autorisé à descendre au niveau 40 (4000 pieds).*

L'information est notée presque distraitement par le reste de l'équipage... Car, comme c'est le cas depuis 10 minutes, chaque fois que le copilote intervient à la radio, plusieurs conversations ont lieu simultanément autour de lui. Une fois de plus, certaines n'ont vraiment aucun rapport avec le pilotage du *Boeing.*

13 heures 48 minutes 30 secondes *(copilote)*: *Reçu, on est autorisé au niveau 40, Independent 1851.*

13 heures 48 minutes 30 secondes *(voix de femme)*: *Chuchotements incompréhensibles.*

13 heures 48 minutes 30 secondes *(commandant)*: *Tu es une sacrée belle fille.*

13 heures 48 minutes 48 secondes *(commandant?)*: *Te marre pas ! Merde.*

13 heures 48 minutes 48 secondes *(commandant)*: *A minuit ?*

13 heures 48 minutes 49 secondes *(voix de femme)*: *Rires sonores suivis de nouveaux propos incompréhensibles.*

Pendant ce temps, le *Boeing* poursuit sa descente vers le niveau 40. A mesure qu'il approche des basses couches, il est secoué par une légère turbulence. Apparemment, il n'y a rien d'inquiétant car le commandant ne juge pas utile de demander aux passagers de s'asseoir et de leur faire boucler leur ceinture. Dans une compagnie sérieuse, dès la moindre secousse, le commandant fait allumer les consignes passagers “attachez vos ceintures”.

Il y a eu suffisamment d'incidents et même d'accidents en cabine à cause de la turbulence pour prendre toutes les précautions[(3)].

(3) Voir le récit *“Turbulences terribles”* dans CATASTROPHES AÉRIENNES Les passagers ont le droit de savoir (éditions Altipresse).

Dans le *Boeing*, on continue à rire et à plaisanter aux commandes.

Tout va bien dans le meilleur des mondes.

13 heures 54 minutes 16 secondes *(commandant)*: *Merci ma belle...*

A partir de cet instant, l'hôtesse sort du poste de pilotage. Le commandant réalise certainement qu'il est temps de se mettre sérieusement au travail car la distance jusqu'à Santa Maria diminue rapidement.

Il n'est pas facile pour les trois hommes de se concentrer car la porte est restée ouverte et dans la cabine des passagers, c'est également la fête... Apparemment, les touristes ont oublié les déboires qu'on leur a imposés au départ.

On se sent déjà en vacances et les chants résonnent à tue-tête à travers les rangées de sièges. L'ambiance est chaude.

13 heures 54 minutes 22 secondes *(commandant au mécanicien navigant)*: *Ferme cette "fucking" porte, c'est la jungle là-bas derrière.*

13 heures 54 minutes 24 secondes *(copilote)*: *Te fâche pas...*

A présent, le charter n'est plus qu'à une cinquantaine de nautiques de la piste.

En-dessous, il y a toujours une couche nuageuse qui empêche de voir l'océan.

A mesure que l'avion approche de sa destination, la couche s'épaissit et semble se souder.

Un phénomène aérologique fréquent déclenché par la présence des reliefs qui parsèment les différentes îles.

13 heures 54 minutes 24 secondes *(commandant)*: *C'est la* *première fois que tu viens aux Açores, hein ? Tu verras, il y toujours des nuages accrochés au-dessus de ces "fucking" collines*

13 heures 54 minutes 25 secondes *(mécanicien navigant)* : *Ouais.*

13 heures 55 minutes 49 secondes *(contrôleur de Santa Maria)* : *Independent Air 1851, quel est votre niveau en descente ?*

13 heures 55 minutes 53 secondes *(copilote)* : *Nous passons actuellement le niveau 220 (22 000 pieds).*

13 heures 55 minutes 57 secondes *(contrôleur)* : *Reçu, rappelez-moi en passant le point ECHO.*

13 heures 56 minutes 00 seconde *(copilote)* : *Reçu, on est justement en train de passer ECHO en ce moment, Independent 1850, heu... 1851.*

13 heures 56 minutes 23 secondes *(contrôleur)* : *Roger, Independent 1851... Contactez la tour de Santa Maria sur 118.10.*

13 heures 56 minutes 28 secondes *(copilote)* : *118.10, bonne journée monsieur...*

Avec le départ de l'hôtesse, les rires ont un peu baissé d'intensité dans le poste de pilotage. Pas facile malgré tout de se replonger dans l'ambiance du travail après de si joyeux instants. Chacun a des crampes dans les joues à force d'avoir autant blagué (quelques secondes plus tôt, le copilote a même hésité sur le numéro de son propre vol). Pourtant, le temps presse... En priorité, il faut exécuter les instructions du contrôleur et contacter la tour de contrôle puis préparer la procédure d'arrivée en faisant un briefing d'approche et enfin effectuer la check-list. L'équipage va donc se mettre au travail. Sans grande conviction...

Et c'est dans les secondes qui suivent que va se jouer le destin de l'avion et de ses passagers. Parmi les très nombreuses erreurs qui ont été commises au cours de ce vol, deux seront gravissimes et vont se produire au moment où on s'y attendra le moins.

Et personne ne s'en apercevra...

Analysons ces fautes... Pour respecter les instructions du contrôle, le copilote affiche la nouvelle fréquence 118.10 sur sa VHF.

Puis aussitôt, il appelle la tour de Santa Maria des Açores.

En-dessous de l'appareil, c'est toujours une couche de nuages presque soudés.

13 heures 56 minutes 35 secondes ***(copilote)*** **:** *La tour de Santa Maria, bonne après-midi... Independent Air 1851, on passe le niveau 220 vers le niveau 40.*

13 heures 56 minutes 47 secondes ***(Tour de Santa Maria)*** **:** *Autorisé vers 3000 pieds au QNH 1027 et heu... la piste en service sera la 19.*

13 heures 56 minutes 47 secondes ***(copilote presque simultanément)*** **:** *Reçu, nous sommes autorisés vers 2000 pieds, heu... QNH 1027*(4).

L'erreur est faite... Les deux phrases ci-dessus se sont chevauchées sur la fréquence. Le copilote a parlé beaucoup trop rapidement. Il n'a pas attendu que le contrôleur ait terminé

(4) Un altimètre est en réalité un baromètre qui doit être recalé en permanence par rapport à une pression de référence. Pour l'arrivée à Santa Maria ce jour-là, la pression atmosphérique au niveau de la mer est de 1018 millibars. Toute erreur sur la pression atmosphérique engendre une différence d'altitude. Un millibar correspond à 28 pieds ou 8,5 mètres.

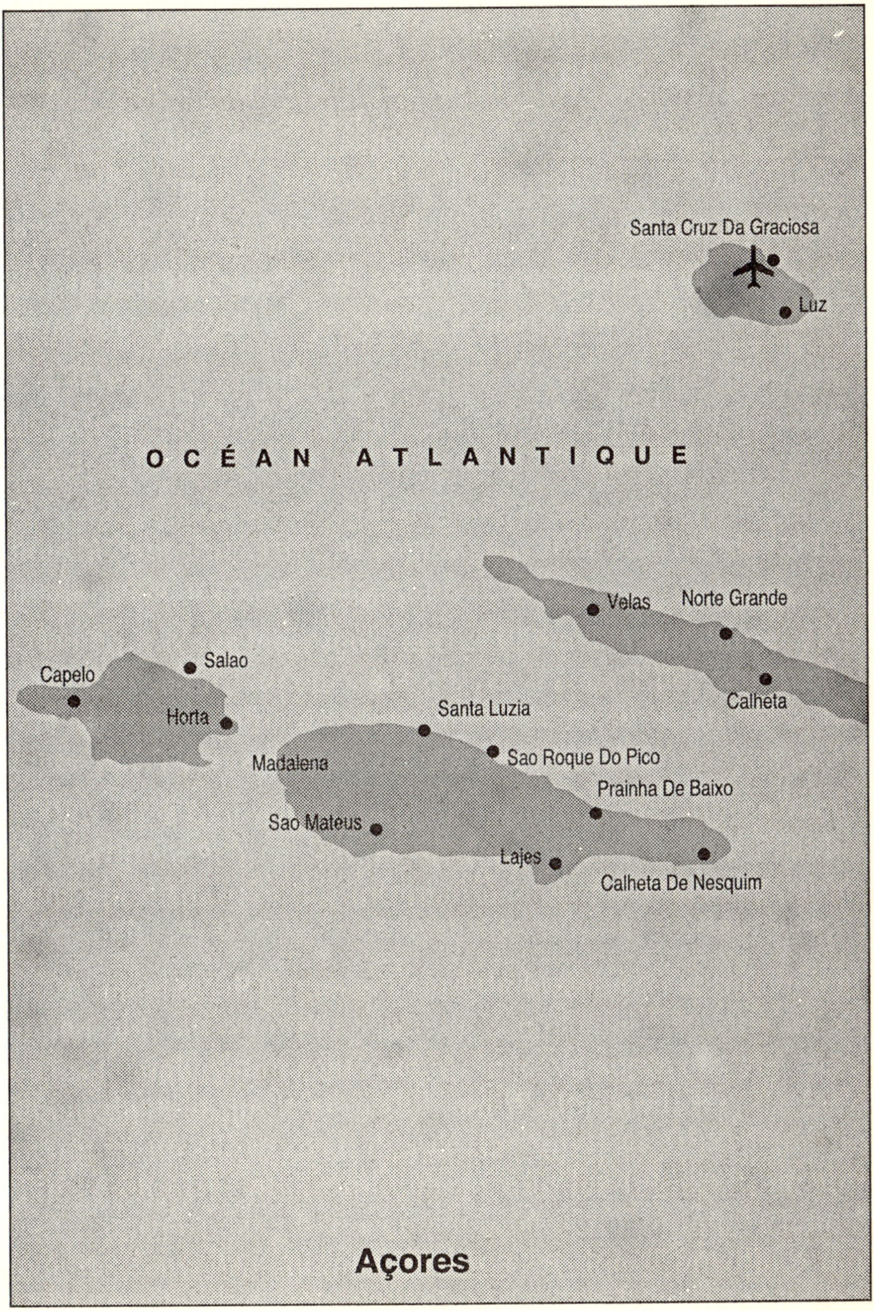
Santa Cruz Da Graciosa
Luz
OCÉAN ATLANTIQUE
Velas
Norte Grande
Calheta
Salao
Capelo
Horta
Santa Luzia
Sao Roque Do Pico
Madalena
Prainha De Baixo
Sao Mateus
Lajes
Calheta De Nesquim
Açores

de donner ses instructions concernant la piste 19 en service. Au moment où il a interrompu son interlocuteur, il a répété un chiffre erroné (2000 pieds au lieu de 3000). C'est une faute grave car lorsqu'il est dans les nuages, l'avion ne doit en aucun cas descendre en-dessous de l'altitude de sécurité qui est de 3000 pieds.

Le problème, c'est que comme le copilote a parlé en même temps que le contrôleur, ce dernier n'a pas pu remarquer l'erreur.

En outre, l'homme dans la tour est un stagiaire. Un contrôleur expérimenté aurait fait répéter la phrase qu'il n'a pas entendue mais le stagiaire ne remarque pas la faute.

Si le copilote avait eu sa fiche de percée sous les yeux comme c'est la règle, il se serait immédiatement aperçu de sa méprise. Malheureusement, il ne l'a pas...

Comme si tout ce ramassis de négligences ne suffisait pas, il se trouve que le jeune contrôleur a, lui aussi, été particulièrement "distrait": il s'est trompé en annonçant la pression atmosphérique qui n'est pas de 1027 mais de... 1018 millibars (5).

Là encore, ce serait à l'équipage de remarquer cette inexactitude. En effet, à plusieurs reprises, l'information correcte a été transmise à l'avion, notamment lorsque le mécanicien navigant a pris la météo quelques instants plus tôt (à 13 heures 44 minutes 20 secondes).

Or, il est absolument impossible que la pression atmosphérique soit montée de 9 millibars aussi rapidement...

Aucun des trois hommes ne remarque cette anomalie grossière!

(5) L'hypothèse la plus probable pour expliquer cette erreur est que le stagiaire a voulu faire du zèle et donner la pression exacte qui était de 1018.7 millibars ce jour-là. Au lieu d'annoncer 1018.7, il a annoncé 1027. En fait, la procédure radio prévoit que les chiffres annoncés pour les pressions doivent toujours être arrondis à la décimale inférieure.

Une erreur de plus...

Normalement à cet instant, l'équipage devrait procéder à un briefing d'approche. Il faudrait annoncer à voix haute les différentes trajectoires et altitudes qui vont être suivies jusqu'au toucher des roues sur la piste. Il est évident qu'au cours de ce briefing, les pilotes devraient remarquer qu'il ne faut surtout pas descendre à 2000 pieds mais se limiter à l'altitude de sécurité de 3000 pieds.

Mais contrairement aux procédures obligatoires, l'équipage ne fait pas de briefing.

Ils oublient ? Ils n'ont pas le temps ? Peut-être estiment-ils que cela ne sert à rien ! Peu importe la raison... Ils ne le font pas.

Pauvres passagers qui croient avoir confié leur vie à des professionnels !

Après cet échange radio catastrophique, le commandant de bord a bien un léger doute sur les 2000 pieds "de sécurité" mais sa remarque tombe complètement à plat.

13 heures 57 minutes 05 secondes *(commandant)*: *Mets un 3...*

Personne ne répond et le copilote passe à autre chose.

13 heures 57 minutes 12 secondes *(copilote)*: *1027... C'est bien ce qu'il a dit.*

13 heures 57 minutes 14 secondes *(commandant)*: *Ouais...*

Cette fois, la bombe à retardement est amorcée...

L'équipage passe à la lecture de la check-list d'approche.

Le mécanicien navigant sort sa vieille feuille plastifiée et il lit à haute voix les différents points à vérifier.

13 heures 57 minutes 15 secondes *(mécanicien navigant)*: *Consignes lumineuses ceintures passagers.*

13 heures 57 minutes 16 secondes *(copilote)*: *Sur On.*

13 heures 57 minutes 18 secondes *(mécanicien navigant)*: *Chauffage pare-brise.*

13 heures 57 minutes 20 secondes *(copilote)*: *Low.*

13 heures 57 minutes 22 secondes *(mécanicien navigant)*: *Dégivrage.*

13 heures 57 minutes 24 secondes *(copilote)*: *Coupé.*

13 heures 57 minutes 29 secondes *(mécanicien)*: *Phares de logo.*

13 heures 57 minutes 35 secondes *(copilote)*: *Off.*

13 heures 57 minutes 37 secondes *(mécanicien navigant)*: *Pression secours de freinage.*

13 heures 57 minutes 40 secondes *(copilote)*: *OK*

13 heures 57 minutes 42 secondes *(mécanicien)*: *Altimètres.*

13 heures 57 minutes 46 secondes *(commandant)*: *Calés et vérifications croisées.*

13 heures 57 minutes 48 secondes *(copilote)*: *Calés et vérifications croisées.*

La dernière chance vient de passer...

Les trois hommes énumèrent la liste des vérifications sans vraiment y porter attention. Malgré ce dernier coup d'œil aux altimètres, personne n'a remarqué les erreurs monstrueuses qui ont été commises. On se contente des gestes machinaux sans faire de contrôles réels. La litanie de la check-list se poursuit encore pendant une vingtaine de secondes puis enfin, le mécanicien navigant remet la feuille en place. Aux yeux de l'équipage, l'avion est prêt pour l'approche. Il n'est plus qu'à 13000 pieds et il continue à descendre vers la couche nuageuse. Tout va bien! L'ambiance se décontracte une nouvelle fois... L'idée de passer quelques temps à Santa Maria semble réjouir les trois hommes...

13 heures 58 minutes 09 secondes *(mécanicien navigant)*: *Maintenant, on va se marrer...*

13 heures 58 minutes 10 secondes *(commandant)*: *Hey, Hey...*

13 heures 58 minutes 14 secondes *(copilote)*: *On va se marrer, hein?*

13 heures 58 minutes 18 secondes *(commandant)*: *Ouais... Ouais...*

13 heures 58 minutes 22 secondes *(mécanicien)*: *Il faut qu'on fasse la fête au moins autant qu'à... (incompréhensible).*

13 heures 58 minutes 27 secondes *(copilote)*: *Je l'ai pas encore entendue, celle-là.*

13 heures 58 minutes 34 secondes *(commandant)*: *Moi non plus.*

13 heures 58 minutes 35 secondes *(copilote)*: *Où est-ce que vous avez entendu ça? Où est-ce que vous avez entendu ça?*

13 heures 58 minutes 40 secondes *(commandant)*: *Ouais!*

Un énorme éclat de rire général retentit soudain dans le poste de pilotage et la descente se poursuit vers 2000 pieds. En cabine, les passagers ont respecté les consignes lumineuses. Ils ont regagné leur place mais ils continuent à chanter à tue-tête. Les cris parviennent jusque dans le poste. Visiblement, les malheureux attendent avec impatience l'atterrissage qui ne devrait plus tarder maintenant.

13 heures 58 minutes 49 secondes *(commandant de bord)*: *Merde, pourquoi est-ce que ce DME[(6)] indique 198 miles, nous sommes plus proches que ça.*

13 heures 59 minutes 02 secondes *(copilote)*: *Je ne pense pas qu'ils ont... Je ne pense pas qu'ils ont un DME à Santa Maria.*

Ce dernier échange révèle un "détail" absolument incroyable: le commandant de bord ne sait même pas s'il y a un DME sur l'aéroport vers lequel il se dirige.

13 heures 59 minutes 08 secondes *(copilote)*: *On devrait être beaucoup plus près que ça...*

13 heures 59 minutes 18 secondes *(commandant)*: *70 miles ?*

13 heures 59 minutes 32 secondes *(copilote)*: *On passe 10000 pieds...*

De moins en moins brillant le commandant de bord! Son estimation annonçant qu'ils sont à 70miles (130 kilomètres) de l'île est complètement fausse. En effet, trois minutes plus tard, (à 14 heures 02), le FDR indique que le Boeing est à 25miles nautiques de Santa Maria (45 kilomètres). Presque 100kilomètres d'erreur dans une estimation, il faut le faire! A cet instant, l'avion est à 6500 pieds et toujours en descente. Sa vitesse est de 260 nœuds (470 kilomètres à l'heure). A mesure qu'il se rapproche de la surface de l'océan, la turbulence augmente sensiblement. Elle ne présente pourtant pas encore un caractère gênant pour la tenue de l'avion.

Quant à l'ambiance dans le poste, elle est toujours aussi... fantaisiste.

(6) DME Distance Measuring Equipment.: Système indiquant la distance entre un avion et une balise.

14 heures 02 minutes 14 secondes *(copilote)*: *Tu es prêt Maestro.*

14 heures 02 minutes 16 secondes *(commandant)*: *Maestro. Ah, ah, ah...*

14 heures 02 minutes 38 secondes *(copilote)*: *Dis-moi, est-ce qu'il fait pas trop chaud dans ce coin-là ?*

14 heures 02 minutes 58 secondes *(commandant)*: *Ouais, on passera en-dessous ces nuages... Ça dépendra à quel niveau ils sont.*

Au cours des deux dialogues précédents, l'équipage fait certainement allusion aux risques qu'il y aurait à descendre à travers la couche à cause des reliefs qui se trouvent au centre des îles (chaud = dangereux). Pourtant, malgré cette remarque, à aucun moment, quelqu'un ne songe à vérifier jusqu'à quelle altitude il est possible de descendre en sécurité... Même si les cartes sont périmées, l'altitude des collines ne change pas avec les années.

Visiblement, c'est le dernier des soucis des "chauffeurs".

14 heures 03 minutes 18 secondes *(copilote)*: *OK, je vais prendre de l'avance et mettre l'ILS de mon côté.*

14 heures 03 minutes 22 secondes *(commandant)*: *OK*

14 heures 03 minutes 25 secondes *(copilote)*: *Fréquence 110.30... Et après 2000 pieds, heu... on descendra en-dessous ces nuages.*

14 heures 04 minutes 19 secondes *(commandant)*: *Au cas où on verrait pas la piste, le cap est 187.*

14 heures 04 minutes 25 secondes *(copilote)*: *Yeah...*

Une minute passe... On entend la porte du poste de pilotage qui s'ouvre et se referme à plusieurs reprises. L'hôtesse entre de nouveau... Il y a de nouveau quelques chuchotements et des rires plus forts.

L'avion a pénétré dans les nuages. A cet instant, il arrive à 3000 pieds et il continue à descendre. Il franchit la limite à ne jamais dépasser quand on ne voit pas ce qu'il y a en-dessous.

A partir de maintenant, il n'est plus protégé des reliefs des îles.

14 heures 05 minutes 41 secondes ***(copilote)*****:** *Encore 1000 pieds... (avant d'être à 2000).*

Le Boeing est toujours dans la couche nuageuse. De temps en temps, il y a des trous et la luminosité se fait plus vive. Pendant une fraction de seconde, l'avion se trouve dans le ciel clair... On aperçoit l'océan Atlantique qui, aujourd'hui, est plutôt gris. Et puis soudain, une tache plus sombre se profile sous les ailes. C'est très fugitif et l'avion replonge aussitôt dans la couche.

14 heures 06 minutes 01 secondes ***(mécanicien)*****:** *Voilà l'île!*

14 heures 06 minutes 05 secondes ***(copilote)*****:** *Où est l'aéroport?*

14 heures 06 minutes 10 secondes ***(commandant)*****:** *De l'autre côté de l'île.*

A cet instant, le Boeing est exactement à 7,5 nautiques du point d'impact. Dans le poste de pilotage le klaxon d'alerte d'altitude retentit. Rien d'anormal... Cela signifie que l'avion n'est plus qu'à 500 pieds du plancher limite que s'est fixé l'équipage. Il est donc à 2500 pieds... C'est déjà beaucoup trop bas!

Il continue à descendre...

14 heures 06 minutes 17 secondes ***(copilote)*****:** *400 pieds avant 2000. Je me demande si on va avoir le visuel de la piste d'ici?*

14 heures 06 minutes 24 secondes ***(commandant)*****:** *J'ai l'impression qu'il pleut là-bas.*

14 heures 06 minutes 46 secondes ***(mécanicien)*****:** *Ouais.*

14 heures 06 minutes 49 secondes ***(commandant)*****:** *Tu vas voir, il n'y a aucun endroit aussi chouette que Santa Maria. C'est génial !*

14 heures 06 minutes 53 secondes ***(copilote)*****:** *Ah oui ?*

14 heures 06 minutes 55 secondes ***(commandant)*****:** *C'est le meilleur endroit pour se taper une bonne bière.*

14 heures 06 minutes 57 secondes ***(commandant)*****:** *On est stable à 2 000 pieds...*

14 heures 06 minutes 59 secondes ***(copilote)*****:** *Ouais.*

Et voilà, l'avion vient d'atteindre le plancher de tous les risques... Le pire c'est qu'en réalité, il n'est même pas à 2000 pieds comme le croit l'équipage car il faut tenir compte de l'erreur de 9 millibars faite par le contrôleur stagiaire.

Du fait de cette fausse information, le Boeing est exactement à 1748 pieds(7) au-dessus du niveau de la mer.

Pauvres passagers...

14 heures 06 minutes 59 secondes ***(commandant)*****:** *Il faut aller un peu à gauche...*

14 heures 07 minutes 08 secondes ***(commandant)*****:** *On doit être à 8 miles nautiques de la piste.*

14 heures 07 minutes 14 secondes ***(copilote)*****:** *Y'a des falaises ?*

(7) Millibars x 28 pieds.

14 heures 07 minutes 17 secondes *(commandant)*: *Ouais.*

14 heures 07 minutes 34 secondes *(copilote)*: *On va commencer à passer à travers ces couches de nuages*

Brusquement, le vol devient plus pénible. A mesure que l'avion s'approche des îles, la turbulence se fait plus violente. Scénario météorologique classique à proximité des reliefs situés en bord de mer: le vent fort crée des remous aérodynamiques autour des collines et le gros appareil est secoué dans les rafales comme un petit avion de tourisme.

Pour les passagers en cabine, les conditions deviennent très inconfortables.

14 heures 07 minutes 52 secondes *(commandant)*: *Je ne peux pas stabiliser ce fils de pute (sic). Il monte et il descend.*

14 heures 07 minutes 57 secondes *(copilote)*: *Tu veux un coup de main?*

14 heures 07 minutes 59 secondes *(commandant)*: *Non...*

Le *Boeing* est véritablement ballotté dans tous les sens. Le FDR enregistre une rafale de turbulence verticale beaucoup plus violente que les autres, celle-ci fait remonter l'appareil d'un coup de 1751 pieds jusqu'à 1869 pieds. Puis il replonge à 1740 pieds. Toutes ces secousses ne sont absolument pas dangereuses mais elles accaparent le peu d'attention que porte l'équipage (si jamais il y en a eu!) à l'approche. Maintenant, les trois hommes n'ont plus qu'une seule préoccupation en tête, maintenir cet avion qui se débat dans les rafales de vent.

Et soudain, la voix de synthèse du GPWS retentit dans le poste de pilotage. Cette fois, c'est une véritable alarme qui se déclenche.

14 heures 08 minutes 05 secondes *(voix de synthèse)*:

Whoop Whoop Pull up... Whoop Whoop pull up... Whoop Whoop pull up...[8]

Ces mots sont terribles... 99 % des pilotes qui les entendraient au cours d'une approche se précipiteraient sur leurs commandes et ils tireraient de toutes leurs forces sur le manche pour remonter le plus haut possible (voir le *Boeing 757* de Cali). Car la voix de synthèse du GPWS se déclenche rarement pour rien... Elle prévient que l'avion s'approche d'une colline et qu'il va percuter si rien n'est fait.

Il faut réagir VITE...

Or que fait l'équipage du vol *Independent Air 1851* en entendant cette alarme de première gravité ?

RIEN !

Les trois hommes n'ont absolument aucune réaction.

Il se passe alors sept secondes pendant lesquelles le Boeing continue sa route vers l'obstacle. On peut penser que sept secondes, c'est court... Au contraire, c'est très long... Que le lecteur regarde sa montre et compte tous les gestes qu'il pourrait effectuer pendant ce laps de temps.

Sept secondes en aviation, c'est une éternité.

Une éternité pendant laquelle les trois hommes rêvent... A quoi peuvent-ils bien penser à ce moment crucial ?

A leur séjour au bord de la piscine ? Aux yeux de l'hôtesse ? Aux bonnes bières qu'ils vont boire au café du port ?

Le choc est terrible. Le *Boeing 707* percute la colline à plus de 400 kilomètres à l'heure.

(8) Attention remise de gaz...

14 heures 08 minutes 12 secondes: *Bruit de l'impact.*

14 heures 08 minutes 14 secondes: *Fin de l'enregistrement.*

L'appareil a percuté le sommet du Pico Alto culminant à 547 mètres d'altitude...

Il touche un mur de rocailles tout près d'une route en corniche et il se désintègre aussitôt. Le point d'impact est si proche du sommet du relief que la plupart des débris sont projetés sur l'autre versant de la colline. En fait, c'est près de la moitié de l'avion qui franchit le sommet et retombe sur l'autre côté. Tous les occupants de l'avion sont tués sur le coup. De part et d'autre de la crête, les sauveteurs découvriront un spectacle insoutenable mêlant débris de métal et fragments humains. Horreur inacceptable des catastrophes aériennes.

Quand on examine le site, on réalise qu'il ne s'en est fallu de cinq petits mètres pour que ça passe... Si le pilote avait fait la plus infime correction sur les commandes, l'avion serait passé au-dessus du sommet sans aucune difficulté.

Il pensait à autre chose...

Les enquêteurs qui travailleront sur la catastrophe seront effarés lorsqu'ils comptabiliseront le nombre d'erreurs commises par l'équipage de cette étrange compagnie. Ce sont plusieurs dizaines de fautes inacceptables qui ont été commises à tous les moments du vol... En fait, les navigants étaient si "légers" qu'on peut affirmer sans se tromper que si la catastrophe n'avait pas eu lieu ce jour-là aux Açores, elle se serait produite autre part, un jour ou l'autre.

Dans un poste de pilotage, seuls la rigueur et le sérieux sont des gages de sécurité. Heureusement que toutes les compagnies ne sont pas du même acabit!

PANNE DE CARBURANT AU-DESSUS DE NEW YORK...

Tous les avions sont régulièrement victimes de retards dus au trafic aérien. Pour les pilotes, il faut savoir négocier avec le contrôle et parfois même s'imposer pour ne pas se retrouver dans une situation inextricable...

L'enregistrement des conversations dans le poste de ce Boeing 707 de la compagnie Avianca est un exemple dramatique de ce qui doit être évité à tout prix.

Vol Avianca 052.
25 janvier 1990...

VOL AV 052... L'avion est un *Boeing 707* appartenant à la compagnie colombienne Avianca. Il transporte 149 passagers et 9 membres d'équipage.

L'appareil arrive de Bogota via Medellin et doit normalement se poser à New York *John Fitzgerald Kennedy.*

Le gros quadriréacteur a décollé à 15 heures 14 avec environ 40 tonnes de kérosène dans ses réservoirs. Ce carburant ne représente pas les pleins complets mais c'est cependant une quantité tout à fait suffisante pour respecter la réglementation aérienne qui impose évidemment de pouvoir effectuer le vol jusqu'à la destination mais également de prévoir une attente à proximité de New York et de se dérouter sur Boston si la météo ne permettait pas l'atterrissage.

La distance entre Bogota et l'aéroport de JFK est de 3 800 kilomètres, ce qui représente un peu moins de 5 heures de vol. Presque un saut de puce pour cet avion long courrier dont l'autonomie lui permet de parcourir jusqu'à 12 040 kilomètres dans les meilleures conditions. C'est en effet un *Boeing 707* série 321 B, un avion ancien mais très fiable et conçu avec de grands réservoirs qui lui permettent de faire des vols intercontinentaux...

Il est immatriculé HK-2016 et porte le numéro de série d'usine 19276/592.

On est en plein hiver. Il fait déjà nuit... Il est un peu plus de 20 heures, lorsque le *Boeing 707* se présente au point d'entrée de la zone de l'aéroport de New York.

Le moins que l'on puisse dire, c'est qu'il arrive au plus mauvais moment pour atterrir. En effet, à JFK, c'est l'heure de pointe de la soirée et il y a un gros embouteillage dans le ciel.

Pour être plus exact, on pourrait dire qu'en ce début de soirée, l'approche de l'aéroport est complètement saturée. Sur les écrans radar, une centaine de points lumineux s'entrecroisent dans tous les sens dans un ballet surréaliste.

Les contrôleurs américains n'ont d'autre solution que de mettre les avions en attente en espérant que cela se débloque rapidement. Aucun pilote n'aime se voir imposer une attente, aussi courte soit-elle, mais chacun obéit scrupuleusement aux instructions puisqu'on sait bien qu'il est impossible de canaliser tous ces appareils en même temps vers la piste.

A mesure que les avions arrivent dans la zone de New York, on leur fait donc décrire des trajectoires en forme d'hippodrome et on les fait tourner dans le ciel en attendant que la route se débloque pour eux. Ce “manège” déplaisant peut durer plus ou moins longtemps en fonction du trafic et de l'aéroport.

Comme l'avion d'Avianca n'appartient pas à une compagnie américaine, les contrôleurs de New York ne lui portent pas une attention particulière.

Dans un premier temps, on le “parque” au-dessus de Norfolk pendant un quart d'heure, ce qui n'a rien d'exceptionnel pour un avion en approche à New York.

Le commandant de bord exécute les ordres du contrôle sans broncher.

Mais à peine, a-t-il terminé de tourner sur Norfolk qu'on lui demande de rejoindre une autre balise au-dessus du New Jersey et cette fois, on le met en attente pendant... 27 minutes, ce qui est déjà beaucoup plus long.

Le commandant de bord colombien ne proteste toujours pas. Il se dit qu'il doit prendre son mal en patience. Il se contente d'avertir ses passagers que les bouchons sont très nombreux dans le ciel new yorkais et qu'ils vont inévitablement prendre un certain retard à l'atterrissage. Beaucoup de passagers sont des habitués de la ligne et personne ne s'étonne.

On est en Amérique, pays de la démesure et des embouteillages.

Pour le *Boeing 707,* la seconde attente au-dessus du New-Jersey se termine mais malheureusement, le contrôle ne demande pas pour autant à l'avion de rejoindre une axe qui pourrait lui permettre d'atterrir.

A la grande surprise de l'équipage, il le dirige vers une nouvelle attente au-dessus de CAMRN et cette fois, l'avion d'Avianca y reste pendant... 46 minutes.

On croit rêver... Au total, cela fait donc exactement une heure et 28 minutes que le *Boeing* fait des cercles dans le ciel de New York en attendant que les contrôleurs veuillent bien le prendre en charge et l'autoriser à se poser.

Cette fois, l'attente est tellement longue que le commandant de bord croit bon d'informer le contrôle qu'en cas de problèmes imprévus, il ne lui sera plus possible de rejoindre Boston, l'aéroport de dégagement prévu sur son plan de vol.

Mieux, il précise que d'après ses calculs de consommation, il peut encore rester en attente pendant 5 minutes mais sûrement pas davantage.

Un peu à regret, le contrôle de New York décide donc de le guider vers la piste 22 gauche.

A partir de cet instant, il devient particulièrement intéressant d'écouter l'enregistrement des boîtes noires de l'appareil. Ce sont les paroles exactes prononcées par les différents intervenants et elles révèlent une gestion de la crise qui fait frémir.

C'est le commandant de bord qui est aux commandes du *Boeing* et le copilote qui s'occupe des communications à la radio.

21 heures 03 minutes 07 secondes *(copilote)*: *New York Approche, ici Avianca 052. On stabilise à 5000 pieds.*

Après avoir informé le contrôle qu'il risquait d'être à court de carburant, le pilote du *Boeing* vient donc d'être autorisé à descendre vers 5000 pieds. Dehors, c'est le froid glacial de l'hiver. La nuit est noire et c'est le contrôleur radar qui va guider l'avion jusqu'à l'axe de la piste..

21 heures 03 minutes 11 secondes *(contrôleur de l'approche de New York)*: *Bonsoir Avianca 052... Prenez le cap 060.*

21 heures 03 minutes 15 secondes *(copilote)*: *Reçu, on prend le cap 060.*

21 heures 03 minutes 46 secondes *(mécanicien navigant parlant au copilote)*: *Quand il nous restera 1000 livres dans chaque réservoirs, il faudra se poser tout de suite.*

De toute évidence, le mécanicien est très inquiet de l'évolution de la situation. Et il y a vraiment de quoi... Pour un *Boeing 707*, 1000 livres de carburant, ce n'est qu'une larme qui ne lui permet que de tenir quelques minutes en vol.

21 heures 03 minutes 53 secondes *(copilote)*: *D'accord.*

21 heures 03 minutes 56 secondes *(mécanicien)*: *La procédure de remise des gaz prévoit que la puissance doit être remise lentement pour éviter les accélérations. Et il ne faut pas trop cabrer le nez de l'avion.*

Il est facile de comprendre l'inquiétude du mécanicien: en fait, il y a si peu de carburant que toute accélération brutale chasserait le kérosène vers l'arrière des réservoirs et risquerait de désamorcer l'alimentation des réacteurs. Pour la même raison, il faut éviter de trop cabrer le *Boeing*: là encore, les risques de désamorçage sont énormes. En fait, les trois hommes sont comme des enfants qui cherchent à aspirer les dernières gouttes d'un soda avec une paille et qui n'y arriveront pas s'ils secouent trop la bouteille. Dans le cas de l'avion, il serait préférable d'éviter toute bulle d'air dans les canalisations.

On devine aisément l'angoisse qui commence à étreindre les poitrines de l'équipage car le problème de la remise des gaz est crucial. Si par hasard, l'équipage ne voyait pas la piste en finale, il lui faudrait repartir mais il faudrait le faire en cabrant l'avion au minimum pour essayer de consommer les dernières gouttes de pétroles disponible.

21 heures 04 minutes 09 secondes *(commandant qui n'a pas compris)* : *Pour maintenir quoi ?*

21 heures 04 minutes 10 secondes *(copilote)* : *Il faut à peine lever le nez. Juste le minimum. Le minimum qu'on puisse remonter.*

21 heures 04 minutes 10 secondes *(mécanicien d'une voix peu convaincue)* : *Ça va aller...*

21 heures 04 minutes 27 secondes *(mécanicien)* : *Les volets à 25 degrés et maintenez la vitesse à V Ref + 20 nœuds.*

V Ref + 20 nœuds (vitesse de référence + 36 kilomètres à l'heure) signifie qu'il faut prendre une vitesse plus élevée que la normale pour se présenter en finale. En préconisant de ne pas trop ralentir, le mécanicien cherche évidemment à ne pas trop “lever le nez”, car plus un avion vole lentement et plus il est cabré. Et il faut absolument que le kérosène continue à arriver normalement jusqu'aux réacteurs...

21 heures 05 minutes 13 secondes *(contrôleur de New York)* : *Avianca 052, virez à gauche au cap 360.*

21 heures 05 minutes 17 secondes *(copilote)* : *Reçu, on vire à gauche au 360, Avianca 052.*

21 heures 05 minutes 22 secondes *(copilote à l'intention du commandant de bord)* : *On vire au 360.*

Dans un premier temps, le commandant de bord ne répond pas. C'est tout juste s'il vire de quelques degrés. L'homme est visiblement perturbé par la situation. 17 secondes se passent pendant lesquelles l'appareil ne vire que très lentement vers le nord.

21 heures 05 minutes 39 secondes *(commandant de bord)*: *Quel cap, il nous a donné ?*

21 heures 05 minutes 42 secondes *(copilote)*: *Il nous a donné le 360...*

21 heures 05 minutes 42 secondes *(commandant)*: *Okay...*

21 heures 05 minutes 49 secondes *(klaxon d'alarme du train d'atterrissage non sorti).*

Ce klaxon ne présente aucun caractère de gravité... L'équipage souhaitant garder le nez de l'avion le moins haut possible, il n'a évidemment pas encore sorti le train, ce qui explique le déclenchement de l'alarme. Malgré tout, le commandant ne peut s'empêcher de se justifier auprès des deux hommes.

21 heures 05 minutes 52 secondes *(commandant)*: *Hé, j'ai bien compris que le nez doit rester aussi bas que possible, hein ?*

21 heures 05 minutes 52 secondes *(mécanicien navigant)*: *C'est correct. Il disent (dans le manuel de vol) que les pompes avant...*

Le mécanicien n'a pas le temps de terminer son explication sur les risques de désamorçage des pompes, le contrôle appelle l'avion.

21 heures 06 minutes 02 secondes *(contrôleur d'approche de New York)*: *Avianca 052, virez à gauche au cap 300.*

21 heures 06 minutes 04 secondes *(copilote)*: *Compris... Cap 300.*

Le copilote a tout juste terminé de répondre au contrôleur que le mécanicien navigant reprend son explication sur les risques d'une remise de gaz trop cabrée. De toute évidence, des trois hommes c'est lui qui semble le plus compétent sur la façon de diminuer les risques de panne de carburant.

21 heures 06 minutes 10 secondes ***(mécanicien)* :** *Les pompes avant pourraient être désamorcées pendant la remise des gaz. Ça veut dire qu'elles se mettraient à tourner dans le vide et que ce serait l'extinction. Si ça arrive, il faudrait redescendre le nez tout de suite.*

Pas vraiment plaisant d'évoquer le fait que les quatre réacteurs pourraient s'arrêter tous ensemble. Pourtant, à mesure que l'avion vire vers la gauche et donc vers l'aéroport de Kennedy, l'atmosphère se détend progressivement dans le poste. Peu à peu, les deux pilotes se concentrent davantage sur la trajectoire d'approche de l'avion que sur les risques de panne sèche.

21 heures 06 minutes 44 secondes ***(commandant)* :** *Cap 300*

21 heures 06 minutes 45 secondes ***(copilote)* :** *Cap 300...*

21 heures 06 minutes 51 secondes ***(copilote)* :** *OK, maintenant, nous sommes en rapprochement de l'aéroport et nous sommes à 27 mil... non à 17 miles nautiques.*

17 miles nautiques, c'est une trentaine de kilomètres. Cela peut sembler peu mais compte tenu de la vitesse de l'avion et surtout des différentes trajectoires d'approche à JFK, cela représente encore plus d'un quart d'heure de vol(1). C'est d'autant plus ennuyeux que le *Boeing* est maintenant à basse altitude et que dans ce cas, ses réacteurs sont terriblement gourmands en carburant.

(1) 17 minutes exactement.

21 heures 06 minutes 58 secondes *(mécanicien)*: *Roger*

21 heures 07 minutes 04 secondes *(copilote)*: *Ça veut dire qu'on va se taper des hamburgers ce soir...*

Le Colombien semble soudain redevenu très optimiste. Est-ce la piste qui se rapproche ou l'idée de manger au fast food mais tout semble aller mieux soudain pour lui. D'autant que le contrôleur de New York semble à présent prendre un soin tout particulier pour les guider vers l'axe de piste.

21 heures 07 minutes 17 secondes *(contrôleur)*: *Avianca 052, virez à gauche au cap 29.*

Le contrôleur a tout juste terminé sa phrase que le copilote comprend l'erreur et la corrige de lui-même. Bien évidemment, il ne s'agit pas du cap 29 mais du 290.

21 heures 07 minutes 20 secondes *(copilote)*: *A gauche au cap 290. Reçu Avianca 052.*

Un peu fébrilement, l'équipage continue de préparer son avion pour l'approche, le commandant demande notamment de sélectionner l'ILS[2] de Kennedy Airport de son côté.

Les aiguilles des jauges à carburant sont toutes sur le chiffre zéro... Dehors, c'est toujours la nuit noire et devant le pare-brise aucune lumière ne parvient à traverser l'épaisse couche de nuages. Pour les trois hommes, il est réconfortant de savoir que le radar de New York ne les lâche pas une seconde et qu'ils peuvent se fier à lui pour les guider vers la piste. Bien sûr, dans les dernières secondes avant de toucher le sol, il faudra impérativement que le pilote puisse apercevoir les lumières de la piste autrement, il devra remettre les gaz.

(2) Instrument Landing System: système d'atterrissage aux instruments.

Si seulement il y avait un peu plus de carburant dans les réservoirs, il n'y aurait aucun souci à se faire.

21 heures 08 minutes 34 secondes *(contrôleur de New York)* : *Avianca 052, descendez à... heu... Descendez à... 3000 pieds et maintenez cette altitude.*

21 heures 08 minutes 40 secondes *(copilote)* : *Reçu... On descend à 3 000 pieds et on maintient, Avianca 052.*

21 heures 09 minutes 01 seconde *(commandant parlant au copilote)* : *Pour le Localizer, c'est à 2 000 pieds qu'on doit l'intercepter ?*

Visiblement, le "patron" n'est pas vraiment dans le bain de la percée. Il n'a pas la fiche sous les yeux comme il le devrait et il est obligé de demander à son copilote de vérifier l'altitude à laquelle, ils doivent se trouver alignés avec la piste 22.

21 heures 09 minutes 06 secondes *(copilote)* : *Oui, l'approche initiale est à 2 000 pieds, sauf si le contrôle te demande autre chose.*

21 heures 09 minutes 11 secondes *(mécanicien)* : *Ils nous ont déjà au radar. Ils nous guident.*

21 heures 09 minutes 21 secondes *(copilote)* : *Ils vont nous arranger...*

21 heures 09 minutes 27 secondes *(commandant)* : *Quoi ?*

21 heures 09 minutes 27 secondes *(copilote)* : *Ils vont nous arranger...*

21 heures 09 minutes 29 secondes *(mécanicien)* : *Ils savent déjà qu'on a des problèmes.*

21 heures 09 minutes 30 secondes *(commandant)* : *Ils sont en train de nous faire descendre.*

21 heures 09 minutes 38 secondes *(copilote)*: *Ils vont nous donner la priorité.*

Cette conversation est presque surréaliste. Visiblement, l'équipage est en train d'appliquer la méthode Coué pour se rassurer. On se répète que tout va bien se passer, que les contrôleurs américains sont bien conscients que le *Boeing 707* est à court de carburant et qu'ils vont le guider jusqu'à la piste en lui donnant la route la plus courte possible.

Aucune inquiétude à avoir. Aucune inquiétude... D'ailleurs, le contrôleur ne rappelle-t-il pas l'avion pour le placer sur la trajectoire qui va progressivement l'amener au cap 220 juste dans l'axe de la piste 22.

21 heures 09 minutes 44 secondes *(contrôleur de New York)*: *Avianca 052, virez à gauche au cap 270.*

21 heures 09 minutes 54 secondes *(copilote)*: *Reçu... 270 au cap.*

21 heures 10 minutes 03 secondes *(commandant d'une voix imperceptiblement soulagée)*: *C'est devant nous...*

21 heures 10 minutes 05 secondes *(copilote)*: *Oui...*

21 heures 10 minutes 06 secondes *(mécanicien)*: *Oui...*

Les secondes passent... La piste est là-bas quelque part légèrement sur la gauche de l'appareil. Mais on ne voit toujours rien. Aucune balise lumineuse... Devant le pare-brise, c'est toujours l'obscurité menaçante. C'est normal puisqu'il faut parcourir encore une trentaine de kilomètres avant de pouvoir poser les roues sur le ciment. En fait, le contrôleur fait décrire à l'avion un large arc de cercle pour le mettre dans l'axe de la piste. C'est la raison pour laquelle, malgré les secondes qui passent, la distance jusqu'à Kennedy ne diminue pratiquement pas.

21 heures 11 minutes 07 secondes *(contrôleur de New York)*: *Avianca 052 virez à gauche au cap 250. Vous êtes à 15 miles (27 kilomètres) de l'Outer Marker*[(3)]. *Maintenez 2 000 pieds jusqu'à ce que vous soyez établis sur l'ILS en finale. Autorisés pour la piste 22 gauche.*

Jusqu'ici, tout est normal... Dans quelques instants, l'avion arrivera dans l'axe de la piste et il n'aura plus qu'à poursuivre tout droit pendant 27 kilomètres. Comme c'est la procédure, le copilote se contente de répéter les instructions du contrôle.

21 heures 11 minutes 14 secondes *(copilote)*: *Reçu. Nous sommes autorisés pour l'ILS 22 gauche. On maintient 2 000 pieds.*

21 heures 11 minutes 32 secondes *(commandant au copilote)*: *Tu me branches l'ILS de mon côté et tu me mets 14 degrés de volets.*

Le copilote s'exécute et annonce la position de l'avion.

21 heures 11 minutes 33 secondes *(copilote)*: *Nous sommes à 13 miles (24 kilomètres) de l'Outer Marker. Je vous mets les volets 14.*

Le problème, c'est que le *Boeing 707* colombien n'est pas seul à s'approcher de la piste.

Juste devant lui se trouve un autre appareil qu'il a tendance à rattraper. Sur son radar, le contrôleur voit les deux échos se rapprocher. Il intervient donc immédiatement auprès du *707*.

21 heures 11 minutes 55 secondes *(contrôleur de New York)*: *Avianca 052, réduisez votre vitesse à 160 nœuds (290 kilomètres à l'heure)... si c'est possible.*

(3) Balise située en finale juste dans l'axe de la piste.

21 heures 11 minutes 59 secondes ***(copilote)*****:** *Reçu 160 nœuds, Avianca 052.*

Au ton de la voix, on devine aisément que ça n'arrange pas l'équipage de devoir ralentir. En effet, cela signifie cabrer un peu plus l'avion et envoyer le peu de carburant qui reste à l'arrière des réservoirs avec le risque de désamorçage des réacteurs que l'on connaît. Que faire d'autre pourtant que d'obéir au contrôle, le pilote ne va tout de même pas bousculer l'avion qui se trouve devant lui...

A regret, le commandant ramène les 4 manettes de poussée vers l'arrière. Et il cabre insensiblement sa machine pour garder la même altitude.

21 heures 12 minutes 05 secondes ***(commandant au copilote)*****:** *Mets-moi les volets à 25 degrés.*

21 heures 12 minutes 06 secondes ***(copilote)*****:** *Volets 25...*

En même temps, le commandant de bord règle au millimètre la poussée des réacteurs. Il faut économiser... Chaque litre de carburant qui disparaît est comme un peu de leur capital-vie qui se dilapide dans l'espace.

21 heures 12 minutes 09 secondes ***(copilote)*****:** *Réduction au minimum. Nous avons un trafic juste devant nous.*

21 heures 12 minutes 28 secondes ***(commandant d'une voix lasse)*****:** *Nous pouvons maintenir 140 nœuds avec 25 degrés de volets.*

Il y a un long moment de silence dans le poste de pilotage. Chacun sait que la piste se rapproche mais que la voie n'est pas encore totalement libre devant. Les yeux sont posés sur les instruments des réacteurs. Tout en surveillant les débitmètres, on écoute les sifflements des moteurs.

21 heures 12 minutes 52 secondes ***(commandant)*** **:** *Cet avion... Il est loin devant nous ?*

21 heures 12 minutes 53 secondes ***(copilote)*** **:** *Il est à 7 miles, commandant. Et nous, nous sommes à 10 miles de l'Outer Marker...*

Le *Boeing* colombien est à présent exactement dans l'axe de la piste. Il est toujours stabilisé à 2000 pieds en attendant d'intercepter le plan de descente. Pendant les deux minutes qui vont suivre, l'équipage procède à une check-list rapide pour préparer l'atterrissage.

Il serait fastidieux de reporter tous les termes techniques dans ce récit mais on sent que la procédure est faite presque distraitement. En fait, la seule chose qui semble maintenant compter pour les trois hommes, c'est la distance qui les sépare encore de la piste. Et celle-ci diminue toujours trop lentement à leurs yeux.

Enfin, le contrôleur d'approche, appelle l'avion pour lui demander de passer avec la tour de contrôle, la piste approche. Coup d'œil au chronomètre : encore 8 minutes et les roues seront sur le plancher des vaches.

21 heures 15 minutes 08 secondes ***(contrôleur)*** **:** *Avianca 052, contactez la tour de Kennedy sur 119.1, bonne soirée.*

21 heures 15 minutes 12 secondes ***(copilote)*** **:** *Reçu. 119.1, bonne soirée à vous aussi.*

En trois secondes, le copilote change de fréquence et contacte les nouveaux contrôleurs qui vont superviser la finale de l'avion.

21 heures 15 minutes 19 secondes (copilote) : *Kennedy Tour, ici Avianca 052, nous sommes établis sur la 22 gauche.*

21 heures 15 minutes 23 secondes ***(Contrôleur de Kennedy)*****:** *Avianca 052, bonsoir. Vous êtes numéro trois pour la piste 22 gauche. Juste devant vous, un Boeing 727 en finale à 9 miles.*

Mauvaise nouvelle pour les Colombiens, ils croyaient n'avoir qu'un seul avion devant eux, ils découvrent qu'en réalité, il y en a deux. Pourvu qu'aucun des deux avions n'ait la mauvaise idée de ralentir un peu trop.

Cette fois, les jauges à carburant sont complètement dans le coma... Il y a un long silence avant que le copilote ne murmure d'une voix presque inaudible.

21 heures 15 minutes 32 secondes ***(copilote)*****:** *Reçu, Avianca 052. On est numéro 3 à l'atterrissage.*

21 heures 16 minutes 19 secondes ***(commandant à l'intention du copilote)*****:** *Est-ce que je peux déjà sortir le train ?*

On pourrait s'étonner de cette question de la part du commandant de bord. D'abord parce qu'il n'a pas besoin de l'avis de son second pour décider du moment de la sortie du train d'atterrissage, mais surtout parce qu'il est beaucoup trop tôt pour cela.

Il faut se rappeler que l'avion est à court de carburant et que non seulement la sortie du train va obliger l'appareil à voler cabré mais que les roues sorties vont représenter une forte traînée supplémentaire... Et cela va augmenter la consommation. Les quatre réacteurs Pratt & Whitney JTD3-3B sont particulièrement gourmands surtout à basse altitude. Or en ce moment, chaque litre de pétrole est précieux...

Un peu distrait et... pas très vif le pilote... D'autant que ses deux adjoints l'ont bien informé quelques minutes plus tôt que le manuel de vol prévoyait les procédures d'arrivée avec un minimum de carburant. On lui a bien expliqué: pas trop cabré et pas d'accélérations brutales. A-t-il bien compris?

21 heures 16 minutes 21 secondes *(copilote)*: *Non, je pense que c'est trop tôt. Si nous sortons le train maintenant, nous allons être obligés d'augmenter l'assiette et le nez sera trop haut.*

21 heures 16 minutes 56 secondes *(mécanicien)*: *Et ce n'est pas très...*

L'homme veut certainement dire que ce n'est pas recommandé si l'on veut "gratter" les dernières gouttes de carburant mais il n'en a pas le temps. La tour de contrôle lui coupe la parole. Elle ne s'adresse pas au *Boeing* colombien mais au premier des deux appareils qui le précèdent à l'atterrissage.

21 heures 16 minutes 56 secondes *(contrôleur de Kennedy)*: *American 692, autorisé à atterrir, piste 22 gauche. Vent du 190 degrés pour 12 nœuds.*

Sur la fréquence, on entend l'avion d'Américan Airlines qui accuse réception de l'autorisation d'atterrissage. Cette fois, le commandant de bord colombien doit commencer à respirer. Il se dit qu'il ne reste plus qu'un seul appareil devant lui et ce sera son tour. Pourvu qu'il ne soit pas en train de le rattraper et qu'on ne lui fasse pas faire une remise de gaz. Ce serait la catastrophe. Mais maintenant, c'est derrière le *Boeing* que cela se précipite.

21 heures 17 minutes 17 secondes *(contrôleur de Kennedy)*: *Avianca 052, quelle est votre vitesse?*

21 heures 17 minutes 20 secondes *(copilote)*: *Nous avons 140 nœuds (250 kilomètres à l'heure), Avianca 052.*

21 heures 17 minutes 25 secondes *(contrôleur de Kennedy)*: *Est-ce que vous pourriez accélérer de 10 nœuds? (18 kilomètres à l'heure).*

21 heures 17 minutes 41 secondes *(copilote)*: *On accélère de 10 nœuds.*

Apparemment derrière le 707, ça doit commencer à se bousculer car le contrôleur se met soudain à crier...

21 heures 17 minutes 42 secondes ***(contrôleur de Kennedy)*:** *Accélérez, accélérez...*

21 heures 17 minutes 42 secondes ***(commandant)*:** *Quoi ?*

21 heures 17 minutes 44 secondes ***(copilote)*:** *Reçu, on accélère...*

21 heures 17 minutes 45 secondes ***(commandant)*:** *Quoi ?*

Force est de constater une fois encore que le commandant de bord ne fait pas preuve d'une grande vivacité d'esprit. Ses réactions sont très lentes et c'est surtout le copilote qui gère une situation qui change de minute en minute. A deux reprises, le "chef" n'a pas compris ce que le contrôleur attendait de lui. Il fallait accélérer rapidement parce qu'il y avait un autre appareil juste derrière...

21 heures 17 minutes 46 secondes ***(contrôleur de Kennedy)*:** *Okay...*

21 heures 17 minutes 46 secondes ***(copilote)*:** *10 nœuds de plus...*

21 heures 17 minutes 48 secondes ***(mécanicien)*:** *10 petits nœuds de plus*

21 heures 17 minutes 48 secondes ***(mécanicien)*:** *10 petits nœuds de plus...*

21 heures 17 minutes 52 secondes ***(commandant)*:** *Ça fait 150 nœuds...*

Enfin... le commandant a compris: 140 + 10 ça fait 150... Il faut reconnaître qu'il a été un peu long. Comme pour s'excuser, il demande alors à son copilote:

21 heures 17 minutes 55 secondes *(commandant)*: *Parle-moi plus fort, parce que je n'entends rien...*

21 heures 18 minutes 11 secondes *(copilote d'une voix forte)*: *Nous sommes à 3 miles de l'Outer Marker maintenant.*

21 heures 18 minutes 13 secondes *(commandant)*: *D'accord.*

21 heures 18 minutes 15 secondes *(copilote)*: *On arrive sur le glide...*

"Arriver sur le glide" signifie que l'avion intercepte son plan de descente et qu'il peut enfin commencer à descendre vers la piste. Il va maintenant suivre un plan incliné à 3 degrés qui va l'amener en vue des balises lumineuses qui matérialisent la piste d'atterrissage.

21 heures 18 minutes 32 secondes *(commandant)*: *Je vais faire l'approche à 140 nœuds. C'est ce qu'il veut ou quelle vitesse il veut?*

On croyait que le commandant avait compris ce qu'on lui demandait! Apparemment ce n'est pas le cas puisque maintenant 140 + 10 = 140! Difficile de comprendre son attitude. A moins que l'homme trouve que la vitesse de 150 nœuds qu'on lui impose en finale est trop forte?

Quoi qu'il en soit si cette vitesse ne lui convenait pas, il aurait été beaucoup plus simple d'en informer le contrôleur.

21 heures 18 minutes 41 secondes *(copilote sans savoir à qui il s'adresse vraiment)*: *150 nœuds... On avait 140 nœuds et il demande 10 petits nœuds de plus.*

21 heures 19 minutes 09 secondes *(commandant)*: *On sort le train.*

21 heures 19 minutes 10 secondes *(copilote)*: *OK, le train sort.*

Dès que les roues sont sorties de leur logement et que les trois lumières vertes sont allumées, l'équipage procède à la dernière check-list avant l'atterrissage. Elle dure un peu plus d'une minute pendant laquelle, les deux pilotes jettent de rapides coups d'œil vers le pare-brise pour tenter d'apercevoir les lumières de la piste mais il fait toujours terriblement sombre devant l'avion.

21 heures 20 minutes 10 secondes *(contrôleur de Kennedy)*: *Avianca 052 quelle est votre vitesse?*

Évidemment la décision du commandant de ralentir sans prévenir le contrôle commence à avoir de sérieuses conséquences. Sur l'écran du radar, le contrôleur voit les deux taches lumineuses se rapprocher dangereusement. L'avion qui suit le *Boeing* est en train de le rattraper. Le copilote essaie de faire la part des choses pour ne déranger ni son patron, ni le contrôleur de Kennedy. Alors, il triche un peu avec les chiffres. Au lieu d'avouer 150, il annonce:

21 heures 20 minutes 12 secondes *(copilote)*: *Notre vitesse est de... heu... 145 nœuds.*

21 heures 20 minutes 20 secondes *(contrôleur de Kennedy s'adressant à l'avion derrière le Boeing)*: *TWA 801, si c'est possible, réduisez votre vitesse à 145 nœud.*

21 heures 20 minutes 19 secondes *(TWA 801)*: *OK, on va faire de notre mieux...*

21 heures 20 minutes 21 secondes *(commandant à son copilote)*: *Est-ce qu'on est autorisés à l'atterrissage?*

21 heures 20 minutes 23 secondes *(copilote)*: *Oui monsieur, nous sommes autorisés à l'atterrissage.*

Rapidement, l'équipage procède alors à la dernière check-list. Les volets sont sortis à 50 degrés, les pressions hydrauliques sont vérifiées, et la trajectoire est corrigée car l'avion est légèrement trop bas sous le plan d'approche.

Pendant ce temps-là, la tour de Kennedy continue à s'inquiéter parce que l'avion qui suit le *707* est toujours en train de le rattraper.

Les échos sont de plus en plus rapprochés sur le radar.

21 heures 20 minutes 53 secondes *(contrôleur de Kennedy)* : *TWA 801, si c'est possible, réduisez et prenez votre vitesse de finale dès maintenant*

21 heures 20 minutes 56 secondes *(TWA 801)* : *Monsieur, nous avons 150 nœuds en ce moment, c'est le mieux que nous puissions faire.*

Comme le vol TWA 801 ne peut pas ralentir, le contrôleur va demander au *Boeing 707* d'accélérer... C'est logique mais ça ne va pas arranger les affaires du Colombien.

21 heures 21 minutes 07 secondes *(contrôleur de Kennedy)* : *Avianca 052, pouvez-vous augmenter votre vitesse à 150 nœuds.*

21 heures 21 minutes 09 secondes *(copilote à peine audible)* : *Oui, nous le faisons...*

En fait, il ne fait rien !

Ce qui fait qu'au bout de 20 secondes, le contrôleur comprend que le *Boeing* ne ralentit pas. Apparemment, personne ne veut céder... Celui qui est devant ne veut pas accélérer parce qu'il est à court de carburant et celui qui est derrière ne veut pas ralentir parce que les performances de sa machine ne lui permettent pas de tenir en vol à si basse vitesse.

Il n'y a donc qu'une seule solution pour résoudre le problème de ces deux avions qui vont finir par se tamponner.

21 heures 21 minutes 30 secondes *(contrôleur de Kennedy)* :

TWA 801, vous êtes en train de rattraper le 707. Virez à gauche au cap, heu... 150 et maintenez 2000 pieds.

21 heures 21 minutes 38 secondes *(TWA 801... pas très content)*: *Reçu, on vire à gauche au cap 150 et on maintient 2000 pieds.*

A ce petit jeu, le pilote du Boeing Colombien vient de gagner. Maintenant tout va mieux pour lui, il peut rester à basse vitesse pour éviter de trop consommer. Malheureusement, le fait de rester à basse vitesse va lui jouer un mauvais tour auquel il ne s'attend pas.

La piste est maintenant toute proche.

Dans une minute, le pilote devrait l'apercevoir.

21 heures 22 minutes 07 secondes *(copilote)*: *On passe 1000 pieds... Légèrement sous le plan. Tout est OK pour l'atterrissage. Vous voulez les phares ?*

21 heures 22 minutes 19 secondes *(commandant)*: *Attends un moment.*

Il n'est jamais bon de mettre les phares trop tôt, surtout lorsque l'avion est encore dans les nuages. En effet, le faisceau lumineux se reflète sur la couche et a tendance à éblouir le pilote au moment où il cherche les lumières de la piste devant lui. Les automobilistes connaissent bien ce phénomène lorsqu'ils se mettent pleins phares dans le brouillard.

Pendant ce temps-là un autre avion (American Airlines 40) s'est placé derrière le *Boeing* colombien dans l'axe de la finale. On entend la tour lui donner ses dernières instructions.

21 heures 22 minutes 36 secondes *(contrôleur de Kennedy)*: *American 40, piste 22 gauche. Vous êtes numéro 2 derrière un 707 en finale à 2 miles. Le vent est du 200 pour 18 nœuds, la visibilité 2 kilomètres, le plafond 500 pieds. Autorisé à l'atterrissage.*

Dans le poste de pilotage du *707* colombien, on note au passage les dernière conditions météo données par la tour: 2 kilomètres de visibilité et un plafond à 500 pieds, ce n'est certes pas le beau temps mais c'est correct pour atterrir, même de nuit (en réalité l'enquête montrera que les conditions sont un peu moins bonnes puisqu'il n'y a que 800 mètres de visibilité et 300 pieds de plafond).

D'autre part, l'avion vole lentement et il est souvent délicat d'effectuer une approche finale à basse vitesse surtout lorsque le vent est fort.

On peut se trouver confronté à un phénomène de cisaillement qui risque de vous faire perdre de l'altitude de manière imprévisible.

Et c'est justement ce qui va se produire ce soir-là.

21 heures 22 minutes52 secondes *(copilote)*: *On est en-dessous du glide. Il y a un cisaillement de vent.*

Le copilote vient de dire au commandant qu'il était trop bas mais celui-ci ne réagit pas... On peut imaginer ce qui se passe dans sa tête. Il hésite à pousser les manettes des gaz vers l'avant: surtout ne pas trop consommer et ne pas lever le nez trop haut.

Exactement 16 secondes plus tard, le mécanicien navigant lance le même avertissement: l'avion est en train de s'enfoncer.

21 heures 23 minutes38 secondes *(mécanicien)*: *Attention, on est sous le glide...*

Au même moment, la voix de synthèse de l'avertisseur de proximité du sol (GPWS) se déclenche:

21 heures 22 minutes 38 secondes *(voix de synthèse)*: *Attention... Attention... Attention... remise de gaz.*

Cet avertissement n'est pas vraiment anormal puisque l'avion est sur le point d'atterrir et qu'il est maintenant tout près du sol. Mais l'avion continue à descendre de manière inquiétante. Le copilote lance un nouvel avertissement.

21 heures 23 minutes 09 secondes *(copilote)*: *On est à 500 pieds... Attention au taux de chute.*

21 heures 23 minutes 13 secondes *(commandant)*: *Les phares!*

Les secondes passent dans un silence de plomb. Le pilote cherche à apercevoir les lumières de la piste dans la nuit... Pour l'instant, c'est toujours l'obscurité... Puis tout à coup, c'est un cri d'angoisse qui retentit dans le poste de pilotage.

21 heures 23 minutes 20 secondes *(commandant)*: *Où est la piste?*

21 heures 23 minutes 23 secondes *(commandant)*: *La piste... Où elle est?*

Au même moment, l'alarme "Glide Slope" se déclenche. Elle signifie de nouveau que l'avion est sous le plan d'approche. Tous les pilotes vous diront que ce genre d'arrivée trop basse est fortement déconseillée, surtout de nuit et dans les nuages. Mais apparemment le pilote ne s'en préoccupe pas. Tout ce qui compte maintenant pour lui, c'est de voir les lumières de la piste. Car quel que soit l'équipement électronique de l'avion, le pilote doit apercevoir la piste dans les toutes dernières secondes, autrement il remet les gaz.

21 heures 23 minutes 27 secondes *(copilote)*: *Je la vois pas... Je la vois pas.*

La voix est aiguë. Presque paniquée.

Que se passe-t-il? Couche de nuages un peu plus basse à

cet instant ? Surcharge de travail due au cisaillement de vent ? Difficile d'être catégorique, toujours est-il que les pilotes du *Boeing* passent au-dessus de la piste sans la voir. En temps normal, ce ne serait pas grave, l'équipage ferait une remise de gaz puis recommencerait un nouveau circuit d'approche. Certes, ça prendrait un certain temps mais ce serait sans danger. Aujourd'hui, étant donné ce qui reste de carburant dans les réservoirs, les Colombiens réalisent qu'ils sont en train d'aller à la catastrophe...

Ça va mal se terminer...

La mort dans l'âme, le commandant n'a pas d'autre choix que de repousser les 4 manettes de gaz vers l'avant et de cabrer l'avion.

21 heures 23 minutes 28 secondes *(commandant voix catastrophée)* : *On rentre le train... On rentre le train.*

Aucun doute qu'à cet instant, l'équipage est très mal à l'aise...

En cabine, les 149 passagers ont senti que l'avion cessait sa descente puis reprenait de l'altitude. Ils sont loin de se douter qu'ils sont passés tout près du salut mais qu'à présent leurs chances de survie sont devenues très faibles.

21 heures 23 minutes 33 secondes *(commandant)* : *On demande un autre circuit...*

21 heures 23 minutes 37 secondes *(contrôleur de Kennedy étonné)* : *Vous avez fait une remise de gaz, Avianca 052 ?*

21 heures 23 minutes 37 secondes *(mécanicien dont on devine la respiration haletante)* : *Doucement avec le nez... Doucement avec le nez... Doucement avec le nez...*

21 heures 23 minutes 39 secondes *(contrôleur de Kennedy)* : *Avianca 052, reçu... Heu... Montez à 2 000 pieds et maintenez. Virez à gauche au cap 180.*

Le contrôleur semble totalement ignorer les difficultés de l'avion puisqu'il l'envoie vers un cap sud. La moindre des mesures de sécurité serait de demander où il en est au sujet du pétrole, mais ça ne lui vient pas à l'esprit. Et pourtant, le pilote avait bien signalé qu'il était à court de carburant et qu'il n'aurait pas de quoi rejoindre Boston en cas de problèmes.

A cet instant, la seule solution pour le commandant de bord serait de se jeter sur son micro et de hurler que ses moteurs sont sur le point de s'arrêter. Il faut qu'on lui donne la priorité absolue et une trajectoire aussi courte que possible pour revenir vers la piste. Qu'importe si les contrôleurs protestent.... Qu'importe les conséquences ou les sanctions qui découleront par la suite. D'ailleurs, pourquoi le commandant de bord serait-il sanctionné? Jusqu'ici, il n'a commis aucune infraction. Il avait les réserves de carburant réglementaires et il a respecté les instructions des contrôleurs à la lettre.

Les véritables fautes... c'est maintenant qu'il va les commettre... Car au lieu d'appeler le contrôle à son secours, il se contente de murmurer à l'intention du copilote:

21 heures 23 minutes 43 secondes *(commandant)*: *Nous n'avons pas le carbu...*

21 heures 23 minutes 45 secondes *(copilote)*: *On maintient 2000 pieds et on prend le cap 180.*

21 heures 23 minutes 54 secondes *(commandant)*: *Les volets 25.*

21 heures 24 minutes 00 seconde *(commandant d'une voix désolée)*: *Je ne sais pas ce qui s'est passé. Je n'ai pas vu la piste.*

21 heures 24 minutes 00 seconde *(copilote)*: *Je ne l'ai pas vue non plus...*

21 heures 24 minutes 00 seconde ***(mécanicien)*****:** *Je ne l'ai pas vue non plus...*

21 heures 24 minutes 04 secondes ***(contrôleur de Kennedy)*****:** *Avianca 052, vous êtes en train de virer à gauche, hein ?*

21 heures 24 minutes 06 secondes ***(commandant)*****:** *Dis-leur qu'on est en emergency. C'est grave.*

21 heures 24 minutes 08 secondes ***(copilote à la radio)*****:** *On vire à gauche vers le cap 180 et, heu... on va refaire une approche. Nous sommes à court de carburant...*

21 heures 24 minutes 15 secondes ***(contrôleur de Kennedy)*****:** *Okay...*

Okay... Apparemment l'information n'a pas l'air d'inquiéter le contrôleur outre mesure. Réponse bien tranquille pour quelqu'un qui vient de recevoir un message d'une urgence grave et qui se contente d'acquiescer froidement.

21 heures 24 minutes 17 secondes ***(commandant)*****:** *Qu'est-ce qu'il a dit ?*

Le copilote ne répond pas à la question. Peut-être parce que le Okay du contrôleur l'a déstabilisé ou parce qu'il craint que le commandant lui demande d'insister de nouveau sur l'urgence de la situation, ce qu'il ne veut surtout pas faire.

Alors il joue avec les mots:

21 heures 24 minutes 18 secondes ***(copilote)*****:** *Il a dit: maintenez 2000 pieds au cap 180. Je l'ai déjà avisé qu'on allait faire une nouvelle tentative parce maintenant on peut pas.*

Quel charabia ! Le copilote se rend-il compte des enjeux qui sont en cours: d'un côté, se faire sermonner par des contrôleurs et de l'autre risquer sa vie et celles de 150 personnes ?

De toute évidence, le contrôleur n'est pas vraiment stressé par la nouvelle situation puisque le premier appareil auquel il s'adresse est celui qui se trouvait derrière le *Boeing* colombien.

21 heures 24 minutes 21 secondes *(contrôleur de Kennedy)*: *American 40 atterrissez piste 22 gauche. Vent du 200 pour 19 nœuds. Cisaillement de vent de 10 nœuds rapporté par un DC 9 entre le sol et 700 pieds.*

21 heures 24 minutes 22 secondes *(commandant)*: *Informe-le que nous sommes en emergency.*

Encore une fois, au lieu de prendre lui-même le micro, le commandant passe par l'intermédiaire de son copilote. Étrange réaction. C'est comme s'il était terrorisé de parler lui-même au contrôle... Comme le copilote ne répond pas, il reprend:

21 heures 24 minutes 26 secondes *(commandant)*: *Est-ce que tu lui as dit ?*

21 heures 24 minutes 28 secondes *(copilote)*: *Oui monsieur... Je lui ai déjà dit.*

Et cette réponse suffit au patron. Encore une fois, ce dernier devrait hurler dans son micro qu'ils sont à court de pétrole qu'ils n'en ont plus que pour quelques minutes. Qu'en aucun cas, ils ne vont pouvoir faire un circuit normal ou bien ils vont se crasher. Tout juste leur est-il possible de passer immédiatement en branche vent arrière pour se poser en catastrophe.

Rien de tout cela... En fait, les deux hommes sont comme deux élèves tremblant devant un professeur auquel ils n'osent pas demander la permission d'aller aux toilettes.

21 heures 24 minutes 31 secondes *(commandant)*: *Les volets 15...*

Rentrer progressivement les volets: c'est, la seule chose que peut faire le commandant de bord pour le moment. C'est indispensable pour diminuer la consommation et suivre les instructions du contrôle qui ne s'occupe pas vraiment d'eux. Sauf pour augmenter inutilement la charge de travail.

21 heures 24 minutes 36 secondes ***(contrôleur de Kennedy)*:** *Avianca 052, poursuivez votre virage à gauche au cap 150, maintenez 2000 pieds et contactez l'approche sur 118.4.*

Cette fois, on sombre dans l'absurde... Cet avion en détresse doit repasser sur la fréquence de l'approche sur laquelle le trafic est intense. Dès le premier contact on y entend plusieurs pilotes en train de discuter: le TWA 542, puis le TWA 801.

Quant au nouveau contrôleur, il ne semble pas plus pressé que son collègue de prendre en charge le *Boeing* colombien.

21 heures 24 minutes 55 secondes (copilote): *Ici Avianca 052, nous avons raté, heu... une remise de gaz et nous maintenons 2000 pieds et 5 sur le...*

Bafouillage pitoyable. Alors qu'il n'y aurait que trois mots à prononcer: *Mayday.... Mayday.... Mayday*(5). Or, dans le cafouillage du copilote, il n'y a pas un seul mot pour souligner l'urgence de la situation. On est en plein délire...

21 heures 25 minutes 07 secondes ***(contrôleur de l'approche de New York)*:** *Bonsoir Avianca 052, montez à 3000 pieds et maintenez cette altitude.*

21 heures 25 minutes 08 secondes ***(commandant)*:** *Dis-lui qu'on n'a plus de pétrole.*

(5) Appel de détresse.

21 heures 25 minutes 10 secondes *(copilote presque inaudible)*: *On monte à 3000 pieds et... heu... On est à court de carburant.*

Il l'a quand même dit... sur le bout des lèvres, comme s'il avouait finalement une grosse faute alors qu'il n'y est strictement pour rien. Le ton est presque anodin. Malheureusement, cela ne déclenche aucune réaction chez l'interlocuteur.

21 heures 25 minutes 12 secondes *(contrôleur d'approche de Kennedy)*: *Okay... prenez le cap 080*

Docilement, le pilote s'exécute et commence à virer pour se placer au cap demandé. Mais dans son trouble, il confond 080 et 180 et revient à droite pour poursuivre vers le sud, ce qui l'éloigne encore davantage de l'aéroport de Kennedy. Dans la situation où il se trouve, ça ne va pas arranger ses affaires.

La panique n'est pas loin...

Pendant ce temps, les conversations se poursuivent sur la fréquence avec une tranquillité qui fait froid dans le dos. A tel point que 16 secondes plus tard, le commandant s'enquiert de nouveau auprès de son copilote.

21 heures 25 minutes 28 secondes *(commandant)*: *Est-ce que tu lui as bien dit qu'on n'avait pas de pétrole?*

21 heures 25 minutes 29 secondes *(copilote)*: *Oui, monsieur. Je lui ai dit. Il m'a demandé de maintenir le cap 180 (!!!!) et de maintenir 3000 pieds. Il va nous recontacter.*

21 heures 25 minutes 29 secondes *(commandant)*: *Okay...*

Le problème, c'est que le contrôle tarde à rappeler. Il appelle le vol Evergreen 102, puis l'American 40... Mais pas l'Avianca 052...

Les secondes passent. On peut aisément imaginer la sueur qui perle sur le front des trois Colombiens. Les mains sont tremblantes... Chacun pense à ses enfants alors que le *Boeing* s'éloigne à nouveau dans la nuit.

Enfin, une minute plus tard (un siècle!), le contrôleur contacte le Boeing...

21 heures 26 minutes 35 secondes ***(contrôleur)*:** *Avianca 052, heu... Je vais vous amener à 15 miles au nord-est et puis vous faire revenir sur l'approche. Est-ce que ça va aller en ce qui concerne votre carburant?*

Incroyable... C'est la première fois qu'un contrôleur prononce le mot carburant depuis que le *Boeing* est dans la zone de New York. A force d'indifférence, on aurait fini par imaginer que personne n'était au courant. Le plus terrible, c'est que malgré sa sollicitude apparente, le bonhomme ne fait aucun effort pour l'aider puisqu'il lui impose une trajectoire terriblement longue pour un avion en short fuel.

Car 15 miles, c'est tout même 27 kilomètres! Avec l'aller et le retour auquel il faut rajouter les virages de procédure, l'avion va devoir parcourir environ... 70 kilomètres avant d'espérer pouvoir atterrir.

21 heures 26 minutes 43 secondes ***(copilote)*:** *Je crois que ça va aller, merci beaucoup...*

Encore une fois, on ne comprend pas la réaction de l'équipage... Il faudrait appeler au secours, dire qu'il n'y en a plus que pour quelques secondes, que c'est la mort qui attend les occupants de l'appareil si on ne leur donne pas la priorité absolue...

Et le malheureux se contente de dire que ça va aller, merci bien...

21 heures 26 minutes 46 secondes *(commandant toujours aussi sourd)*: *Qu'est-ce qu'il a dit?*

21 heures 26 minutes 46 secondes *(mécanicien)*: *Le type est en colère?*

21 heures 26 minutes 47 secondes *(copilote)*: *Il nous envoie à 15 miles pour mieux nous ramener sur la finale.*

Sur la fréquence, les contacts reprennent entre le contrôle et les autres appareils: *TWA 801, American 40, Evergreen 102, Panam 1812,* etc. La densité des conversations est très forte et le trafic toujours très important. Pendant ce temps, l'équipage du *Boeing* cafouille. Il hésite s'il doit sélectionner le VOR ou l'ILS pour s'aligner avec la piste... On sent le désespoir gagner peu à peu les trois hommes... Quant aux réservoirs, ils sont maintenant à sec.

Finalement au bout de deux minutes de torture, le copilote reprend son micro pour se rappeler au bon souvenir du contrôle.

21 heures 29 minutes 11 secondes *(copilote)*: *Heu? Ici Avianca 052, pourriez-vous nous autoriser pour la finale maintenant?*

Tiens c'est vrai, doit se dire le contrôleur, je l'avais oublié celui-là. Qu'est-ce qu'il avait comme problème déjà?

21 heures 29 minutes 20 secondes *(contrôleur d'approche)*: *Avianca 052 affirmatif, monsieur. Virez à gauche au cap 040.*

21 heures 29 minutes 33 secondes *(copilote)*: *On vire au 040... Okay, c'est très bien.*

Cap 040? C'est bien? Pas tant que ça... Car c'est tout de même le cap exactement inverse qu'il faudrait prendre pour que le Boeing s'aligne avec la piste 22 (220 degrés)... En clair, l'avion tourne le dos à Kennedy Airport. Mais enfin, au stade où on en est, ça ne coûte plus rien d'avoir l'air satisfait !

Et ce petit jeu de débiles va continuer encore une minute et 30 secondes pendant laquelle, le contrôleur oublie une nouvelle fois le malheureux Colombien ! A cet instant du récit, il faut tout de même signaler que cela fait pratiquement 2 heures que le *Boeing 707* est arrivé à la verticale de New York.

Un cauchemar qui ne va pas tarder à se terminer.

21 heures 30 minutes 55 secondes *(contrôleur approche de New York)* : *Avianca 052, prenez le cap 360.*

21 heures 30 minutes 56 secondes *(commandant au copilote)* : *Dis-moi quel cap ?*

21 heures 30 minutes 58 secondes *(copilote)* : *Okay, nous prenons 360.*

21 heures 31 minutes 01 seconde *(contrôleur approche de New York)* : *Okay... Et vous êtes numéro 2 à l'atterrissage. Il faut seulement que je vous libère un peu de place pour que vous puissiez le faire sans... heu... remettre les gaz encore une fois, hein.*

Un peu de moquerie acide dans ce moment dramatique, il ne manquait plus que ça pour terroriser un peu plus le pauvre équipage colombien !

21 heures 31 minutes 07 secondes *(copilote)* : *Okay, nous sommes numéro 2 et on prend le cap 360 dès maintenant.*

A cet instant, le *Boeing* est toujours à 27 kilomètres de Kennedy. Encore une minute de perdue !

21 heures 32 minutes08 secondes *(contrôleur approche de New York)* : *Avianca, virez à gauche au cap 300.*

21 heures 32 minutes14 secondes *(copilote voix grave)* : *A gauche au cap 300...*

Et puis soudain, un cri déchire le silence feutré du poste de pilotage. C'est le mécanicien navigant qui hurle. Des trois hommes, il était bien entendu celui qui surveillait le plus attentivement les instruments des réacteurs...

21 heures 32 minutes 39 secondes *(mécanicien)*: *Extinction ! Extinction sur le moteur numéro 4 !*

21 heures 32 minutes 42 secondes *(commandant)*: *Extinction !*

21 heures 32 minutes 43 secondes *(mécanicien navigant)*: *On a aussi une extinction sur le Numéro 3.. Il faut tout transférer sur le 1 et le 2.*

21 heures 32 minutes 49 secondes *(commandant)*: *Montrez-moi la piste.*

La piste? Le malheureux ne risque pas de la voir, elle est quelque part sur sa gauche à une trentaine de kilomètres.

Le copilote ne répond même pas. Dans la même seconde, il se jette sur le micro et fait ce qu'il aurait dû faire depuis le début.

21 heures 32 minutes 49 secondes *(copilote)*: *Ici Avianca 052, nous venons de perdre deux moteurs et nous demandons la priorité s'il vous plaît...*

21 heures 32 minutes 54 secondes *(contrôleur approche de New York)*: *Avianca 052, virez à gauche au cap 250. Interceptez le Localizer.*

Brusquement, le contrôleur réalise que les choses sont très graves. Plus question de traîner. On donne un cap direct en direction de l'aéroport. Il est malheureusement trop tard...

21 heures 32 minutes 56 secondes *(copilote)*: *Reçu, cap 250.*

Le copilote a tout juste fini de parler que le *Cockpit Voice*

Recorder enregistre une diminution notable du bruit à l'intérieur du poste de pilotage. Le sifflement des réacteurs décroît.

Quatre secondes plus tard, les deux autres moteurs s'arrêtent quasi simultanément. Un silence mortel tombe sur les trois hommes. Cette fois, c'est la fin. Inexorablement le *Boeing 707* plonge vers le sol.

Que pourrait bien faire le pilote pour sauver sa machine et ses passagers. Rien... Il n'y a plus rien à faire... C'est la nuit. Il est dans les nuages. Il ne peut rien faire d'autre que d'attendre que l'appareil percute le sol.

L'avion n'est pas très haut. Ce ne sera pas long...

Dans une supplique presque pitoyable et grotesque, le commandant de bord demande qu'on lui affiche les indications d'un instrument de son côté.

21 heures 33 minutes 00 seconde *(commandant voix tremblante)*: *Sélectionne-moi l'ILS.*

21 heures 33 minutes 01 seconde *(copilote presque par réflexe)*: *ILS...*

21 heures 33 minutes 04 secondes *(contrôleur approche de New York)*: *Avianca 052 vous êtes à 15 miles (27 kilomètres) de l'Outer Marker. Maintenez 2000 pieds jusqu'à l'interception du Localizer. Autorisé pour la finale piste 22 gauche.*

C'est hélas beaucoup trop tard! Le contrôleur vient de le dire, l'avion est encore à 27 kilomètres du but. Il n'a plus aucune chance...

21 heures 33 minutes 12 secondes *(copilote)*: *Reçu, Avianca.*

Alors que l'avion est déjà tout proche du sol, le commandant murmure d'une voix blanche.

21 heures 33 minutes 22 secondes *(commandant)*: *Est-ce que tu m'as mis l'ILS de mon côté?*

Comme si cela pouvait encore avoir une quelconque importance pour les tirer d'une situation qui, de toute manière, est sans issue.

21 heures 33 minutes 22 secondes *(copilote)*: *Il est prêt...*

21 heures 33 minutes 24 secondes: *Fin de l'enregistrement.*

Avec ses quatre réacteurs coupés, le Boeing a mis moins d'une minute pour percuter le sol. En pleine nuit, il s'écrase sur une colline boisée aux abords de Coves Neck une petite bourgade au nord de Long Island.

Par chance, c'est une zone peu construite, l'avion ne fera aucune victime parmi les habitants de la région. C'est une chance... Si la panne sèche était survenue quelques minutes plus tard, le crash aurait eu lieu en pleine agglomération new yorkaise avec des conséquences bien plus terribles pour les populations au sol.

Il n'y a pas d'incendie au moment de l'impact. C'est normal puisqu'il n'y avait plus une goutte de carburant dans les réservoirs. Le bilan définitif est très lourd... Il fait état de 73 morts parmi lesquels se trouvent le commandant, le copilote, le mécanicien navigant et 6 hôtesses. Il y a des survivants. La plupart souffrent de blessures très graves qui les handicaperont toute leur vie.

Étrange miracle: parmi les passagers rescapés, trois personnes assises tout à l'arrière de l'appareil ne sont absolument pas blessées. Totalement indemnes...

On ne peut terminer ce récit sans souligner les lacunes incroyables dont chacun a fait preuve au cours de cet accident. Que d'incompétence... de lenteurs incroyables... de craintes injustifiées. Tous les acteurs de ce drame ont été incroyablement mauvais. S'il n'y avait pas eu tous ces morts, on aurait pu en faire une farce grotesque tant les différents intervenants ont été nuls jusqu'au dernier moment.

Un commandant de bord, timoré et craintif... inconscient que sa mollesse allait mener son avion à la catastrophe.

Un copilote qui n'ose pas davantage s'imposer tant auprès du contrôle que de son patron pourtant bien quelconque.

Des contrôleurs aériens qui gèrent le trafic au gré de leur humeur en dissimulant mal leur mépris pour cet appareil venu d'Amérique du Sud.

Le seul qui ait été un peu plus lucide que les autres, c'est le mécanicien navigant... Ça ne l'a pas empêché d'y laisser sa vie avec de nombreux autres innocents.

ERREUR DE BALISE D'APPROCHE

Dans un avion de ligne, précipitation et impatience ne font jamais bon ménage avec la sécurité que l'on doit aux passagers. Le crash du vol AA 965 en Colombie en est une terrible illustration.

20 décembre 1995.

L'avion est un *Boeing 757 a*ppartenant à la compagnie *American Airlines.* C'est un modèle 223 de construction très récente. Une superbe machine équipée des moyens de radionavigation les plus modernes et dont le pilotage ne nécessite évidemment que deux hommes d'équipage. Le 757 est un appareil d'autant plus facile à piloter qu'il est doté de commandes de vol électriques et d'un système FMS[1] géré par un ordinateur. En 1995, c'est le nec plus ultra électronique.

Pour ce vol régulier qui fait la liaison entre Miami et Cali en Colombie, l'appareil transporte 158 passagers et 8 membres d'équipage. La plupart des occupants de l'avion sont américains ou colombiens.

(1) Flight Management System : Instrument gérant automatiquement certaines fonctions telles que la navigation, la puissance des moteurs, la consommation ou les performances de l'avion. L'affichage du FMS se fait sur un écran cathodique situé au centre du tableau de bord.

Le commandant de bord du *Boeing* a 57 ans. C'est un homme qui possède une grande expérience aéronautique puisqu'il totalise plus de 13000 heures de vol dont 2200 sur *Boeing 757.*

Le copilote est plus jeune. Il a 39 ans et a volé sur différents types d'appareils: *Boeing 727, 767, 757* et *MD 11.* Il n'a que 5000 heures de vol à son actif mais c'est également un excellent pilote très bien noté par la compagnie.

Ce 20 décembre, le vol American Airlines 965 a mal commencé. Les problèmes apparaissent avant même que l'appareil bleu et rouge ne quitte son parking... Malgré tous les efforts de la compagnie pour accélérer l'embarquement, l'avion doit attendre longtemps sur son aire de stationnement. Il y a déjà 138 personnes à bord mais il manque encore une vingtaine de passagers qui arrivent de diverses correspondance.

Dans son poste de pilotage, le commandant de bord ronchonne. Il proteste auprès du chef d'escale. Rien à faire, il faut patienter... A cause de ces retardataires bien involontaires, l'appareil commence le roulage avec 34 minutes de retard sur son horaire...

Ce n'est malheureusement qu'un début... En cette période de fin d'année, l'aéroport de Miami est complètement saturé par le trafic. Les avions font la queue sur les taxiways comme des automobilistes sur l'autoroute: il faut exactement 1 heure 21 minutes pour que le *Boeing* parvienne jusqu'à la piste de décollage. Le lecteur a bien lu... près d'une heure et demie de roulage entre le moment où les réacteurs ont été démarrés et celui ou le pilote peut décoller. Ces encombrements incroyables sont inconnus en Europe, ils sont pourtant fréquents aux USA où le trafic aérien est sans commune mesure avec celui que nous connaissons.

Lorsque le *Boeing 757* peut enfin décoller de la piste 27, il est 18 heures 35. A cet instant, le vol a déjà près de 2 heures de retard sur son horaire. Rentrée du train d'atterrissage... virage à gauche vers le sud et montée vers le niveau de croisière.

Dans le poste de pilotage, le commandant de bord ne cesse de râler... Il se demande comment il va pouvoir respecter la réglementation concernant les repos obligatoires qu'il doit accorder au personnel navigant commercial. Les hôtesses sont en vol depuis ce matin et, au cours du vol de retour, elles vont inévitablement dépasser les limites autorisées.

Il faut un peu plus de 3 heures pour effectuer le trajet de Miami à Cali. Après avoir quitté les États-Unis, le *Boeing 757* traverse successivement l'espace aérien de Cuba puis celui de la Jamaïque avant de pénétrer finalement en Colombie.

L'appareil vole en croisière au niveau 370 (37000 pieds) et dans un premier temps tout se passe plutôt bien même si au cours des conversations enregistrées dans le poste de pilotage, on devine que le commandant n'a qu'une obsession: rattraper le temps perdu à Miami.

Il vole donc en poussant ses réacteurs à leur régime maximum et cherche comment il va pouvoir accélérer la procédure d'arrivée. Cela ne devrait pas poser de problèmes puisque malgré la nuit, il fait relativement beau à Cali: la visibilité est supérieure à 10 kilomètres et le plafond des nuages est élevé.

Au bout de 2 heures 50 de vol, il décide qu'il est temps de commencer la descente vers l'aéroport *"Alfonso Bonilla Aragon"* de Cali...

C'est à partir de cet instant que les choses vont mal tourner.

Dans tout ce qui va se passer à présent on devine que tout ce qui arrive est la conséquence d'un manque évident de concentration. L'équipage n'a qu'une idée en tête: faire vite... D'ailleurs, alors que le commandant commence la descente vers Cali, il insiste auprès de son copilote pour que celui-ci garde une vitesse élevée car *"cela permettra de rattraper quelques minutes" (sic)*.

Avant de poursuivre ce récit, il est indispensable de donner quelques précisions aéronautiques: autour des grands aéroports, les avions peuvent utiliser plusieurs trajectoires pour arriver jusqu'à la piste en service. En fonction du trafic, les contrôleurs répartissent les appareils sur chacune de ces routes, cela permet de diluer le trafic et d'éviter les "embouteillages" à l'arrivée. Un peu comme un gendarme obligerait les automobiliste à prendre un itinéraire *"bis"* pour rejoindre la capitale. Il est bien évident que quelle que soit la route empruntée, chacun finira par se retrouver chez soi plus ou moins rapidement.

Dans l'aéronautique, ces routes obligatoires sont matérialisées par des points de report que le pilote doit survoler à la demande du contrôle. Il est impératif de ne pas s'éloigner de ces cheminements, car ils sont un gage de sécurité, surtout lorsque les environs de l'aéroport sont montagneux (ce qui est le cas autour des principaux aéroports colombiens). Pour éviter les confusions, chaque trajectoire d'arrivée porte un nom spécifique.

Lorsque le pilote du *Boeing 757* arrive à une centaine de kilomètres de Cali, il cherche évidemment quelle route lui permettrait de gagner un maximum de temps pour l'approche.

Un coup d'œil à la carte lui permet de constater que l'arrivée appelée *Rozo 1* est celle qui lui conviendrait le mieux. C'est la plus courte car elle évite tout virage inutile... Elle suit la vallée du Rio Cauca entre les montagnes, en passant successivement par la balise de Tulua, puis celle de Rozo et enfin elle débouche directement sur Cali.

Sans perdre de temps, il fait savoir au contrôleur colombien qu'il souhaiterait qu'on lui accorde cette route: *Rozo 1.* Comme les colombiens n'ont pas énormément de trafic aérien, ils autorisent sans difficulté le *Boeing 757* à descendre rapidement et lui accordent ce qu'il demande. On doit souligner que ce genre de facilité n'est pas toujours possible et que tous les *"aiguilleurs du ciel"* ne sont pas toujours aussi arrangeants(2) que les Colombiens. D'autant que l'aéroport *"Alfonso Bonilla Aragon"* n'est pas équipé de radar et que le seul moyen de connaître la position d'un avion est de se fier aux indications du pilote. En gardant toujours sa vitesse maximum, le *Boeing* prend donc un cap direct en direction de la balise de Cali.

Pour savoir comment les choses vont évoluer à présent, il est indispensable d'écouter les conversations enregistrées par le *Cockpit Voice Recorder* de l'avion. C'est le commandant de bord qui s'occupe des communications à la radio et le copilote qui est aux commandes de l'avion.

21 heures 34 minutes et 40 secondes *(commandant)*: *Cali approche, ici American 695.*

21 heures 34 minutes et 44 secondes *(contrôleur d'approche de Cali)*: *American 695, bonsoir monsieur. Je vous écoute...*

21 heures 34 minutes et 47 secondes *(commandant)*: *Ah... Buenas noches, senior. Nous sommes en train de libérer le niveau 230 (23 000 pieds) en descente et on est autorisé pour le niveau 200.*

(2) Voir le récit: *Le commandant de bord n'ose pas discuter avec le contrôle aérien...*

Bien que le pilote américain ne parle pas couramment espagnol, il fait un effort pour se mettre dans l'ambiance du pays. Peut-être cherche-t-il également à faire *"passer le courant"* avec le contrôleur pour qu'on lui accélère encore davantage la procédure d'arrivée. Cet effort pour parler Espagnol se bornera à ces quelques mots car la suite du dialogue se fera entièrement en Anglais...

21 heures 34 minutes et 55 secondes *(contrôleur d'approche de Cali)*: *A quelle distance vous êtes de Cali?*

21 heures 34 minutes et 57 secondes *(commandant)*: *Heu... Nous sommes à 60 nautiques (110 kilomètres).*

21 heures 34 minutes et 59 secondes *(contrôleur d'approche de Cali)*: *Roger, monsieur, vous êtes autorisé à procéder directement sur le VOR de Cali... Heu... Descendez à 15000 pieds altimètres 30.02*(3)*. Et maintenez cette altitude.*

21 heures 35 minutes et 09 secondes *(copilote)*: *15 000 pieds...*

Et puis, pour bien monter sa bonne volonté d'accélérer l'arrivée du Boeing, le contrôleur rajoute aussitôt:

21 heures 35 minutes et 09 secondes *(contrôleur de Cali)*: Aucun retard à prévoir pour l'approche. Rappelez en passant le VOR de Tulua.

21 heures 35 minutes et 14 secondes *(commandant)*: *Compris... Nous sommes autorisés directement vers le VOR de Cali et on vous rappellera en passant Tulua à 15000 pieds... "15 et trois zéro", c'est bien ça, monsieur?*

(3) Aux États-Unis et en Amérique latine, les calages altimétriques sont donnés en pouce de mercure et non en HPA (1013,2 = 29.92).

21 heures 35 minutes et 25 secondes ***(contrôleur):*** *Affirmatif.*

21 heures 35 minutes et 27 secondes ***(commandant):*** *Merci beaucoup.*

Le pilote peut remercier le contrôleur. Celui-ci fait vraiment tout pour lui faciliter la tâche et lui permettre d'atterrir le plus rapidement possible. Il est bien évident que ce genre de facilité n'est réalisable que parce qu'il n'y a pas d'autres avions dans le secteur. Une telle discussion serait inimaginable dans le ciel New-yorkais.

21 heures 35 minutes et 28 secondes ***(commandant à l'attention du copilote):*** *Je t'affiche une route directe vers Cali...*

Même dans cette simple phrase, on devine l'empressement du commandant qui se met à agir à la place de son copilote. Pour gagner du temps, il entre lui-même la route directe sur le FMS (Flight Management System).

21 heures 35 minutes et 29 secondes ***(copilote):*** *Merci.*

Deux secondes plus tard, le *Cockpit Voice Recorder* enregistre le son du carillon accompagnant l'affichage des consignes aux passagers *"attachez vos ceintures"*.

L'écoute de la bande montre bien que le commandant de bord ne procède pas au briefing d'approche sur Cali comme il devrait le faire avec son copilote. Trop long... S'il n'était pas aussi pressé, il lui faudrait normalement répéter à haute voix quelle procédure d'approche va être utilisée. Étudier les altitudes de sécurité et jeter un coup d'œil sur la procédure en cas de remise de gaz... Visiblement, on n'a pas le temps. La seule chose qu'il consent à faire, à la hâte, est de programmer un atterrissage sur la piste 01 qui est en service à Cali. Un geste presque machinal car ce n'est pas la première fois que le pilote vient sur cet aéroport. Il connaît bien ce secteur et c'est presque toujours cette même piste 01 qui est en service.

21 heures 36 minutes et 20 secondes *(commandant au micro du "Public Adress"*[4]*:* *PNC, préparez-vous pour l'atterrissage*[5]*...*

Toujours plus vite... L'avion est encore à plus de **15000** pieds (5000 mètres) et le pilote demande déjà aux hôtesses de rejoindre leur siège pour l'atterrissage. Ce détail ne fera pas avancer le *Boeing* plus rapidement mais il montre bien que le commandant de bord n'est pas disposé à patienter.

21 heures 36 minutes et 24 secondes *(commandant pour le copilote)*: *Je les fais asseoir et...*

Le pilote n'a pas le temps de chercher une justification pour expliquer à son adjoint pourquoi il demande dès à présent aux hôtesses de rejoindre leur place car le contrôle colombien lui coupe la parole.

21 heures 36 minutes et 27 secondes *(contrôleur de Cali)*: *American Airlines 965...*

21 heures 36 minutes et 28 secondes *(commandant répondant dans le Public Adress)*: *965...*

Là encore, ce qui vient de se passer n'est qu'un détail mais il est terriblement révélateur du manque de concentration qui règne dans le poste de pilotage... Le contrôle vient d'appeler l'avion et le commandant a répondu en utilisant le micro qui sert pour faire les annonces en cabine. Cela signifie que tous les passagers de l'avion ont entendu le début de sa

(4) Micro utilisé pour les annonces destinées aux passagers.
(5) PNC: Personnel Navigant Commercial (hôtesses et stewards).

réponse dans les haut-parleurs de la cabine. Evidemment, il réalise immédiatement son erreur et change de micro.

21 heures 36 minutes et 29 secondes *(commandant)*: *965, je vous reçois 5-5. Allez-y, s'il vous plaît.*

21 heures 36 minutes et 31 secondes *(contrôleur de Cali)*: *Monsieur, le vent est calme. Est-ce que vous voudriez utiliser la piste 19 ?*

Cette fois, il serait difficile d'être plus arrangeant...

De lui-même, le contrôleur vient de proposer d'accélérer la procédure d'arrivée. Puisque l'avion arrive du nord, il lui suggère de se présenter directement en longue finale pour la piste 19 face au Sud. Absolument aucun virage à faire... L'arrivée se fera dans l'axe de la piste et l'atterrissage aura lieu dans la foulée.

Impossible de faire plus court. Cela représente au moins 5 minutes de gagnées par rapport à l'autre piste face au nord.

Il y a cependant un problème... L'avion est encore très haut pour envisager un atterrissage direct sur la 19. Ça pourrait marcher s'il prenait la 01 car il lui faudrait alors faire un éloignement vers le sud et virer en finale mais si c'est la 19, il risque de ne pas pouvoir descendre assez vite pour se poser directement.

Comme ce n'est pas le commandant qui est aux "*manettes*", il demande son avis au copilote.

21 heures 36 minutes et 36 secondes *(commandant)*: *Tu veux bien "t'enfiler" directement la piste 19 pour une longue finale.*

21 heures 36 minutes et 38 secondes *(copilote avec une légère pointe d'hésitation)*: *Heu... Ouais... Il va falloir sacrément se grouiller pour descendre... Mais on peut le faire...*

Après ce bref conciliabule sur la faisabilité de la chose, le commandant rappelle donc le contrôle pour lui faire part de son accord. Pas question de traîner. Il faut plonger vers le sol...

21 heures 36 minutes et 40 secondes *(commandant)*: *Heu, oui, monsieur, c'est possible mais il faut qu'on puisse descendre dès maintenant.*

21 heures 36 minutes et 43 secondes *(contrôleur de Cali)*: *D'accord American 965. Vous êtes autorisé pour une approche VOR/DME sur la piste 19. Vous faites une arrivée Rozo 1. Rappelez-moi en passant le VOR de Tulua.*

Sans perdre une seconde, le copilote réduit la poussée des deux réacteurs Pratt & Whitney 2037. Il sort les aérofreins et amorce une descente prononcée. Aussitôt, le *Boeing* se met à vibrer imperceptiblement sous la traînée supplémentaire et les chiffres défilent rapidement sur l'altimètre...

C'est à partir de cet instant que les choses commencent à mal tourner...

Les instruments de l'avion étaient programmés pour un atterrissage sur la piste 01 et voilà que, tout à coup, les paramètres changent. Il faut prendre la piste 19, certes plus pratique mais orientée à l'inverse de ce qui était prévu.

Pour l'équipage, cela signifie qu'il faut changer les informations sur le FMS, revoir les caps, les altitudes de sécurité, les distances et la procédure de remise de gaz, comparer les informations du VOR/DME 19 avec la carte affichée par le FMS. Sans rentrer dans les détails, on peut dire que le changement de piste impose la reprogrammation d'une bonne centaine de paramètres. Tout cela doit se faire rapidement, très rapidement, car si la descente est immédiate et très prononcée, ils vont rater la piste.

Dans sa précipitation, l'équipage semble oublier complètement que l'aéroport de Cali est entouré de reliefs très élevés. Ce ne sont pas des collines... Ce sont des montagnes dont certaines sont presque aussi hautes que le Mont-Blanc. Apparemment cela ne semble pas être le souci principal des pilotes. Il n'y a plus qu'une seule chose qui compte: plonger et avoir la piste directement.

Commence alors un cafouillage incroyable dont on devine l'ampleur en écoutant quelques uns des échanges verbaux entre les deux hommes:

21 heures 37 minutes et 03 secondes *(commandant)*: *Je t'affiche la balise de... Tulua. Heu... Tu veux aller d'abord à, heu... Tulua ou à, heu... Cali ?*

21 heures 37 minutes et 09 secondes *(copilote)*: *Heu, je croyais qu'il (le contrôleur) avait dit qu'on devait prendre l'arrivée Rozo 1.*

21 heures 37 minutes et 10 secondes *(commandant)*: Ah oui. Il l'a dit. On a le temps de jeter un coup d'œil (à la carte d'approche ?).

On entend des pages qui sont feuilletées très rapidement dans le poste de pilotage (le commandant est en train de chercher une carte d'approche dans le manuel Jeppessen). Les paroles qui suivent sont prononcées rapidement sur le ton qu'aurait le passager d'une voiture guidant son conducteur à l'aide d'une carte Michelin.

21 heures 37 minutes et 12 secondes *(commandant)*: *Alors... Tulua... Rozo 1, ah voilà... Ouais...*

21 heures 37 minutes et 29 secondes *(commandant appelant le contrôle aérien)*: *Ici American 965, est-ce qu'on peut aller directement à Rozo et faire une arrivée... Heu... Rozo, monsieur ?*

21 heures 37 minutes et 36 secondes *(contrôleur)*: *Affirmatif. Prenez l'arrivée Rozo 1 et présentez-vous pour la piste 19. Le vent est calme.*

21 heures 37 minutes et 42 secondes *(commandant)*: *D'accord... Rozo 1 vers la piste 19. Merci...*

21 heures 37 minutes et 46 secondes *(contrôleur)*: *OK... Rappelez moi en passant Tulua à 21 nautiques et vous pouvez descendre à 5000 pieds American 965.*

21 heures 37 minutes et 53 secondes *(commandant)*: *OK, on vous rappellera en passant Tulua.*

Tout cela prend maintenant une méchante tournure... les choses vont si vite que le pilote ne sait pas qu'il est justement en train de passer Tulua au moment où il annonce qu'il rappellera en passant ce point. Et il ne s'en rend pas compte...

Ce qui signifie que sa réponse n'a aucun sens. On a l'impression désagréable qu'à partir de cet instant, le pilote ne sait pas vraiment où il se trouve ni où il va.

Car ce que ne sait pas le commandant de bord, c'est que dans sa précipitation, il a commis une énorme erreur... Il n'a pas pris la direction de la balise de Rozo mais celle de... Romeo une balise située près de... Bogota, à plus de 200 kilomètres au nord-est. En effet, en programmant rapidement l'ordinateur de bord, il a confondu les mots Roméo et Rozo. C'est une faute terrible car à partir de cet instant, l'informatique va faire le travail qu'on lui a demandé, c'est-à-dire guider les pilotes vers le nord-est dans la direction de Bogota... et l'équipage va tenter, sans succès, de suivre une route vers Cali. Le problème, c'est que l'avion s'éloigne de la bonne route de seconde en seconde. Il est en train de virer à gauche alors que les pilotes devraient poursuivre tout droit...

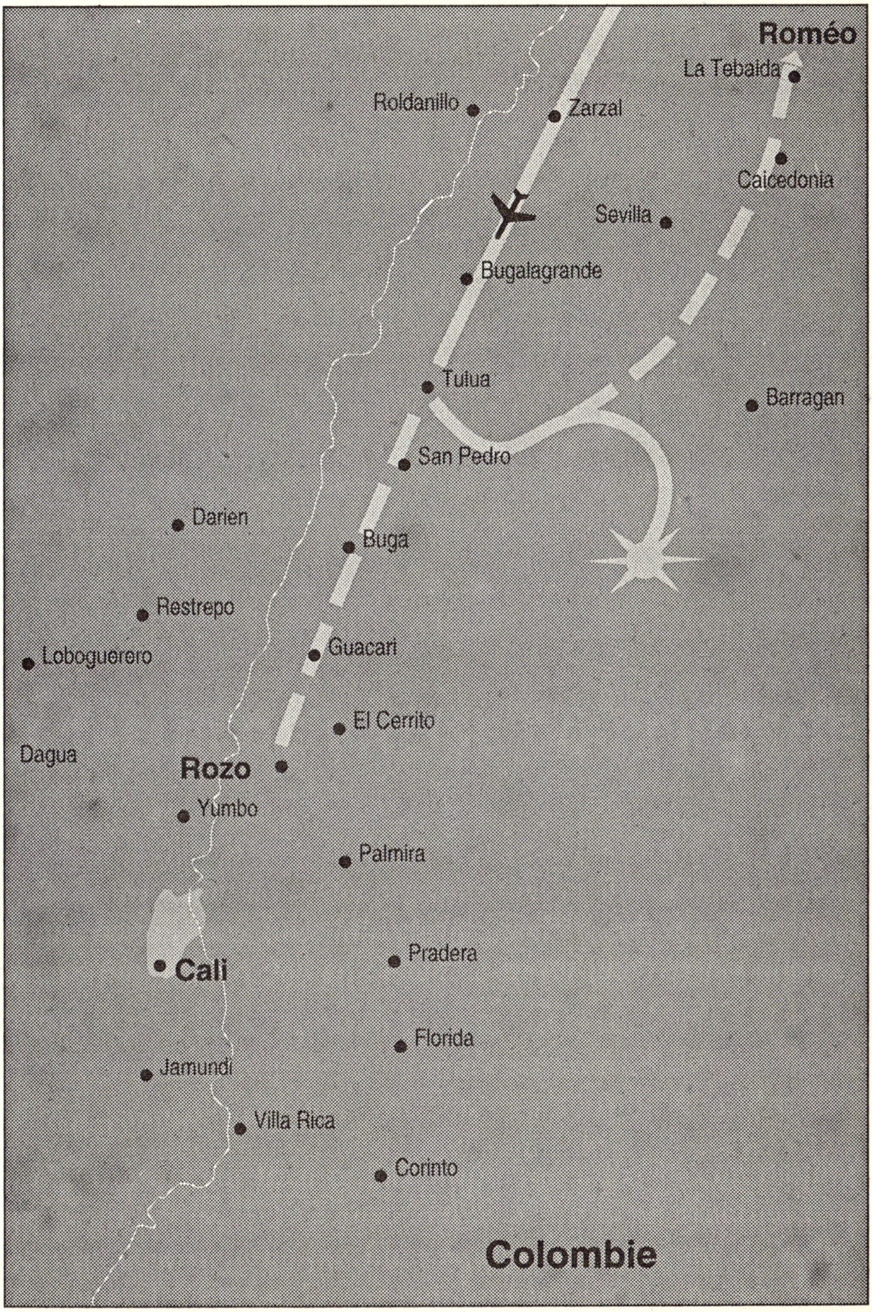
Roméo
La Tebaida
Roldanillo
Zarzal
Caicedonia
Sevilla
Bugalagrande
Tulua
Barragan
San Pedro
Darien
Buga
Restrepo
Loboguerero
Guacari
El Cerrito
Dagua
Rozo
Yumbo
Palmira
Pradera
Cali
Florida
Jamundi
Villa Rica
Corinto
Colombie

Et ce triste cafouillage se poursuit... Rien à voir avec la sérénité feutrée qu'on s'attendrait à trouver dans un poste de pilotage. Plus les secondes passent et plus les deux hommes cherchent à comprendre ce qui leur arrive.

Lorsque le contrôle aérien demande la position de l'appareil, le commandant patauge lamentablement.

21 heures 38 minutes et 39 secondes *(contrôleur de Cali)*: *Quelle est votre distance, maintenant ?*

21 heures 38 minutes et 42 secondes *(commandant)*: *Heu qu'est que vous voulez, monsieur ?*

21 heures 38 minutes et 45 secondes *(contrôleur)*: *Votre distance ?*

21 heures 38 minutes et 46 secondes *(commandant)*: *OK... La distance à Cali est Heu... 38 nautiques (70 kilomètres).*

C'est exact... L'avion se trouve bien à 70 kilomètres de Cali, le problème, c'est qu'il ne se dirige plus du tout vers l'aéroport *"Alfonso Bonilla Aragon"*. Il a quitté l'axe de la vallée de Cauca et il se trouve à présent au-dessus des montagnes de la Cordillère Centrale. Et il est toujours en descente très rapide...

21 heures 38 minutes et 52 secondes *(copilote d'une voix étonnée)*: *On s'éloigne vers...*

Le copilote ne parvient pas à terminer sa phrase. Il est évident qu'il est maintenant complètement désorienté. Tout cela va beaucoup trop vite, il faudrait calmer le jeu.

21 heures 38 minutes et 54 secondes *(commandant)*: *Allons d'abord par la droite vers Tulua, d'accord ?*

21 heures 38 minutes et 58 secondes *(copilote)*: *Ouais, c'est quoi notre cap ?*

Au même instant, sur l'écran de contrôle de navigation une balise inconnue vient d'apparaître: son indicatif est "ULQ". Apparemment les pilotes ne le connaissent pas... Évidemment, l'ordinateur est programmé pour une autre route et il indique les prochains points de reports qu'il va falloir survoler.

Stupeur dans le poste de pilotage.

21 heures 38 minutes et 59 secondes *(commandant): Cap 177... Oh... Je ne sais pas ce que c'est que ce... ULQ. Bon Dieu... Qu'est-ce qui se passe. Allons un peu à droite...*

Le pire, c'est que les pilotes sont bien conscients qu'ils sont en train de s'égarer mais ils ne réagissent pas judicieusement. La priorité serait de cesser de descendre puisqu'il paraît évident qu'ils ont quitté la route sur laquelle ils étaient en sécurité.

Que faire? Instinctivement, les deux hommes tentent de se diriger vers une balise connue, la plus évidente à leurs yeux est celle de Tulua. Ils la recherchent, écoutent l'indicatif morse, mais cela ne colle toujours pas. L'ordinateur de l'avion exécute les instructions qu'on lui a demandées. Aucune des informations fournies sur les écrans de contrôle ne semblent cohérentes. En fait, elles sont parfaitement exactes mais les pilotes ne peuvent pas les interpréter puisque les données sont faussées dès le départ.

Les secondes passent...

L'ambiance devient rapidement pesante. A présent, l'angoisse est perceptible dans chaque mot... Le pilote cherche à comprendre pourquoi l'ordinateur le guide sur cette route bizarre. Il n'a toujours pas compris que l'avion vole vers la balise Roméo et non Rozo.

21 heures 39 minutes et 40 secondes *(commandant d'une*

voix inquiète) **:** *Où est-ce qu'on est train d'aller ? Bordel, qu'est-ce qu'on fout ici. Il faut virer à droite. Allons à Cali directement.*

21 heures 39 minutes et 45 secondes *(copilote)* : *Ouais...*

21 heures 39 minutes et 46 secondes *(commandant)* : *On y va directement. Mais bordel... comment on a pu se retrouver là-dedans.*

L'idée de rejoindre directement la balise de l'aéroport Cali semble bien naturelle, il suffit simplement de virer à droite. Mais encore une fois, ce n'est pas le plus urgent... Il faudrait commencer par reprendre de l'altitude et se mettre à l'abri des reliefs qui parsèment la région. Car il devient évident que les deux hommes sont complètement perdus... Sur le tableau de bord, il y a trop d'incohérences entre les informations fournies pas le FMS et les paramètres des cartes. Obnubilé par le suivi de cette navigation insensée, le pilote ne réalise pas que la sécurité lui impose de remonter tout de suite. Or, cela semble incroyable mais jamais, jusqu'au moment fatal, il ne cessera de descendre...

21 heures 39 minutes et 56 secondes *(commandant)* : *Va sur la droite. Maintenant. Va sur la droite maintenant.*

Sans connaître véritablement sa position, l'équipage prend la direction de Cali. C'est la pire décision. L'avion passe maintenant l'altitude de 12000 pieds (environ 4000 mètres). Il se rapproche du sommet des montagnes.

21 heures 40 minutes et 01 seconde *(commandant appelant le contrôle)* : *Et... American... Heu... nous sommes à 38 miles au nord de Cali (76 kilomètres). Et vous voulez qu'on rejoigne Tulua et puis ensuite Rozo, heu... vers heu... la piste, d'accord ? Vers la piste 19, hein ?*

Quel charabia ! Cette demande ne ressemble à rien... On

croit comprendre que le pilote veut aller à Tulua (qui se trouve au nord de sa position) et ensuite aller à Cali (qui est au Sud).

Bien sûr, ça n'a aucun sens. Surtout pour quelqu'un qu'on croyait pressé d'atterrir... Au travers de ces hésitations laborieuses, on devine le désarroi du commandant de bord qui ne sait pas où est Tulua et surtout qui ne comprend pas comment il se trouve encore à 38 miles nautiques de Cali. Comment est-ce possible alors que deux minutes plus tôt il était déjà à cette même distance de l'aéroport (à 21 heures 38 minutes et 46 secondes).

Étrangement, le contrôleur ne semble pas choqué de constater que l'avion n'a pas avancé d'un mile pendant ces deux dernières minutes. En fait, il avouera plus tard aux enquêteurs qu'il a été surpris que le pilote lui demande de remonter vers le nord... mais que sa connaissance de l'anglais n'était pas assez bonne pour lui expliquer que cela n'avait aucun sens.

Il ajoutera qu'il l'aurait fait s'il s'était agi d'un pilote parlant l'Espagnol mais qu'il n'a pas osé avec un Américain... Complexe? Timidité déplacée?

Pour toute réponse, le contrôleur se borne donc à confirmer l'autorisation qu'il a déjà donnée 6 minutes plus tôt:

21 heures 40 minutes et 11 secondes ***(contrôleur de Cali):*** *Vous pouvez atterrir piste 19. Vous pouvez utiliser la piste 19... Quelle est votre altitude et votre distance de Cali?*

21 heures 40 minutes et 21 secondes ***(commandant):*** *Nous sommes à 37 nautiques (74 kilomètres) et on passe 10000 pieds...*

21 heures 40 minutes et 24 secondes ***(commandant à l'attention du copilote):*** *Ça a l'air d'aller maintenant... Tu es beaucoup mieux...*

En effet, l'avion a repris la direction de Cali mais le problème n'est pas résolu pour autant, car pendant tout ce cafouillage, il a dévié considérablement de sa route et il ne se trouve plus dans un secteur protégé du relief.

Et il est toujours en descente avec les aérofreins sortis...

21 heures 40 minutes et 27 secondes *(contrôleur)*: *Rappelez-moi en passant 5000 pieds et en finale piste 19.*

21 heures 40 minutes et 28 secondes *(commandant au copilote)*: *Nous nous dirigeons dans la bonne direction... Tu veux... Merde... Tu veux toujours qu'on prenne la piste 19?*

21 heures 40 minutes et 34 secondes *(copilote)*: *OK...*

Dans la tête du commandant de bord une petite voix doit commencer à hurler qu'il est suicidaire de poursuivre cette descente vertigineuse. Autrement pourquoi aurait-il posé cette question? Le problème, c'est que le copilote lui a donné un vague assentiment. Du coup, l'idée de revenir à la première piste est immédiatement abandonnée.

Folie!

Les montagnes sont partout autour d'eux... Il serait encore temps de réagir. On devrait stabiliser l'avion, faire un point de la situation, analyser calmement toutes ces bizarreries. Il faudrait comprendre ce qui se passe. Car en réalité, il n'y a pas d'incohérence, tout est parfaitement logique et les instruments fonctionnent normalement.

Le problème, c'est que cela prendrait un peu de temps si l'avion reprenait de l'altitude et malgré la situation insensée dans laquelle se trouvent les deux hommes, ils sont toujours très pressés. Alors, ils foncent donc à toute vitesse vers leur destin sans tenir compte des informations aberrantes qui continuent à apparaître sur l'écran de navigation.

21 heures 40 minutes et 40 secondes *(commandant)* : *C'est cette putain de balise de Tulua que je ne parviens pas à avoir. Je ne comprends pas pourquoi.* Tu vois, je peux pas l'avoir. Non...

Il est parfaitement logique qu'ils ne puissent pas l'avoir devant eux puisqu'il l'ont déjà passée.

21 heures 40 minutes et 48 secondes *(copilote d'une voix étrangement enrouée)* : *Ouais OK...*

Pendant encore une vingtaine de secondes, l'avion poursuit cette folle descente dans la nuit, guidé par un couple homme/machine en délire. L'ordinateur applique scrupuleusement ce qu'on lui a demandé de faire et l'équipage dépassé par les événements suit en réagissant mollement.

Bien que les deux hommes aient mis le cap vers Cali, la situation ne s'améliore pas. Autour de l'avion, c'est l'obscurité. Une nuit sans lune... Ils ne voient rien devant leur pare-brise et ils continuent à descendre en se demandant stupidement à quel endroit ils se trouvent...

S'ils étaient en plein jour par beau temps, ils seraient effarés de constater qu'ils sont en plein milieu des sommets.

Leurs interrogations seront troublées par le contrôleur de Cali qui, lui aussi, voudrait bien connaître leur position.

21 heures 41 minutes et 02 secondes *(contrôleur)* : *American 965, quelle est votre altitude ?*

21 heures 41 minutes et 05 secondes *(commandant)* : *On passe 9000 pieds en descente.*

21 heures 41 minutes et 10 secondes *(contrôleur)* : *Quelle est votre distance maintenant ?*

Cette fois, le commandant n'a pas le temps de répondre. La voix de synthèse de l'ordinateur de bord se déclenche dans les haut-parleurs du poste de pilotage. Un véritable cri d'alarme actionné par le GPWS[6] qui informe le pilote que l'avion se trouve trop près du sol.

Il reste 16 secondes avant l'impact...

21 heures 41 minutes et 15 secondes ***(voix de synthèse)*:** *Le sol, le sol... Attention... Attention.*

21 heures 41 minutes et 17 secondes ***(commandant)*:** *Oh merde...*

En une fraction de seconde, l'équipage a compris ce qui se passait. Le *Boeing* n'est qu'à quelques centaines de mètres d'une montagne. Elle est là juste devant lui... Ils sont en train de foncer dessus.

Une demi-seconde plus tard, la bande du CVR enregistre le déclic bref du pilote automatique qui se déconnecte. Le commandant s'est précipité sur les commandes. Il faut tirer sur le manche... Reprendre de l'altitude... Au même moment, il pousse à fond les deux manettes de gaz vers l'avant.

21 heures 41 minutes et 18 secondes ***(commandant voix angoissée)*:** *Remonte bébé...*

Le problème c'est que dans sa précipitation, le commandant commet une nouvelle erreur très grave: il oublie de rentrer les aérofreins qu'il avait sortis pour la descente. Or le *Boeing* ne peut pas remonter dans ses conditions. L'énorme traînée du système empêche toute accélération. L'appareil se cabre mais il ne reprend pas un seul mètre d'altitude.

L'avion reste le nez en l'air sans grimper. Têtu, le pilote insiste mais ça ne sert à rien. D'ailleurs, même s'il mettait le manche à fond en arrière, cela n'aurait aucun effet car les

(6) Ground Proximity Warning System : avertisseur de proximité du sol.

commandes de vol électriques refuseraient d'amener l'appareil dans une configuration où il pourrait décrocher.

Au milieu des halètements d'angoisse des deux hommes, la voix de synthèse de l'ordinateur continue à donner l'alerte.

21 heures 41 minutes et 19 secondes *(voix de synthèse)*: *Remise de gaz... Attention remise de gaz.*

Au même moment on entend le vibreur de manche se mettre en action. Le système prévient l'équipage qu'il tire trop fort sur le manche et que l'appareil ne peut se cabrer davantage.

21 heures 41 minutes et 21 secondes *(voix de synthèse)*: *Remise de gaz!*

Stupeur désespérée de l'équipage... Le pilote ne comprend pas pourquoi son appareil refuse de lui obéir. Il ne pense pas aux aérofreins. Instinctivement, il *"rend la main"* quelques secondes pour le laisser accélérer en repoussant imperceptiblement sur le manche...

Malheureusement, les *"traînées"* sont toujours sorties et même si le pilote pousse frénétiquement les deux manettes des gaz à fond, ça ne suffit pas. L'avion ne parvient pas à accélérer.

Il reste aux grands angles et il ne remonte pas.

21 heures 41 minutes et 24 secondes *(commandant d'une voix suppliante)*: *Vas-y... Remonte bébé... Encore. Encore...*

21 heures 41 minutes et 26 secondes *(copilote)*: *OK...*

21 heures 41 minutes et 26 secondes *(commandant)*: *Remonte! Remonte! Remonte!*

21 heures 41 minutes et 27 secondes *(voix de synthèse)*: *Attention, remise de gaz...*

A cet instant le *Boeing* est à 2714 mètres. Il percute le flanc ouest de la montagne, juste au sommet d'une crête boisée.

C'est la fin...

Dans le fracas du crash, les passagers hurlent de terreur en comprenant qu'ils sont perdus. La montagne est déserte. Il n'y a personne dans un rayon de 5 kilomètres pour entendre leurs cris.

Le *Boeing* s'enfonce dans les arbres à plus de 300 kilomètres à l'heure. Du fait de son assiette très cabrée, il touche d'abord avec la queue, puis c'est le fuselage qui est éventré sur toute sa longueur. Les ailes cisaillent les arbres comme des faux géantes. Elles sont arrachées. L'aluminium se déchire libérant des flots de carburant qui s'enflamme immédiatement. Le réacteur gauche rebondit sur des rochers. Sous la violence du choc, il est projeté loin dans la nuit et roule le long de la pente. Il sera retrouvé plusieurs centaines de mètres plus bas.

Tout autour de l'épave, les troncs d'arbres sont déracinés comme des fétus de paille. L'avion est pulvérisé.

21 heures 41 minutes et 28 secondes: *Fin de l'enregistrement.*

Les sauveteurs mettront 4 jours pour retrouver tous les corps des occupants de l'appareil. Comme toujours en pareilles circonstances, c'est un travail insoutenable que de devoir rassembler les restes macabres.

Quel gâchis!

C'est d'autant plus navrant que lorsqu'on examine le lieu du crash, on ne peut s'empêcher de remarquer qu'il s'en est fallu de très peu pour que ça passe. Car le point d'impact du *Boeing* se trouve à moins de 130 mètres du sommet de la crête. Derrière cette arête rocheuse, c'est de nouveau la vallée de Cauca et il n'y a plus d'obstacles. Si seulement le pilote avait eu la présence d'esprit de rentrer les aérofreins, ils étaient sauvés. L'appareil aurait facilement pu récupérer une centaine de mètres d'altitude, il serait alors passé par-dessus le relief et aurait poursuivi sa descente vers l'aéroport.

Panique, précipitation... Ça n'a pas marché.

Il y a eu 159 victimes...

Le plus extraordinaire c'est que malgré la violence de l'explosion, quatre passagers survivront. C'est miraculeux car l'endroit du crash est très accidenté et difficile d'accès. Les premiers secours n'arriveront sur place que le lendemain matin et les rescapés devront passer une nuit entière dans le froid et la douleur.

Que d'erreurs et de maladresses au cours de ce vol dramatique... Précipitation, manque de jugement, accumulations de bourdes, oublis, panique, et même... fierté déplacée car si les pilotes avaient eu le courage d'avertir le contrôleur qu'ils étaient égarés, celui-ci aurait certainement pu les conseiller sur l'attitude à adopter.

Quoi qu'il en soit, l'accident du *Boeing 757* d'American Airlines restera un cas d'école qui sera enseigné aux élèves-pilotes de ligne pour montrer ce qu'il ne faut surtout pas faire.

DEUX SUPPORTERS AUX COMMANDES !

(Une des plus grosses maladresses jamais faites par l'équipage d'un avion de ligne...).

3 septembre 1989
Brésil...

Nous sommes au Brésil à bord du vol *"RG 254"* qui va de Sao Paulo à Belem avec une escale à Marabà (province du Tocantins).

L'avion survole la forêt vierge. C'est un *Boeing 737* série 241 appartenant à la compagnie nationale Varig. Il porte l'immatriculation PP-VMK et son numéro de série d'usine est le 21006/398.

A bord se trouvent 48 passagers et 6 membres d'équipage.

L'appareil vient tout juste de décoller de l'aéroport de Marabà. Il est **17 heures 35** en heure locale... Sans être exceptionnelle, la météo est bonne sur l'immense forêt. Il n'y pas d'orage prévu sur le trajet et le vent est calme...

Pourtant, l'ambiance à bord du Boeing est inhabituellement pesante. Les visages sont tendus. Les passagers semblent inquiets comme si un événement grave était sur le point de se produire. Un observateur attentif pourrait même remarquer que certains sont en train de prier discrètement. Visiblement, chacun est pressé d'arriver à Belem. A tout instant, on jette des regards furtifs à sa montre. Heureusement le vol est relativement court. A peine 40 minutes... Apparemment on ne devrait pas avoir de retard puisque le commandant de bord vient d'annoncer qu'il estimait atterrir à l'heure prévue, c'est à dire à **18 heures 07.**

L'avion vient à peine de se stabiliser sur son niveau de croisière que les quatre hôtesses commencent à circuler dans l'allée centrale pour proposer des serviettes rafraîchissantes. Même ces jolies jeunes femmes, d'habitude si souriantes, semblent nerveuses. La plupart des passagers prennent les serviettes distraitement et les utilisent pour essuyer les gouttes de sueur qui perlent sur leur front. En fait, personne n'a porté la moindre attention au décollage. C'est tout juste si les occupants de l'avion ont remarqué la légère turbulence qui secoue l'appareil depuis quelques minutes. Que se passe-t-il donc à bord du vol RG 245?

En fait, l'inquiétude ambiante n'a absolument rien à voir avec le déroulement du voyage. Car ce 3 septembre 1989 est un jour très important pour tous les Brésiliens: en ce moment même se joue le match de qualification qui oppose le Brésil au Chili. L'enjeu est de taille car le vainqueur ira à la Coupe du Monde de football l'année prochaine en Italie. Quand on connaît l'engouement des Brésiliens pour tout ce qui touche au ballon rond, on comprend que le pays tout entier attende la fin du temps réglementaire avec impatience.

Le problème, c'est que les passagers du vol RG 254 ne disposent d'aucune source d'information qui pourrait leur permettre de suivre le déroulement du match.

C'est absolument insupportable ! D'où la question qui revient en permanence à l'esprit des tous les occupants de l'appareil : comment ça se passe là-bas dans le stade ? Personne ne sait...

Enfin, presque personne... car il y a deux privilégiés à bord : le commandant de bord et le copilote. Au Brésil, même pour les navigants, le foot, c'est sacré... Dès le décollage, les deux hommes ont donc réglé le radiocompas sur la fréquence de la plus grosse station de radio brésilienne[1]. Et ils ont mis le volume à fond... Du coup, l'atmosphère dans le poste de pilotage n'a plus rien à voir avec le silence feutré qui règne généralement dans cet endroit. C'est totalement surréaliste... Au lieu des habituelles consignes de vol transmises par les contrôleurs aériens, on n'entend plus que les cris d'encouragements des commentateurs sportifs et les applaudissements des milliers de spectateurs présents dans le stade.

Pour les pilotes, il est d'autant plus facile d'oublier le contrôle que le trafic aérien entre Marabà et Belem est inexistant. Et puis, aujourd'hui les contrôleurs aériens n'ont pas le cœur à faire du zèle. La plupart doivent être scotchés aux télévisions qu'ils ont installées dans les centres de contrôle.

Malgré tout, pour se donner bonne conscience, le commandant du *Boeing* a prévu de faire une annonce au micro aussitôt qu'un but sera marqué d'un côté ou de l'autre. Ce ne sont pas les passagers qui se plaindront d'avoir des informations toutes fraîches, sauf évidemment, si c'est pour apprendre que l'adversaire vient de marquer un but. Et le pilotage du *Boeing* dans tout ça ? Ça va merci... L'équipage est plutôt cool. De

(1) Le radio compas est un instrument de navigation mais il peut également être utilisé comme un banal poste de radio sur les grandes ondes.

temps en temps, on jette un coup d'œil distrait au tableau de bord, histoire de vérifier qu'il est toujours là... Aucun des deux hommes ne se sent vraiment fautif de ne pas se consacrer complètement à son travail. De toutes manières, il n'y a rien à faire... Depuis que les roues de l'avion ont quitté la piste de Marabà, le pilote automatique à été branché en fonction *heading*(2) avec le cap 027. Route directe vers le nord-est en direction de Belem. Rien de plus simple... La machine vole toute seule et personne ne se soucie de ce qui se passe. L'appareil est au niveau de vol 290 (29000 pieds), il vole à Mach 0.83. A présent, c'est le calme le plus parfait car à mesure qu'il a pris de l'altitude, la turbulence a disparu. Il y a bien quelques petits nuages au-dessus de la jungle mais rien qui pourrait justifier une surveillance particulière du radar météo. D'ailleurs, l'instrument est resté en position Off.

Du côté du carburant, il n'y a pas davantage de souci à se faire... Le *Boeing 737* a plus de 3 heures d'autonomie dans ses réservoirs pour effectuer un vol de 40 minutes. C'est du gâteau... Tout baigne.

Il est maintenant **17 heures 50...** L'attention des deux hommes est toujours entièrement accaparée par le déroulement du match de foot. Pour le moment, les choses vont plutôt bien pour le Brésil. L'équipe nationale a marqué un premier but, déclenchant aussitôt des hurlements de joie aussi bien dans le stade que dans le poste de pilotage. Aussitôt le *Captain* a saisi fébrilement le combiné du *Public Adress*(3) pour communiquer la bonne nouvelle à ses passagers. Explosion de joie indescriptible en cabine... C'est du délire... Certains sup-

(2) Maintien du cap.

(3) Interphone de bord utilisé pour parler aux passagers.

porters se lèvent pour esquisser quelques pas de samba au milieu de l'allée centrale. La Coupe du Monde est en vue... Mais on se rassoit vite car le match est loin d'être gagné. Ces diables de Chiliens contre-attaquent en permanence. Ils se battent comme des lions pour décrocher leur place en Italie.

De temps en temps, lorsque le ballon s'éloigne des buts brésiliens, le commandant jette un vague coup d'œil vers son tableau de bord... Les consommations des réacteurs sont normales... Tous les paramètres sont dans le vert. Comment d'ailleurs pourrait-il y avoir des problèmes puisque le Brésil est en train de mener à la marque!

Vers **17 heures 55**, c'est la mi-temps. Pendant que les joueurs regagnent leurs vestiaires, les commentateurs sportifs s'en donnent à cœur joie pour fournir des pronostics sur ce qui va se passer en seconde période. De l'avis de tous, le Brésil n'a pas encore gagné mais c'est bien parti. C'est également l'avis des deux hommes d'équipage... Le commandant de bord baisse insensiblement le volume du poste et en profite pour jeter un coup d'œil vers l'extérieur. La petite brume qui recouvrait la jungle du Tocantins s'est légèrement épaissie mais rien de grave... On doit approcher de l'état du Para...

Coup d'œil à la montre: on devrait pouvoir commencer la descente dans 25 minutes à peu près. Le pilote a estimé son arrivée sur la côte Atlantique vers **18 heures 07.** Il ne devrait donc pas tarder à apercevoir l'immense Baia de Marajo qui se découpe sur la forêt amazonienne. Par beau temps, on ne peut pas se tromper... l'embouchure du Tocantins est reconnaissable à une centaine de kilomètres avec la grande île de Marajo au nord-ouest.

Bien qu'on soit au-dessus de la forêt vierge, la navigation de Marabà à Belem est d'une simplicité enfantine. Même un pilote de tourisme avec un avion léger ne risquerait pas de se perdre. Il suffit de suivre le fleuve qui serpente dans la jungle pendant 300 kilomètres. Avant d'arriver à Belem, l'embouchure s'élargit en un véritable bras de mer et on trouve la ville sur la rive droite, juste avant l'océan.

Le commandant de bord plisse les yeux à travers son pare-brise pour apercevoir la masse sombre de l'océan mais il ne voit rien. Toujours cette petite brume...

L'homme s'inquiète d'autant moins que les 15 minutes de la mi-temps passent très vite et que le match reprend de plus belle.

Nouvelles poussées d'adrénaline chaque fois que les Chiliens s'approchent des buts brésiliens, nouveaux soupirs de soulagement quand la contre-attaque des maillots jaunes et verts se produit.

Quel match extraordinaire ! Et les minutes passent...

A 18 heures 10, les deux hommes jettent bien un vague coup d'œil en direction des instruments pour connaître la position de l'avion mais ils n'ont pas le temps de s'y consacrer vraiment car à cet instant, l'avant-centre du Chili part tout seul vers les buts. Il est sur le point de marquer et aucun des navigants ne songe plus à vérifier si la navigation est correcte.

A **18 heures 35,** l'avion n'est toujours pas en vue de Belem, mais personne ne regarde la montre de bord qui tourne inexorablement. Oublié qu'on avait estimé l'arrivée vers **18 heures 07.** Seule compte la qualification de cette équipe prestigieuse qui porte les espoirs de tout un peuple.

Le raisonnement de l'équipage est simplissime : lorsqu'on sera en vue de l'océan, on sera pratiquement à Belem puisque la ville est située à l'extrémité de l'embouchure. Impossible de la manquer... Après, il n'y a plus rien que de l'eau, le prochain rivage, est à des milliers de kilomètres: c'est l'Afrique... Et comme pour le moment, le 737 survole toujours la jungle, cela veut dire qu'on n'est pas encore arrivé. Évidement, les pilotes qui liront ces lignes trouveront ces raisonnements bien peu aéronautiques mais le commandant peut-il vraiment se concentrer sur son avion alors que son esprit se trouve au bord d'une pelouse à des milliers de kilomètres? Il n'est rien d'autre qu'un supporter en train d'encourager son équipe.

On croit rêver! Mais à **18 heures 50,** soit trois quarts d'heure après l'heure estimée d'arrivée, le *Boeing 737* n'est toujours pas en approche de Belem. Pire, l'équipage ne se fait aucun souci... Il attend toujours d'être en vue de l'océan Atlantique, pour commencer la descente...

Les deux hommes se disent qu'il doit y avoir un fort vent de face qui les a retardé... Un vent qui doit approcher les 400 kilomètres à l'heure si on en juge par la moyenne catastrophique du *Boeing.*

Enfin, à **18 heures 55**... le match se termine. Le Brésil a gagné!

Aussitôt, c'est l'euphorie dans le poste de pilotage On se congratule. Nouveau message par le *Public Adress* à l'intention des passagers. Nouvelle explosion de joie qui résonne dans la cabine. Cette fois, c'est certain, l'année prochaine, le Brésil ira à la coupe du monde(4).

Et le *Boeing 737* où ira-t-il dans les minutes qui viennent?

Car le temps a passé. Ce serait peut-être le moment de se

(4) Lors de la coupe du Monde de 1990, la prestation du Brésil sera fort modeste puisqu'il ne dépassera pas le stade des huitièmes de finale.

poser quelques questions essentielles... Il est maintenant **19 heures** et il y a près d'une heure que l'avion devrait être arrivé à destination. Même si les passagers, fous de bonheur, ne cherchent pas à comprendre pourquoi ils ne sont pas encore posés, il faudrait quand même savoir où on en est...

Il y a comme un retard...

Dans le poste de pilotage, on revit le match glorieux... Claques dans le dos... Congratulations... Dernière poignée de main... Une fois la joie retombée, le commandant de bord entreprend de faire un point de la situation.

Où sommes-nous? C'est étrange, on ne reçoit pas la balise VOR de Belem. Il n'a pas davantage de réception de celle de Marabà située au nord de l'île de Marajo?

– *Qu'est-ce qui se passe?*

Serait-il possible que l'avion soit passé à la verticale de l'aéroport sans que les deux hommes n'aient rien vu. Ils auraient continué leur route au-dessus de l'Atlantique? C'est absolument impossible... D'ailleurs, ils en ont la preuve sous les yeux: sous les ailes du *737*, on aperçoit toujours la forêt qui s'étend à perte de vue jusqu'à l'horizon.

Aucune trace de l'Atlantique.

– *A quelle heure est-ce qu'on a décollé*, interroge le commandant de bord.

Un peu surpris, le copilote fouille dans son log de navigation.

– *Heu... à 17 heures 25.*

– *Je n'y comprends rien... On devrait...*

Tout à coup, l'angoisse tombe sur l'équipage comme une chape de plomb.

VENEZUELA
Océan Atlantique
GUYANA
GUYANE FR.
SURINAME
Boa Vista
COLOMBIE
TERRITORIO DO RORAIMA
TERRITORIO DO AMAPA
Macapa
Belém
Mamaus
Sao Luis
PARA
AMAZONE
MARANHAO
ACRE
Rio Branco
Porto Velho
TERRITORIO DE RONDONIA
MATO GROSSO
GOIAS
PEROU
Cuiaba
Brasilia
BOLIVIE
Goiania
MINAS GERAIS
Horizonte
MATO GROSSO DO SUL
Campo Grande
SAO PAULO
RIO DE JANEIRO
Océan Pacifique
CHILI
PARAGUAY
Sao Paulo
PARANA
Curitiba
SANTA CATARINA
Florianopolis
RIO GRANDE DO SUL
ARGENTINE
Porto Alegre
Océan Atlantique
URUGUAY
Brésil

– *Bon sang mais où est-ce qu'on est ?*

Temps d'hésitation. Recherche de fréquences VOR. Pas de réponse... Aucune aiguille ne frémit. Cette fois, les deux hommes commencent à réaliser que quelque chose cloche dans leur navigation. Ils ont dû faire une erreur quelque part. Encore faudrait-il savoir laquelle ?

C'est le copilote qui prend tout à coup conscience de la gaffe.

– *Jésus Marie... le cap...*

Les yeux du commandant de bord tombe sur le plateau de route... Il manque de s'étouffer de surprise. Ils ont un cap au... 270 alors qu'ils devraient avoir le 027. Ce sont les mêmes chiffres évidemment mais l'ordre change tout...

Cap 270 au lieu de 027, cela représente une erreur de près de 130 degrés... Pour aller de Marabà à Belem, il aurait fallu suivre une route sensiblement vers le nord-est. En fait, ils ont suivi une route plein ouest.

Quelle erreur ! Depuis plus d'une heure et demie, ils sont en train de s'enfoncer dans le cœur de la forêt amazonienne à 900 kilomètres à l'heure.

Bon sang, mais c'est bien sûr ! Voilà pourquoi les deux hommes ne voyaient pas arriver l'océan Atlantique. Au cap 270, ils auraient pu attendre pendant très longtemps.

Brusquement paniqué, le commandant de bord débranche le pilote automatique pour reprendre l'avion en manuel. C'est complètement fou... Il fait un rapide calcul mental : l'appareil est au moins à 1200 kilomètres à l'ouest de Marabà. Si ça se trouve, ils ont dépassé le fleuve Tapajos.

– *Sainte Mère ! Il faut faire demi-tour tout de suite.*

Tout en parlant, le commandant s'engage dans un virage incliné pour se remettre sur le bon chemin... Le problème, c'est que les balises de navigation ne sont pas nombreuses au-dessus de la forêt vierge. Dans un premier temps, le pilote va donc être obligé de travailler à l'estime. Il décide de prendre un cap sensiblement au 060 pour rejoindre sa destination. Mais pour le moment c'est une approximation. Les balises VOR sont encore beaucoup trop loin vers le nord-est pour pouvoir les recevoir. Évidemment, son premier souci concerne le carburant.

– *Combien, il nous reste ?*

Un peu tremblant, le copilote se plonge dans ses tables de consommations. Un coup d'œil à la montre... Il est **19 heures 20...**

Il ne lui faut pas longtemps pour réaliser que la situation est extrêmement grave.

– *On a environ une heure et demie de carburant. Peut-être deux heures, au grand maximum.*

Il faut préciser qu'avec ses deux réacteurs Prat & Whitney JTD 8, le *Boeing 737-200* n'est pas particulièrement sobre. Les moteurs sont des *"simple flux"* d'ancienne génération. Comparés aux réacteurs modernes, ils sont terriblement gourmands en carburant. Par ailleurs, le vol ne devait durer que 40 minutes, le commandant n'a donc pas refait les pleins complets au départ de Marabà.

Immédiatement, le pilote adopte le régime de croisière le plus économique, cela lui donne un Mach de 0.78 à 30 000 pieds. Il a bien compris que son vrai problème n'est pas d'être perdu, il sait qu'il peut retrouver sa route facilement. Mais aura-t-il suffisamment de pétrole pour aller jusqu'à Belem ? C'est loin d'être gagné...

Il fouille dans sa fiche météo et fait un rapide calcul: ce 3 septembre 1989, sur cette latitude très faible, (à peine 1 degré sud), le soleil se couche à 21 heures 16. Il a du pétrole jusqu'aux environs de 20 heures 45. Dans son malheur, c'est une chance. S'il tombait en panne sèche et qu'il devait tenter un atterrissage de fortune dans la jungle, il bénéficierait encore de la lumière du jour... Le pilote n'ose envisager l'idée de la panne sèche. Tomber dans la jungle amazonienne, c'est bien pire que de devoir amerrir dans un océan grouillant de requins.

A présent, les minutes passent... Interminables comme des siècles. Plus question d'écouter la radio, d'ailleurs la qualification du Brésil est complètement oubliée. Les deux hommes transpirent comme des lycéens devant un examinateur... Il leur reste plus de 1400 kilomètres à parcourir pour rejoindre Belem.

Pourvu qu'ils aient assez de carburant! Dans la cabine, les passagers commencent tout de même à se poser des questions. Les carillons retentissent régulièrement pour appeler les hôtesses. Evidemment, les habitués du vol ne comprennent pas ce qui se passe. Ils sont d'autant plus pressés d'arriver chez eux que ce soir on va faire la fête un peu partout et qu'ils voudraient bien être de la partie...

– A quelle heure va-t-on atterrir?

Réponses embarrassées du personnel commercial qui ne sait pas davantage ce qui se passe.

Une hôtesse pénètre dans le poste de pilotage pour interroger le commandant de bord. Ce dernier ne trouve rien d'autre qu'une vague excuse de mauvaise météo sur le Para qui les aurait retardés. Ils ont été obligés de faire un détour, puis un autre, mais ça va s'arranger, on estime l'arrivée dans... enfin, on vous préviendra...

Comment avouer la vérité sans se couvrir de ridicule? Que diraient les passagers s'ils entendaient le pilote s'excuser d'être parti dans une direction complètement opposée à leur destination[5].

Il est maintenant 20 heures... Avec une régularité de métronome, les deux Prat & Whitney continuent à brûler inexorablement le précieux kérosène contenu dans les réservoirs... Les aiguilles des jauges descendent. Le carburant diminue et pourtant, le *Boeing* est encore loin de Belem. D'après les calculs du copilote, la grande ville de la Baia de Marajo est à plus de 800 kilomètres.

Pour se remonter mutuellement le moral, les deux hommes se répètent qu'ils vont réussir à rejoindre leur destination. Il n'y a aucune raison. Tout va bien... Les paramètres de puissance des réacteurs sont parfaitement affichés pour obtenir la consommation la plus faible possible. L'avion est léger (et pour cause), il consomme donc de moins en moins.

– *On va y arriver!*

20 heures 30...

La sueur coule à grosses gouttes sur les fronts des deux hommes... Malgré les prières du copilote qui se signe en permanence, il devient maintenant évident que le Boeing ne pourra jamais atteindre Belem. Loin s'en faut. En fait, il n'aura même pas assez de pétrole pour se dérouter sur un autre aéroport plus proche.

Que faire?

(5) A titre de comparaison : c'est comme si un automobiliste voulant aller de Paris à Lille avait pris la direction de Nantes.

L'équipage a beau réfléchir, il ne sait pas...

Anticiper la panne sèche et tenter un atterrissage de fortune? Ce serait faisable tant qu'il reste un peu de carburant. Cela permettrait de soigner la trajectoire d'approche... Excellente idée sauf qu'il faudrait trouver un endroit où se poser? Or, chacun sait à quel point la forêt amazonienne est dense. Si encore le *Boeing* était au-dessus de vastes plaines dégagées. Malheureusement, ce n'est pas le cas... Sous les ailes, on ne voit que la jungle à perte de vue, jusqu'à l'horizon.

Alors que faire?

Attendre... Il n'y a pas d'autres solutions que d'attendre que les dernières gouttes de carburant soient épuisées. La pesanteur fera le reste...

Attendre que l'inexorable se produise...

A **20 heures 40**, l'aiguille de l'EPR(6) droit a un léger battement et le réacteur numéro 2 s'éteint dans un long sifflement. Aussitôt, le pilote compense la différence de poussée en mettant du pied à gauche.

– *Cette fois, on est fichu, murmure-t-il d'une voix cassée.*

Il n'a pas longtemps à attendre. Quelques secondes plus tard, le réacteur numéro 1 rend à son tour son dernier soupir.

Il est exactement **20 heures 42**... Le sort en est jeté...

Tout autour du *737*, c'est la forêt amazonienne à perte de vue. Ne sachant vraiment que faire, l'équipage laisse descendre la machine droit devant. Les deux hommes tremblent

(6) Engine Pressure ratio : Instrument mesurant la puissance du réacteur.

de peur... C'est une mer de verdure dans laquelle il vont bientôt plonger... Pas la moindre clairière, rien que des centaines de milliers d'arbres. Il sont au-dessus d'une des régions les plus hostiles de la planète...

Par chance, il fait encore jour... Même si, depuis quelques minutes, la luminosité a légèrement diminué, c'est toujours mieux que la panne sèche arrive maintenant qu'en pleine nuit.

Les secondes passent et les aiguilles de l'altimètre défilent dans un silence de mort.

– 25000 pieds...

– 20000 pieds...

Le commandant de bord frémit en réalisant qu'il ne lui reste plus beaucoup de temps avant d'être au sol. Au rythme où l'avion chute, il lui faudra que 5 peut-être 6 minutes pour être au tapis. C'est terriblement court... Il n'aurait jamais imaginé que la qualification de l'équipe du Brésil puisse se terminer de cette manière. Sa seule consolation est de se dire qu'étant donné le peu de carburant restant dans les réservoirs du *Boeing*, ils ne mourront pas brûlés dans un incendie. Ils n'ont même pas de quoi remplir un briquet

Que faire?

Avertir les passagers que la fin approche... De toute manière, avec le silence qui règne dans la cabine, ils ont déjà tous compris... Avertir les hôtesses... Il faut qu'elle fassent mettre les malheureux en position de crash parce que ça va faire très mal quand l'appareil va percuter...

On peut toujours leur demander de prier...

En tout cas, c'est ce que fait le commandant de bord à mesure que sa machine approche du sol... Tout en appelant la clémence du ciel, il sort le train d'atterrissage et les volets. Dans sa tête, il décide qu'il arrondira la trajectoire juste au-dessus de la cime des arbres, comme s'il voulait se poser sur le sommet des arbres. Cela lui parait la solution la moins terrible. De toute façon, l'avion sera détruit à 100 %, mais il y aura peut-être des survivants.

Les mains moites, le pilote s'agrippe aux commandes. Laisser descendre sans paniquer. Il n'y a rien d'autre à faire. C'était pendant le match de foot qu'il aurait fallu réfléchir.. Maintenant, il est trop tard. Cette superbe machine de plusieurs millions de dollars n'en a plus que pour une poignée de minutes à exister. Tout cela à cause d'une négligence incroyable.

– 10000 pieds...

– 5000 pieds...

A 20 heures 47, c'est la fin du vol RG 245...

La cimes des arbres est toute proche. Le pilote arrondit. Il augmente l'assiette pour amener le *Boeing* au bord du décrochage. Les commandes réagissent bien... L'avion est maintenant très léger, puisqu'il n'y a plus une goutte de carburant, il est donc possible de laisser la vitesse descendre en dessous de 110 nœuds.

L'appareil vibre légèrement. Il commence à marsouiner, signe précurseur de la perte de portance....

Tout à coup, son ventre accroche le sommet de la végétation. Aussitôt un bruit d'enfer résonne dans toute la cabine. Les branches griffent le fuselage et déchirent l'aluminium de la carlingue.

Les hublots explosent. Le train d'atterrissage principal est arraché. Il tombe loin en arrière du sillage de l'avion. Les occupants assis à l'arrière de l'avion voient des bandes de pneus frapper violemment le fuselage. Les volets sont transpercés par des énormes lances de bois.

En cabine, ce ne sont que supplications adressées à la Vierge pour qu'elle épargne les innocents. Les résultats du match sont bien loin...

L'avion se maintient quelques secondes en vol au ras de la cime des arbres. Puis toujours lancé à pleine vitesse, il s'enfonce pour disparaître complètement dans la demi-obscurité de la jungle. C'est comme si le *Boeing* pénétrait brutalement dans un énorme nuage d'orage. Une véritable descente en enfer...

A plus de 180 kilomètres à l'heure la carcasse désemparée se fraye un passage dans la végétation hostile. Le pare-brise blindé éclate comme du cristal. Les deux ailes sont arrachées quasi simultanément. Les réacteurs se désagrègent en milliers d'éclats qui déchirent la végétation sur des centaines de mètres....

Il ne reste plus finalement que le long cylindre du fuselage qui poursuit sa course démente sur le sol humide de la forêt. Comme une énorme fusée qui détruit tout sur son passage.

Lorsqu'enfin tout s'arrête quelques secondes plus tard, il ne reste plus du *Boeing* qu'un long tube informe déchiré par les milliers d'impacts dans la forêt... A l'intérieur de la carcasse, on entend des gémissements.

Car, malgré la violence du choc, de nombreux passagers sont vivants. Un à un, ils sortent des débris de l'appareil. Les vêtements en lambeaux, certains se déplacent en rampant. Ce ne sont que des zombies hagards et couverts de sang.

Commence alors pour les rescapés une très longue attente...

Deux nuits de cauchemar épouvantable au milieu de la jungle. La plupart sont persuadés qu'on ne les retrouvera jamais. Ce ne serait pas la première fois qu'un avion disparaîtrait définitivement dans la jungle. Chacun sait bien que la forêt brésilienne est une des plus impénétrables du monde.

Dans leur malheur, les passagers du vol RG 245 auront beaucoup de chance. Ils seront finalement retrouvés 48 heures plus tard grâce à la balise de détresse du *Boeing*. Malgré l'impact, celle-ci a continué à fonctionner normalement. Les sauveteurs parviennent à localiser l'épave. Celle-ci se trouve à 70 kilomètres à vol d'oiseau d'un village perdu dans la jungle: Sao José do Xingu.

Même s'ils ne comprennent pas ce que fait l'avion aussi loin de sa route, les sauveteurs font le maximum pour rejoindre le lieu du crash le plus rapidement possible... Lorsqu'ils arrivent sur place, ils ont la surprise de retrouver 35 passagers vivants sur les 48 qui étaient à bord. Il n'y a que 13 morts... Pour un tel crash, c'est un véritable miracle. Tous les membres de l'équipage sont également vivants y compris, les deux supporters qui leur tenaient lieu de pilotes.

Les *"bienheureux"* ne sont même pas blessés...

Il est bien difficile de leur trouver des excuses. D'autant que leur faute est, de loin, l'une des plus grossières jamais commises par des pilotes. Elle est tellement énorme qu'on l'admettrait difficilement d'un jeune élève en école de pilotage. Même un gamin de 14 ans ayant joué sur un simulateur de vol aurait été capable de remarquer l'erreur de cap.

Le foot quand ça vous tient!

LES BIÉLORUSSES ABATTENT LE BALLON

Septembre 1995.

Bien avant que le Suisse Bertrand Picard ne réussisse le premier tour du monde en ballon sur son *Breitling Orbiter*, de nombreux aérostiers se sont lancés dans des compétitions en ballons. Parmi les nombreuses courses qui ont lieu régulièrement, c'est certainement la Coupe Gordon Bennett qui est la plus mythique...

Tout d'abord parce sa première édition a eu lieu en 1906 et que de ce fait, c'est la plus ancienne des compétitions aéronautiques organisées par la Fédération Aéronautique Internationale. Ensuite parce que c'est une course de ballons à hydrogène[1], et que le moins que l'on puisse dire, c'est que ce n'est pas un sport pratiqué par l'homme de la rue.

(1) Ce type de ballon ne doit pas être confondu avec les ballons à air chaud (ou montgolfières) qui fonctionnent avec des brûleurs à propane. Une compétition aussi longue que la Gordon Bennett ne pourrait pas avoir lieu avec ce genre de machines car leur autonomie est beaucoup trop faible. La durée moyenne de vol d'une montgolfière est de l'ordre d'une heure et demie alors que la Gordon Bennett comporte des vols de trois jours sans escale.

Il faut être un excellent pilote pour espérer remporter le titre: connaître parfaitement son ballon, savoir interpréter toutes les informations météorologiques et peut-être même avoir ce sixième sens de l'aérologie qui permet de deviner à quelle altitude se trouvent les meilleurs courants aériens. Car la Gordon Bennett possède une caractéristique qui lui est propre: ce n'est pas une course de vitesse... Le vainqueur ne sera pas celui qui sera le plus rapide, mais celui qui ira le plus loin(2) au cours d'un vol de trois jours sans escale à bord d'un ballon à gaz.

L'aspect extérieur de ces machines volantes présente une silhouette un peu différente des montgolfières bien connues du public... Ce sont des grosses enveloppes rondes comme des boules de sapin de Noël. Elles sont enveloppées dans des sortes de filets auxquels sont accrochées des fines suspentes qui retiennent une petite nacelle. Bien que ces ballons pèsent plus de 400 kg, ils ne manquent pas d'élégance avec leur allure surannée qui pourrait faire penser à la machine imaginée par Jules Verne dans son célèbre roman.

Pourtant, il ne faut pas s'y tromper. Les engins sont fabriqués avec des matériaux très modernes: kevlar, fibre de carbone et composites sont partout dans les structures. En outre, ils sont tous équipés de moyens électroniques sophistiqués: GPS(3) permettant le positionnement par satellites... transponders pour l'identification par les radars au sol... postes de

(2) Le règlement de la compétition prévoit que le pays vainqueur sera celui qui organisera la compétition sur son territoire l'année suivante. C'est la raison pour laquelle, l'édition 98 devait décoller du jardin des Tuileries à Paris. Malheureusement, la météo a fait craindre aux organisateurs que les ballons ne survolent les pays de l'est et que ne se reproduise la tragédie décrite dans ce récit.

(3) Personnel Navigant Commercial: hôtesses et stewards.

radio VHF et UHF. A bord, il y a également un barographe qui permet d'enregistrer avec précision le tracé des trajectoires verticales des ballons.

Dans le cas où l'un concurrent s'abîmerait dans une région inhabitée, chaque machine comporte aussi une balise de détresse qui émet sur la fréquence 121.5Mhz.

Bref, si les ballons ne sont pas équipés comme des avions de ligne, ils ont tout de même tous les instruments indispensables pour naviguer et faire connaître leur position aux différents contrôleurs des espaces aériens qu'ils vont traverser.

Chaque année, les "aéronautes" viennent de tous les pays du monde pour tenter de remporter la Coupe... Son aspect écologique séduit. Tout comme la voile, le planeur ou le delta plane, la course en ballon à gaz est un sport silencieux et non polluant qui attire les amoureux de la nature...

Depuis que *Breitling Orbiter* a réussi le premier tour du monde sans escale, les sponsors sont de plus en plus nombreux à s'intéresser à cette discipline(4).

Le départ de la Gordon Bennett 1995 a été donné à Zurich en Suisse, le 9 septembre à 17 heures GMT.

Au total, il y a 20 ballons en course, chaque aérostat étant piloté par deux membres d'équipage, cela fait donc 40 pilotes qui ont pris l'air. A l'origine, le nombre de ceux qui souhaitaient s'engager dans la course "1995" était bien supérieur.

(4) Le ballon Breitling Orbiter utilisé par Bertrand Picard pour son tour du monde n'est pas un ballon à gaz, c'est un "Rozier". Il utilise à la fois de l'air chaud (généré par la combustion du propane) et une poche d'hélium. Son autonomie en vol est très grande puisqu'elle est de l'ordre de 3 semaines sans escale. Le poids de l'ensemble est considérable puisqu'il dépasse largement les 13 tonnes.

Malheureusement certains pays refusèrent catégoriquement de laisser entrer plus de 20 ballons dans leur espace aérien. Les organisateurs durent donc se limiter à ce chiffre. Il valait mieux être prudent... Les vents dominants poussent vers l'Est et les plans de vol prévoyaient le survol de l'Allemagne, de la Pologne mais aussi d'anciens pays de l'URSS comme la Biélorussie. Pour éviter tout problème, les Suisses ne ménagèrent pas leurs efforts...

Tout fut soigneusement préparé. Il a fallu plus de 6 mois... Tous les organismes ont été contactés: les ministères des transports, les administrations responsables de l'Aviation Civile, (au BCOAT en ce qui concerne la Biélorussie(5) et évidemment les différents services des Ministères de la Défense. Certains pays comme l'Allemagne ou l'Autriche ont donné leur accord immédiatement. D'autres ont tardé... l'Administration voulait connaître avec précision les points de passage et les heures d'entrée des ballons sur le territoire. Évidemment, il n'était pas possible de répondre. Et pour cause: par définition, un ballon est sujet aux caprices du vent et il est impossible de prévoir sa trajectoire et sa vitesse avec précision.

Un ballon, c'est libre comme l'air... Cela paraît simple à comprendre et pourtant certains fonctionnaires zélés posaient toujours les mêmes questions: donnez-nous les heures et lieux de passage précis. Cela a été le cas des autorités biélorusses auxquelles il a fallu adresser 16 lettres d'explications avant qu'elles ne finissent par donner leur accord le 12 juin 1995. Cette autorisation de survol parvient sous la forme d'un simple télégramme adressé par la poste aux responsables suisses chargés de l'organisation de la Gordon Bennett.

(5) BCOAT : *Belarus Center for Organization of Air Trafic*

Le jour du départ de la course, 20 plans de vol ont été déposés pour chacun des participants et envoyés à tous les centres de contrôle susceptibles de voir les ballons pénétrer dans leur espace aérien.

Les messages ont été disséminés dans toute l'Europe... En ce qui concerne la Biélorussie, son administration reçoit le même jour 17 télégrammes l'informant du départ de la course.

Bref, les Suisses ont fait les choses comme on sait les faire dans leur pays: avec application et en s'y prenant très longtemps à l'avance. Pas question de laisser la place à une quelconque improvisation!

Évidemment malgré toute cette débauche de bonne volonté, les plans de vol ont été envoyés sans mettre les heures de passage et les points d'entrée dans les espaces aériens concernés.

Les événements qui nous intéressent débutent dans la nuit du 11 au 12 septembre 1995...

Cela fait maintenant deux jours et demi que les concurrents ont quitté la Suisse. Comme prévu, ils ont d'abord survolé l'Allemagne 4 heures après leur décollage, puis la Pologne et certains s'approchent à présent de la frontière biélorusse.

Les deux premiers jours de compétition se sont déroulés normalement. Chaque équipage a surveillé attentivement la progression des autres compétiteurs en interrogeant le PC course.

Tout le monde fait de son mieux pour accumuler un maximum de kilomètres... La météo est relativement bonne et des vents de l'ordre de 40 kilomètres à l'heure poussent les ballons vers l'Est.

Nous sommes à bord du ballon immatriculé *D-Caribbean*(6), un superbe engin de toile blanche fabriqué en Allemagne par la société Ballonbau Woerner Gmbh.

L'aérostat est piloté par deux Américains qui sont loin d'être des débutants. Le commandant de bord s'appelle Alan Fraenckel. Il est pilote de ligne dans une grande compagnie aérienne. Passionné de tout ce qui a un rapport avec les sports de l'air, l'homme a également une licence de pilote privé d'hélicoptère et il a une qualification d'hydravion... A 55 ans et 10000 heures de vol, il est titulaire, ce qui est très rare, d'une licence de pilote professionnel de ballon à gaz. Au regard des autres concurrents, Alan Fraenckel est considéré comme un des meilleurs experts au monde dans cette discipline.

Son copilote s'appelle John Stuart-Jervis. Il a 68 ans et possède lui aussi une bonne expérience aéronautique puisqu'il est également pilote de ligne et totalise 14000 heures sur son carnet de vol. Lui aussi est pilote d'hélicoptère mais il est seulement pilote privé de ballon à gaz.

Deux pilotes de ligne aux commandes... On conviendra que l'équipage du *D-Caribbean* n'est pas composé de débutants ignorant les procédures aéronautiques. Les deux hommes se sont engagés sous les couleurs des îles Vierges des États-Unis et à ce titre, ils ont laissé pendre un drapeau national sur le flanc de leur nacelle.

Il est **1 heure 30 du matin...** La nuit enveloppe les concurrents. Il fait très froid... C'est un petit matin d'autant plus glacial que les ballons évoluent aux environs de 3000 mètres d'altitude... Pour beaucoup de compétiteurs, les dernières

(6) La lettre D signifie que le ballon est immatriculé en Allemagne.

heures ont été les plus pénibles. Fatigue... froid et stress de la course commencent à se faire sentir douloureusement. Oubliée l'image d'Épinal montrant des aéronautes souriants, accoudés fièrement au bastingage de leur engin pour observer le paysage qui défile lentement à leurs pieds.

Pour tenter de se réchauffer, les équipage n'ont d'autres solutions que de s'emmitoufler dans leurs combinaisons de vol et de se recroqueviller en chien de fusil tout au fond des nacelles.

Il faut étudier les instruments de navigation en luttant contre le sommeil... Autour d'eux, c'est le silence... Aucun bruit ne monte de la terre. Les ballons glissent vers l'inconnu. Les concurrents se sentent seuls et certains se forcent à chanter dans l'obscurité pour ne pas succomber à l'épuisement. Ils ne peuvent pas se voir les uns les autres mais ils savent que les distances qui les séparent ne sont pas très importantes. Dans une telle compétition, l'habileté des navigants est telle qu'il est très difficile de semer réellement un concurrent[7].

Comme les autres compétiteurs, le ballon D-Caribbean a bien progressé. Il n'est pas en tête de la course mais il doit pointer en troisième position. Pendant la journée, il a survolé la Pologne à une altitude assez élevée comprise entre 10000 et 16000 pieds. Mais pendant la nuit, il fait plus froid et il lui est devenu plus difficile de voler haut. Il a dû se résoudre à descendre aux environs de 6000 pieds. A **2 heures du matin**, il est au Sud de Radom, une petite ville polonaise située à 150 kilomètres de la frontière biélorusse.

Sa vitesse avoisine 25 nœuds. C'est une bonne moyenne.

(7) En 1997, ce sont les Français qui ont gagné la course après avoir parcouru 1 732 kilomètres. Mais il n'avaient que... 200 mètres d'avance sur les seconds.

S'il continue à progresser ainsi, il devrait franchir la frontière aux environs de **5 heures du matin.**

Les deux Américains ont succombé à la fatigue. Ils sont en train de dormir au fond de leur minuscule réduit. Les enquêteurs en ont la quasi certitude car l'équipage tient régulièrement un livre de bord en indiquant avec soin toutes les communications radio et les positions géographiques du ballon. Depuis le décollage de Zurich, le livre de bord a été systématiquement rempli toutes les heures. Or entre 23 heures et **3 heures du matin**, aucune inscription n'y est mentionnée.

Ce n'est qu'à **3 heures 10 du matin** qu'Alan Fraenckel note sa nouvelle position: ils ne sont plus qu'à 100 kilomètres de la frontière biélorusse.

Que se passe-t-il à partir de ce moment-là? Normalement, les deux hommes auraient dû contacter un organisme de contrôle aérien polonais pour signaler qu'ils approchaient de la frontière. Ils ne le font pas... Le radar de surveillance de Varsovie croit avoir le ballon en contact sur son écran mais l'opérateur note que le transpondeur qui permet de donner une identification précise du concurrent ne répond pas aux interrogations du radar(8). Il pense que l'instrument est sur off... En Pologne personne ne se fait vraiment de souci. On n'imagine pas que le ballon puisse être animé d'intentions belliqueuses et mettre en jeu la sécurité du pays. Par ailleurs, tous les contrôleurs aériens sont au courant du passage de la Gordon Bennett et le silence radio de *D-Caribbean* est simple-

(8) L'identification radar d'un ballon sans transpondeur est difficile car les radars possèdent un système effaçant les échos fixes (pour éviter de saturer l'écran avec des bancs d'oiseaux par exemple). Les ballons ayant une vitesse de déplacement très faible sont donc automatiquement effacés de l'écran.

ment interprété comme une panne électrique. C'est en effet, l'hypothèse la plus probable. Avec le froid et le manque de lumière, les deux Américains sont confrontés à un problème de batteries. Leurs instruments de navigation sont alimentés par des batteries au Nickel-cadmnium qui sont elles-mêmes rechargées par un panneau solaire. Il est vraisemblable qu'il doit y avoir une défaillance quelque part dans le circuit. Cette supposition est d'autant plus crédible que certains autres équipages sont également confrontés à des problèmes de batteries faibles. C'est d'ailleurs la raison pour laquelle, les contacts radio avec les contrôles aériens ont été volontairement limités à une fois par heure seulement.

A **5 heures 25**, *D-Caribbean* franchit la frontière de la Biélorussie. Alan Fraenckel ne parvient toujours pas à entrer en contact radio avec un quelconque organisme de contrôle aérien qu'il soit polonais ou biélorusse. Mais il note soigneusement sa position sur son livre de bord.

Il faut signaler qu'il n'est pas le seul à pénétrer en Biélorussie au même moment. Deux autres ballons franchissent également la frontière. L'un d'eux est piloté par David Levin. Les contacts radio ne sont pas faciles pour lui non plus... Après plusieurs tentatives infructueuses, David réussit à rentrer en relation avec le centre de contrôle de Minsk... mais à sa grande surprise, les contrôleurs ne parlent que le Russe. Apparemment, ils comprennent ce qu'il dit mais ils refusent de parler en Anglais, ce qui est tout de même aberrant car c'est la langue aéronautique définie par l'OACI[9] pour les communications radio internationales, (y compris dans les pays de l'ancienne URSS).

(9) Organisation de l'Aviation Civile Internationale.

Évidemment David Levin ne comprend rien à ce que lui raconte le contrôleur…

Un peu inquiet, il se dit qu'il est plus prudent de transmettre quand même des messages pour donner sa position, même si on lui répond en Russe.

Malgré les faiblesses chroniques des batteries, il décide d'appeler le contrôle aérien systématiquement toutes les demi-heures. Pourtant malgré sa bonne volonté, il ne recevra jamais de réponses claires.

Le troisième ballon franchissant la frontière est piloté par Mike Wallas. Lui aussi rencontre les mêmes difficultés de communications avec les Biélorusses. Il ne comprend pas davantage le Russe et il ne peut s'empêcher de frémir en remarquant à quel point ses interlocuteurs s'adressent à lui de manière agressive. C'est incroyable… On lui aboie des ordres absolument incompréhensibles sur la fréquence… Pourquoi s'adresse-t-on à lui de cette manière ? Après tout, il n'est qu'un inoffensif compétiteur. Il a déposé un plan de vol en règle et toutes les autorisations ont été accordées pour pénétrer sur le territoire.

La suite des événements montrera à quel point Mike Wallas avait raison de s'inquiéter…

Poussés par un vent d'Est qui souffle maintenant à la vitesse de 30 nœuds, les trois ballons s'enfoncent dans le territoire biélorusse.

6 heures du matin…

Le jour vient de se lever. Il fait toujours aussi froid… La météo est toujours en demi-teinte, il y a beaucoup de cumulus en développement un peu partout mais les pilotes parviennent à apercevoir le sol à travers quelques trous çà et là.

A bord du *D-Caribbean*, Alan Fraenckel note une nouvelle fois sa position sur le livre de bord. Il sait exactement où il se trouve : légèrement à l'ouest de la petite ville de Biaroza. Il vole à l'altitude de 2000 mètres.

Il n'a toujours aucun contact avec les contrôleurs du pays... Par la suite, les enquêteurs noteront que l'équipage du *D-Caribbean* a commis une faute en franchissant la frontière sans contact radio. C'est vrai, mais on peut se poser la question de savoir si les deux hommes étaient bien conscients que leurs batteries étaient faibles ? L'hypothèse la plus probable est qu'ils ont bien tenté de rentrer en contact avec le contrôle mais que ne recevant pas de réponse, il ont cru à de la mauvaise volonté de la part de leurs correspondants. Étant donné l'attitude des contrôleurs de la région, cela n'aurait rien eu de surprenant.

Auraient-ils dû atterrir sous prétexte qu'ils ne recevaient pas de réponse à leurs appels radio ? La réponse est non. Il ne faut pas oublier que les deux hommes sont en course... Personne ne l'aurait fait à leur place... Est-ce que le skipper d'un catamaran va faire demi-tour parce qu'il a une panne de radio au moment où il pénètre dans les eaux territoriales américaines ?

Et puis de toutes les façons, un ballon ne peut pas faire demi-tour et revenir en arrière volontairement. Alan Fraenckel et John Stuart-Jervis poursuivent donc leur chemin au gré du vent.

Ils ne savent pas encore qu'ils vont vers l'enfer.

A **6 heures 34**, un officier de surveillance en poste le long de la frontière aperçoit le ballon *D-Caribbean*. Comme il n'a reçu aucune instruction concernant le passage de la Gordon Bennett, il prévient aussitôt ses supérieurs... 7 minutes plus tard, les forces de défense anti-aérienne du pays sont mises en alerte maximale...

On peut se demander où sont passées les dizaines de correspondances échangées avec les différentes administrations pour les informer de l'arrivée des ballons. Apparemment, ce matin du 12 septembre, personne en Biélorussie ne semble au courant de ce qui se passe dans le ciel du pays.

On est dans un pays de l'ancien bloc soviétique !

Dix minutes plus tard, le radar de l'AAD-CCP[(10)] détecte le *D-Caribbean*. Celui-ci vole toujours à 2000 mètres d'altitude mais sa vitesse n'est plus que de 13 nœuds (23 kilomètres à l'heure)[(11)].

Tout à coup, c'est l'effervescence dans les bureaux poussiéreux. Les responsables de la défense anti-aérienne cherchent à se renseigner sur l'origine de l'intrus. Avant d'agir, ils veulent surtout vérifier qu'aucun ballon de nationalité biélorusse n'a décollé récemment à partir de leur territoire. Pas question de gaffer avec un engin qui aurait été lancé par eux-mêmes.

On interroge le centre d'opération en vol et les stations météos. Ces "recherches" durent jusqu'à **8 heures 10 GMT**. Évidemment, elles sont infructueuses puisque le ballon vient de l'étranger.

Pendant ce temps dans la nacelle, les deux Américains se sont vraisemblablement rendormis. Inconscients des menaces

(10) Commandement général de la défense anti-aérienne.

(11) Le fait que les biélorusses affirment avoir détecté le ballon au radar est assez étrange (toujours à cause de l'effaceur d'écho fixe). Cela pourrait signifier que le transpondeur du ballon fonctionnait par intermittence. Or s'il y avait transpondeur, cela signifiait qu'il y avait une présence humaine à bord.

qui commencent à peser sur eux, ils tentent de reprendre des forces. Cela fait près de trois jours qu'ils sont en vol et le moins que l'on puisse dire, c'est que leurs conditions de vie à bord sont loin d'être confortables. La place à l'intérieur de la nacelle est terriblement comptée. Il leur faut dormir en boule au milieu des instruments de navigation, des réserves d'eau, de la nourriture et des couvertures de survie.

Les premiers rayons du soleil qui réchauffent la nacelle ont facilité l'assoupissement. Plus tard, au moment de l'enquête, certains supposeront que les deux hommes ne dormaient pas mais qu'ils avaient tout simplement perdu connaissance à cause du manque d'oxygène.

Il faut rester sérieux...

Le ballon n'est qu'à 2000 mètres, c'est l'altitude de nombreuses stations de skis familiales... Ce n'est pas l'Everest...

De nos jours, la plupart des vacanciers passent deux semaines à se dépenser entre 2000 et 3500 mètres. Combien sont-ils à perdre connaissance sur les pistes de ski pour des problèmes d'hypoxie ?

Par ailleurs, Alan et John sont des navigants confirmés. Leur organisme est habitué à l'altitude, on les imagine mal en train de s'évanouir dans ces conditions.

La vérité est qu'ils dorment à poings fermés...

Les choses se compliquent car “selon les services de renseignements biélorusses”, à **8 heures 18 minutes**, le ballon approche d'un site stratégique majeur.

Une de ces bases militaires sur lesquelles, il n'y a absolument rien d'important et que les satellites occidentaux ont photographié des milliers de fois mais que les militaires locaux font semblant de protéger jalousement.

Aussitôt, l'effervescence se transforme en panique... La sécurité nationale est en jeu... L'état-major biélorusse décide alors d'envoyer un appareil à la rencontre du *D-Caribbean*. On pourrait facilement faire décoller une paisible machine de reconnaissance qui pourrait fournir des informations sur le ballon.

Non, ce serait trop risqué... Alors, 13 minutes plus tard, face à ce dangereux adversaire, on envoie, un hélicoptère d'attaque *Mil MI 24B "Hind"*.

Tous ceux qui ont eu l'occasion d'approcher cette machine de guerre vous diront qu'elle est effrayante rien qu'à la regarder. Avec ses deux pylônes latéraux, le *MI 24B* peut recevoir tous les types d'armements imaginables, bombes, roquettes, mitrailleuses lourdes, paniers à grenades, bombes incendiaires ou chimiques. En outre, il est équipé de deux mitrailleuses de 12,7 mm et d'un canon interne de gros calibre.

Équipant la plupart des armées du Pacte de Varsovie, c'est un hélicoptère lourd qui pèse plus de 11 tonnes. Il a été sur tous les champs de bataille soviétiques et en particulier en Tchéchénie et en Afghanistan où il a souvent fait des ravages contre les populations civiles.

Que pourrait bien faire le paisible ballon face à ce monstre de métal capable de détruire un char d'assaut ?

Voici les conversations enregistrées entre le pilote de l'hélicoptère de combat et le centre de commandement au sol de la base. Chacune des paroles reportées ci-après est parfaitement exacte et on frémit en réalisant qu'il s'agit de la vie de deux hommes qui est en jeu.

L'indicatif radio de l'intercepteur est 90335 mais pour des raisons pratiques l'appareil sera toujours appelé 335. Bien qu'il y ait deux hommes d'équipage à bord, c'est toujours le pilote qui parle à la radio (à une exception près).

Il est en conversation avec un officier contrôleur d'interception qui se trouve au sol pour le guider dans la direction du *D-Caribbean.*

Il est exactement **8 heures 45 minutes** (11 heures 45 en heures locales de Minsk).

Officier contrôleur d'interception: *335, le ballon est juste au-dessus de vous. Environ 1000 mètres plus haut. Sur la droite, il y a la couche des nuages juste derrière. C'est là que vous devriez le trouver. Dans les trous de nuages.... Vers ce gros nuage. Celui qui est le plus haut...*

Pilote de l'hélicoptère d'attaque: *Je le vois. Je suis à 1000 mètres.*

Officier contrôleur d'interception: *335, Vous voyez pas le ballon ? Cherchez à droite. Est-ce qu'il y a quelque chose plus haut.*

Pilote de l'hélicoptère d'attaque: *Je le vois. Il est au-dessus de moi.*

Officier contrôleur d'interception: *335, est-ce que vous voyez le ballon ?*

Pilote de l'hélicoptère d'attaque: *Ici 335, je ne le vois pas bien à cause des nuages. C'est assez couvert.*

Officier contrôleur d'interception: *Reçu, le ballon est dans les trous au milieu des nuages... Vous avez l'autorisation de monter à 2000 mètres pour vous mettre en place. Une fois que vous serez en place, on vous guidera à partir du centre (?).*

Pilote de l'hélicoptère d'attaque: *Reçu, on monte à 2000 mètres.*

Le MI 24B n'a aucune difficulté à monter jusqu'à l'altitude

où se trouve *D-Caribbean*. Avec ses deux turbines Isotov TV3-117, il a un plafond pratique qui approche 5000 mètres. En moins de 3 minutes, il parvient à la même hauteur que le ballon. Le problème, c'est que les nuages sont assez denses et il ne réussit pas à le garder en vue. Il se met d'abord en vol stationnaire puis comme ses turbines risquent de chauffer, il commence à évoluer entre les différentes couches à la recherche de sa proie...

De toute évidence, celle-ci n'est pas aussi facile à repérer que les contrôleurs au sol semblent le croire.

A moins que le pilote ne soit pas aussi bon qu'il devrait l'être!

Officier contrôleur d'interception: *335, faites un virage à droite pour prendre le cap 030... Faites un virage à droite.*

Pilote de l'hélicoptère d'attaque: *Reçu. On fait un virage à droite et cap au 030.*

Le pilote s'exécute et continue de fouiller entre les cumulus. Tout à l'heure, lorsqu'il se trouvait 1000 mètres plus bas, il avait le ballon en visuel. Mais maintenant qu'il évolue au milieu des nuages, le repérage s'avère plus difficile. Il est obligé de monter et descendre en permanence pour éviter de se retrouver dans la couche.

Officier contrôleur d'interception: *335, stabilisez votre altitude... 335. Regardez à droite derrière le nuage. Distance de l'objectif: 1800 mètres...*

Pilote de l'hélicoptère d'attaque: *Reçu.*

Au moment où ces événements dramatiques se préparent, la météo donnait un plafond composé de cumulus avec une base à 600 mètres et un sommet aux alentours de 1980 mètres, ce qui explique partiellement les difficultés qu'éprouve le chasseur pour trouver sa proie. On ne peut tout de même pas dire que le pilote brille par son efficacité d'interception car un ballon n'a aucun moyen de s'échapper. Les Américains ne font d'ailleurs rien pour essayer de filer puisqu'ils n'ont pas conscience qu'on est en train de les poursuivre.

Officier contrôleur d'interception: *Le ballon est de couleur blanche...*

Pilote de l'hélicoptère d'attaque: *Ici 335, je vois le ballon maintenant à mes 3 heures. J'approche.*

Il est 8 heures 49 minutes et 30 secondes. Malgré sa maladresse, le pilote a fini par dénicher le *D-Caribbean* au-dessus des cumulus. Le sort des deux Américains endormis est maintenant scellé.

Officier contrôleur d'interception: *335, position confirmée. N'approchez pas plus près que 50 mètres.*

Pilote de l'hélicoptère d'attaque: *Reçu.*

Officier contrôleur d'interception: *Avec une séparation verticale!*

En clair, vous pouvez vous approcher mais ne vous mettez pas à la même altitude, cela pourrait être dangereux pour vous.

Quelle prudence...

La situation pourrait presque être comique si elle ne mettait en jeu la vie de deux innocents.

Pilote de l'hélicoptère d'attaque: *335, je suis à 2000 mètres. Il est approximativement 200 à 300 mètres au-dessus de moi.*

De moins en moins brillant le tartarin... Évidemment d'où il se trouve, juste en dessous, le pilote du *MI 24B* ne risque pas de voir grand-chose à l'intérieur de la nacelle. Pas plus qu'il n'a de chance d'apercevoir l'immatriculation ou le drapeau américain accroché sur son flanc.

Officier contrôleur d'interception: *Reçu, est-ce qu'il y a une charge de suspendue en dessous?*

Pilote de l'hélicoptère d'attaque: *Oui, il y a quelque chose qui pend dessous mais je ne sais pas ce que c'est et d'où je suis, je ne peux pas voir ce que ça contient...*

A ce stade du drame, il n'y a que deux possibilités pour qualifier le pilote du *MI 24B*: ou bien c'est un débile profond, ou c'est un menteur qui a envie de s'amuser un peu en faisant un carton sur des innocents. Car enfin, ne pas reconnaître une nacelle pendue sous un ballon! La plupart des enfants ont des livres d'images sur lesquels on peut voir des ballons.

C'est d'autant plus incroyable qu'il semble être le seul à ne pas comprendre de quoi il s'agit. En effet, quelques secondes plus tard le second pilote du *MI24B* intervient sur la fréquence pour préciser ce qu'il voit:

Copilote du MI 24B: *On dirait une sorte de nacelle.*

Ce sera la seule intervention du copilote. Aussitôt, l'officier contrôleur d'interception (qui n'est pas habilité à prendre la décision de tir) prend contact par radio avec le commandant du centre de défense aérienne. Un officier supérieur "brillant" dont la poitrine est certainement recouverte de centaines de décorations.

Commandant AAD-CCP: *Est-ce qu'il y a une charge suspendue sous le ballon?*

Officier contrôleur d'interception: *Oui, camarade commandant, il y en a une... Votre décision?*

Il ne faut attendre que quelques secondes pour connaître

le verdict du commandant du centre de défense anti aérienne. On est dans un pays où les problèmes de conscience ne sont pas la source de longues insomnies.

Commandant AAD-CCP: *Détruisez!*

Et voilà... La sentence est tombée.

L'énorme machine à la Georges Orwell s'est mise en marche avec tout ce qu'elle comporte d'absurde et d'odieux. Le commandant de la défense aérienne n'a même pas demandé à l'hélicoptère d'examiner plus attentivement le ballon. Rappelons qu'à cet instant, le Hind se trouve 200 à 300 mètres sous le *D-Caribbean* et qu'en aucun cas, il ne peut voir ce qui se trouve à l'intérieur de la nacelle. Peut-être les deux occupants du ballon se sont-ils réveillés. Peut-être même sont-ils debout à scruter le ciel pour trouver cet hélicoptère qu'ils entendent dans le lointain. Le problème, c'est que d'où il se trouve, le pilote du *MI 24B* ne peut (ou ne veut...) évidemment pas les apercevoir.

Les règles d'interception les plus élémentaires n'ont même pas été respectées. Il aurait fallu faire le tour du ballon, l'étudier avec attention et tenter d'établir un contact radio sur la fréquence de détresse 121.5 Mhz(12). Essayer de se faire comprendre... Faire des sommations...

Rien de tout cela n'a été fait...

Apparemment cela ne présentait aucun intérêt pour les autorités militaires biélorusses.

Il est 8 heures 51 minutes et 35 secondes GMT, Alan

(12) On retrouvera le poste VHF du ballon branché sur la fréquence 121.5, ce qui laisse supposer que "équipage a tenté de contacter l'hélicoptère entre les deux passes de tir.

Fraenckel et John Stuart-Jervis viennent d'être condamnés à mort. Peut-être ont-ils commis une erreur en ne réalisant pas que la puissance de leur radio était insuffisante pour joindre le contrôle de Minsk. Peut-être ont-ils eu tort de s'endormir après trois jours de course mais méritent-ils ce qui va leur arriver?

Officier contrôleur d'interception: *90335, ici Radial. Détruisez le ballon.*

L'ordre du commandant vient d'être transmis à l'équipage du *MI 24B*. La voix est ferme et on ne perçoit aucun tremblement. Ce sont les ordres, il n'y a pas à réfléchir... Cela pourrait sembler un détail mais à partir de cet instant, l'officier contrôleur d'interception va toujours contacter l'hélicoptère en utilisant son indicatif complet: "90335". Plus question de familiarité qui risquerait de porter à confusion. Un détail ou une preuve que l'homme au sol a réalisé que l'instant était grave. A-t-il remis sa cravate en place?

Pilote de l'hélicoptère d'attaque: *Reçu... on détruit le ballon.*

Officier contrôleur d'interception: *90335, s'il vous plaît rendez compte de vos actions au fur et à mesure.*

Pilote de l'hélicoptère d'attaque: *Affirmatif... Je me prépare à attaquer.*

Pour s'assurer que l'ordre de tir a bien été compris, l'officier d'interception répète une nouvelle fois les instructions.

Officier contrôleur d'interception: *90335, détruisez le ballon.*

Pilote de l'hélicoptère d'attaque: *Reçu, je détruis le ballon.*

Officier contrôleur d'interception: *90335, je ne peux pas vous voir à cause des nuages. Mais je veux que vous me rendiez compte de ce que vous faites.*

Officier contrôleur d'interception: *90335, est-ce que vous voyez le ballon.*

Pilote de l'hélicoptère d'attaque: *335, je vois le ballon...*

Officier contrôleur d'interception: *Avez vous reçu l'ordre de détruire le ballon ?*

Pilote de l'hélicoptère d'attaque: *Oui, je l'ai reçu !*

Officier contrôleur d'interception: *Qui a donné l'ordre ?*

Pilote de l'hélicoptère d'attaque: *Radial.*

Officier contrôleur d'interception: *Reçu, je confirme l'ordre.*

Les Biélorusses prétendront plus tard qu'ils ont cru qu'il s'agissait d'un banal ballon météorologique (avec une nacelle ???). On aura malgré tout beaucoup de mal à faire croire aux familles des victimes que la simple destruction d'un ballon météo exige autant de précautions oratoires. Même si l'ouverture du feu n'est pas un acte banal, on a surtout l'impression que l'officier d'interception cherche à dégager sa responsabilité sur ce qui va se passer.

Il transmet des ordres... Comment peut-on croire qu'il ne sait pas exactement ce que contient la nacelle du ballon?

Sans état d'âme, le pilote du *MI 24B* reprend un peu d'altitude et se met en position. Le plus simple pour lui est de procéder à une passe de tir à basse vitesse. Ainsi, il ne s'approchera pas trop près et ne prendra aucun risque pour lui-même. Le ballon pourrait exploser et mettre sa propre sécurité en jeu... Calmement, il fait alors sauter les sécurités de son canon et tire une première salve d'obus incendiaires sur l'enveloppe des malheureux.

Il est exactement **8 heures 52 minutes et 55 secondes.**

Raté...

Aucun obus n'atteint le ballon. Pas facile de toucher une cible en plein ciel si elle est immobile! Quel brillant pilote! Qu'en aurait-il été s'il avait eu en face de lui un véritable adversaire!

Il fait un long virage sur 360 degrés et se remet en position de tir pour faire une deuxième tentative.

Peut-on imaginer ce que ressentent Alan Fraenckel et John Stuart-Jervis quand ils réalisent qu'ils viennent d'être pris pour cible par un hélicoptère de combat. Car il est pratiquement certain qu'ils se sont réveillés après le premier assaut manqué.

Une minute 25 secondes plus tard, (**à 8 heures 54 minutes et 20 secondes**) le pilote biélorusse procède à un nouveau tir. Contrairement à la première fois, il s'est mis en vol stationnaire et a pris tout son temps pour viser comme à l'entraînement.

Cette fois, il utilise ses deux mitrailleuses 12,7 et il atteint sa cible... Les balles incendiaires blindées transpercent l'enveloppe du *D-Caribbean.* Immédiatement, l'hydrogène s'enflamme et le ballon se transforme en une gigantesque torche bleutée... qui plonge vers le sol. C'est l'horreur pour les deux hommes qui ont le temps de réaliser qu'ils vont mourir... Car le tissu en flammes freine considérablement la chute de la nacelle et le supplice est plus lent qu'on ne pourrait l'imaginer.

Au moment où l'épave désemparée se trouve à environ 1000 mètres d'altitude, les suspentes en flammes se rompent d'un coup et l'enveloppe de toile en flamme se sépare de la nacelle.

Celle-ci poursuit alors sa chute vers le sol à grande vitesse.

Pilote de l'hélicoptère d'attaque: *Ici 335. Le ballon a été détruit!*

Officier contrôleur d'interception: *Reçu 335. Je le vois en train de descendre. Il brûle. S'il vous plaît, surveillez la nacelle (!) pour savoir où elle tombe.*

Pilote de l'hélicoptère d'attaque: *Reçu.*

Officier contrôleur d'interception: *Reçu. Respectez les mesures de sécurité.*

On l'a dit, cette mise à mort de paisibles aéronautes va à l'encontre de toutes les règles d'interceptions internationales mais on ne peut s'empêcher de remarquer qu'elle viole aussi celles du combat aérien dans lequel même aujourd'hui, on ne fait pas n'importe quoi pour vaincre un adversaire. La plupart des pilotes respectent certaines règles qui tiennent presque de la Chevalerie. Ce meurtre est une tragédie honteuse qui déshonore la grande famille des gens de l'aviation... Il est aussi infamant pour ses auteurs que de tirer sur un pilote qui vient de s'éjecter.

L'hélicoptère n'a pas perdu de l'altitude aussi rapidement que les malheureux qu'il vient d'abattre. Cinq minutes plus tard, il arrive à une hauteur de 200 mètres et reste en vol stationnaire. Il ne s'approche pas de l'épave du *D-Caribbean* qui est tombée à proximité d'une voie ferrée. Il se contente de l'observer de loin... L'enveloppe qui contenait l'hydrogène est calcinée. Les morceaux de tissu noircis se trouvent à 300 mètres de la nacelle.

D'après les informations recueillies par les biélorusses (qui seront évidemment les premiers et les seuls sur place) les corps des deux américains sont recroquevillés au fond de la nacelle.

Qui pourra jamais prouver le contraire?

Les militaires prétendront que le drapeau était rabattu à

l'intérieur de la nacelle et qu'il n'y avait pas non plus la moindre inscription sur le ballon permettant de l'identifier. Après le crash, il ne reste plus rien de l'enveloppe de toile, cependant, d'après les photos prises avant le décollage de Zurich, on sait que l'immatriculation *D-Caribbean* figurait bien sur le ballon. Même si la hauteur des lettres était moins importante que ne l'exige la réglementation internationale OACI, l'inscription était bien visible. Au lieu de donner des détails par radio sur ce qu'il aperçoit au sol, le pilote du *MI24B* se contente d'attendre les instructions. Étrange réaction ? Est-il en train de réaliser l'énorme bévue qu'il vient de commettre ?

Pilote de l'hélicoptère d'attaque : *Je suis descendu à 200 mètres pour indiquer le lieu d'impact. J'attends les ordres de mes supérieurs.*

Pourquoi attend-il les ordres ?

Officier contrôleur d'interception : *90335, donnez-moi plus de précisions sur l'endroit où il est tombé.*

Pilote de l'hélicoptère d'attaque : *Reçu.*

Officier contrôleur d'interception : *90335, sur la base d'observations visuelles, est-ce qu'il y a des composants électroniques dans la nacelle ?*

Pilote de l'hélicoptère d'attaque : *335 à Radial... Je ne peux pas vous dire ce qu'il y dans la nacelle. Peut-être de l'équipement mais il n'y a personne.*

Il est bien évident qu'à cet instant, le pilote du *MI 24B* est surtout en train de dégager sa propre responsabilité dans cette affaire. En déclarant qu'il n'y a personne, il se dédouane : Il n'a rien vu... Il n'a rien fait... Ce n'est pas lui le responsable de ce crime... La vérité est certainement un peu différente. Au moment de l'impact, les corps des deux malheureux ont probablement été éjectés de la nacelle et ils gisent à quelques mètres.

La version du pilote arrangera évidemment les autorités biélorusses car elle permettra de procéder à une mise en scène accréditant la thèse de l'accident par ignorance.

Les militaires prétendront qu'il n'y avait pas de drapeau sur la nacelle, pas non plus d'immatriculation bien visible, pas la moindre inscription nulle part. On peut s'en étonner quand on sait à quel point les compétiteurs, quels qu'ils soient, ont la manie de coller sur leur machine un maximum d'autocollants avec leur numéro de course et logo de leurs sponsors?

Les Biélorusses affirmeront que le ballon était entièrement blanc et qu'il ressemblait à un ballon météo (un très gros ballon météo avec une nacelle???). C'est d'autant plus ridicule qu'ils oublient de préciser que l'interception du *D-Caribbean* n'était pas la première du genre. En effet, quelques instants avant qu'Alan Fraenckel ne soit abattu, le ballon piloté par Mike Wallas avait lui aussi été intercepté par un autre hélicoptère de combat.

Même scénario, même type d'hélicoptère agressif. Par chance pour les compétiteurs, le pilote de ce *MI 24B* a été un peu moins expéditif. Il a pris un peu plus de temps avant de tirer, ce qui a permis à Mike Wallas de manifester son"extrême bonne volonté" en procédant à une descente d'urgence suivie d'un atterrissage immédiat...

Or ce ballon-là n'était pas blanc et il ne ressemblait pas plus à un ballon météo que celui d'Alan Fraenckel.

Au moment de l'enquête, les Biélorusses prétendront qu'ils ont abattu le *D-Caribbean* parce que l'équipage n'avait pas pris de contacts radios avec le contrôle. C'est une explication qui ne tient pas une seconde puisque le ballon de David Wise avait respecté parfaitement les procédures radio et qu'il s'en est fallu d'un cheveu qu'il ne subisse le même sort...

Pour terminer, on ne peut s'empêcher de comparer cette lamentable affaire avec celle du *Boeing 747* de la *Korean Airlines* abattu par un avion de chasse Russe en 1983 au-dessus de l'île de Sakhaline[13]. Il y avait eu alors 269 morts... Bien que l'affaire du *D-Caribbean* ait fait moins de victimes et qu'on en ait moins parlé dans les média, on y retrouve une situation tout à fait semblable. Des innocents, certes un peu maladroits, se trouvent soudain confrontés à l'énorme et stupide machine de guerre des pays de l'Est. Ils sont abattus sans pitié par des militaires obtus.

Incompétence... Décisions de petits chefs... Lourdeur d'une administration sclérosée et inefficace... Séquelles de 70 ans de dictature... Quelles qu'en soient les raisons, elles sont inacceptables dans le monde d'aujourd'hui...

Même avec toutes les autorisations en poche, il vaut mieux être vigilant dans certaines régions du monde...[14]

(13) Voir CATASTROPHES AERIENNES *Les passagers ont le droit de savoir...* du même auteur aux Editions Altipresse.
(14) On peut se rappeler les problèmes rencontrés par Bertrand Picard en 1999 lors de son survol de la Chine en ballon. Dans un premier temps, les autorités chinoises avaient donné leur accord, puis elles ont changé d'avis et ont interdit le survol de leur territoire entre le 23e et le 46e parallèle. Prudent, le Suisse a réussi l'exploit du tour du monde tout en respectant parfaitement les instructions chinoises.

DÉCROCHAGE VOLONTAIRE AVEC UN AVION DE LIGNE...

22 décembre 1996.
Greenboro, Caroline du Nord.
17 heures 35.

On est en plein hiver. La nuit est déjà tombée sur la côte Est des États-Unis. Depuis une heure, une petite pluie verglaçante transforme lentement les arbres en superbes sculptures de givre.

Image de carte postale classique qui rappelle aux rares passants que Noël est dans trois jours...

Sous les projecteurs de l'aéroport de Greenboro, le *DC 8* de la compagnie Airborne Express semble tout neuf. Avec la pluie qui tombe, sa peinture étincelle de mille feux... Difficile d'imaginer que c'est un appareil qui a plus de 20 ans. En fait, il vient tout juste de sortir d'une révision au cours de laquelle il a subi des modifications relativement importantes. Outre la peinture extérieure qui a été entièrement refaite, on a procédé à une remise à neuf complète de la cellule selon un protocole très rigoureux.

D'ailleurs, bien que la compagnie l'ait acheté il y a plus de 6 mois, elle ne l'a encore jamais utilisé. Le 16 juin 1996, jour même de la livraison, elle a confié l'appareil à la société TIMCO(1), spécialiste en maintenance aéronautique, pour qu'il soit entièrement révisé jusqu'au dernier écrou. En outre, Airborne Express a demandé que l'avion soit mis "au standard" des 14 autres *DC 8* qu'elle exploite déjà sous ses couleurs.

Cet appareil est un *DC 8* type 63 immatriculé N827AX et son numéro de sortie d'usine est le 45901/293.

TIMCO a eu beaucoup de travail pour remettre la machine en état. De toute évidence, le précédent propriétaire n'était pas un maniaque de l'entretien. L'avion était fatigué, beaucoup de pièces étaient corrodées ou défectueuses et certains bulletins de service n'avaient pas été appliqués.

Ce 22 décembre 1996, l'avion est enfin prêt à être livré et l'équipage chargé de faire le vol de contrôle vient tout juste de s'installer aux commandes.

Le commandant de bord jette un coup d'œil satisfait sur le tableau de bord. Toutes les modifications demandées par la compagnie ont été réalisées. La plupart des vieux cadrans ont été remplacés par ce qui se fait de mieux aujourd'hui : il y a maintenant des instruments de contrôle moteur à affichage digital, un directeur de vol flambant neuf et un superbe radar avec un écran couleur. Les anciennes radios ont toutes été changées, les moyens de radionavigation sont au top niveau. A la place des vieux horizons artificiels traditionnels se trouvent maintenant des EFIS(2) ultramodernes.

(1) Triad International Maintenance Corporation.

(2) Electronic Flight Instrument System : tubes cathodiques pouvant afficher un grand nombre d'informations

De quoi faire pâlir de jalousie le dernier né des *Boeing* sortant des usines de Seattle(3).

L'équipage sourit... La révision a duré plus longtemps que prévu, on croyait que l'avion serait livré en quatre mois et il en a fallu six mais cela valait vraiment le coup.

En plus de la modernisation du tableau de bord, on a également procédé au montage d'un nouveau système de chargement de l'avion. Car Airborne Express ne transporte jamais de passagers. C'est une compagnie aérienne spécialisée dans le transport nocturne de fret... Le chargement quotidien de ses avions se présente sous la forme de containers qu'elle expédie toutes les nuits à travers les États-Unis à partir de son Hub de Wilmington, (Caroline du Nord). A une échelle très modeste la compagnie est concurrente du géant américain *Federal Express...*

17 heures 30.

Le sifflement strident des réacteurs augmente. Les phares s'allument irisant les fines gouttes de pluie dans l'obscurité. Le *DC 8* vient de recevoir l'autorisation de la tour de contrôle pour rouler vers la piste en service.

Le gros avion s'ébranle lentement.

Pour ce vol qui doit durer environ 2 heures, l'indicatif radio de l'appareil sera ABX 827(4).

Dans le cockpit, l'ambiance est paisible. C'est à peine si l'on devine le sifflement des quatre réacteurs Pratt & Whitney JTD3-7, loin derrière sous les ailes. Le seul bruit provient du

(3) Siège de Boeing.
(4) ABX = Airborne Express.

claquement sourd des amortisseurs du train qui résonnent en franchissant les plaques de béton du taxiway.

Le pilote roule lentement... Il fait vraiment très froid et le verglas peut se former très rapidement. Bien sûr, le ciment des chemins de roulement est fréquemment arrosé de produit antigel mais avec ce temps de chien, il vaut mieux être prudent. Ce serait quand même dommage d'abîmer une superbe machine à peine sortie de l'atelier.

Ce soir, l'appareil est entièrement vide car ce premier vol n'a aucune vocation commercial. Il est encore trop tôt pour cela. Il faut d'abord vérifier que tout marche bien dans l'avion. Un *Functional Evaluation Flight* comme disent les pilotes américains. Ce vol est imposé par la réglementation *(Federal Aviation Regulation part 91)* après une révision de cette importance.

Le but est de s'assurer que tous les systèmes principaux et secondaires de l'appareil fonctionnent normalement. Cela va de la simple rentrée du train d'atterrissage jusqu'au bon fonctionnement de tous les instruments de bord: jauges, indicateurs de position des volets, instruments moteurs, pression hydraulique, etc. Il est en effet fréquent après une révision de ce type, que la machine soit sujette à des pannes plus ou moins graves.

L'équipage doit tester l'appareil dans toutes les configurations d'approche et d'atterrissage. Parmi les essais, il est également prévu de faire une séance de décrochages. Pas très drôle sur un avion aussi gros mais il faut le faire... Le but de cet exercice est de s'assurer que toutes les alarmes fonctionnent lorsque l'avion vole à très basse vitesse. Les deux principaux systèmes à vérifier sont l'avertisseur de décrochage et le vibreur de manche.

A bord de l'appareil se trouvent les trois membres d'équipage d'Airborne Express et trois techniciens. Exceptionnellement, il n'a pas de copilote car les deux hommes assis à l'avant ont leur qualification de commandant de bord[(5)].

Celui qui est assis à la place gauche est relativement jeune. Il a 37 ans mais ce n'est pas un débutant. Il est le chef-pilote du secteur *DC 8* à la compagnie et doit prochainement passer l'examen pour devenir testeur FAA pour ce type d'appareil. C'est un navigant bien noté qui a plus de 8500 heures sur son carnet de vol. Avant d'être commandant de bord à Airborne Express, il a volé comme mécanicien navigant, puis copilote à la compagnie TWA.

Le second commandant de bord est un peu plus âgé et plus expérimenté. Il a 48 ans. C'est un ancien de l'US Air Force qui totalise 8000 heures de vol et qui a piloté un très grand nombre d'avions civils et militaires. Pourtant, malgré son expérience, c'est la première fois qu'il est amené à faire un vol d'essai aussi poussé. En ce qui concerne le CV des commandants de bord, il faut souligner qu'aucun des deux n'a volé auparavant sur un *DC 8* modifié comme celui qu'ils ont entre les mains ce soir-là. Ce ne serait pas vraiment grave car les modifications n'interviennent pas dans l'aérodynamique de la machine s'il n'y avait un autre "détail": ils n'ont jamais ni l'un ni l'autre effectué de décrochages réels sur *DC 8.* Leur seule expérience de l'exercice a été acquise sur le simulateur de vol de la compagnie.

Du point de vue réglementaire, c'est le pilote le plus expé-

(5) Du fait de la double qualification de commandant de bord des deux navigants, il sera question par la suite de Pilote en Fonction (PF) pour celui qui tient les commandes et de Pilote Non en Fonction (PNF) pour celui qui tient la place de copilote.

rimenté (celui qui est assis à la place droite), qui est commandant de bord de l'avion. Mais, étant PNF, il ne touchera pratiquement jamais aux commandes pendant tout le vol.

Avant de s'installer dans le poste de pilotage, les deux hommes ont déposé un plan de vol IFR auprès du contrôle aérien en spécifiant qu'ils souhaitaient évoluer dans une tranche d'altitude comprise entre 13000 et 15000 pieds. Rien de plus normal. Pour cette séance d'essai un peu particulière, il est impossible de maintenir une altitude stable comme on le ferait au cours d'une croisière normale.

No problem pour la tour de Greenboro, habituée à voir décoller fréquemment des avions révisés chez TIMCO. On connaît la procédure des vols d'essais et on leur accorde ce qu'ils demandent.

17 heures 38.

L'avion est au point d'attente au bord de la piste...

Les check-list ont été effectuées avec beaucoup de soin. Tout semble fonctionner normalement dans le *DC 8*. Une attention toute particulière a été accordée à la pression hydraulique qui, la veille, avait donné quelques signes de faiblesse lors des premiers essais au sol. Apparemment, à présent, tout va bien et les indicateurs sont à leurs valeurs maximales.

A **17 heures 40**, l'avion s'aligne sur la piste et il décolle. Large virage à droite vers le Sud-est pour éviter le survol de la ville de Greenboro et mise de cap au 160.

La météo n'est vraiment pas bonne... Malgré la nuit, l'équipage remarque que l'appareil traverse plusieurs couches de nuages givrants et qu'une légère couche de glace se dépose sur les ailes. Aussitôt, les systèmes de dégivrage sont activés au maximum. Apparemment, le problème se résout rapidement car l'avion sort de la couche nuageuse.

Vers 10000 pieds, la glace disparaît complètement.

L'avion atteint l'altitude de 15000 pieds et pendant 25 minutes, l'équipage commence les vérifications.

A **18 heures 09 minutes**, les contrôles les plus simples sont terminés. Le train d'atterrissage rentre et sort sans problème, les volets et les aérofreins sont OK. Rien à signaler de ce côté-là...

Sur le tableau de bord, tous les instruments fonctionnent sans exception et le mécanicien ne peut s'empêcher de louer le sérieux de la société TIMCO pour la qualité de son travail.

Il est temps maintenant de passer à des choses plus sérieuses.

Parmi les différents tests restant à effectuer, c'est bien évidement les décrochages qui doivent être abordés avec le plus de prudence. Bien que ce ne soient pas des exercices dangereux, certaines règles élémentaires doivent être respectées. Pas question de faire n'importe quoi...

Quel pilote n'a pas encore en mémoire le premier décrochage qu'il a effectué lorsqu'il était élève. Bien évidemment, il n'était pas seul à bord. Un instructeur était à ses côtés pour le surveiller et le conseiller. Il faut tirer doucement sur le manche: l'avion se cabre... L'angle d'incidence augmente. La vitesse diminue. Au lieu de relâcher la traction en arrière sur le manche, comme l'élève voudrait bien le faire, il faut continuer à tirer et la vitesse diminue encore.

Les alarmes de décrochage se déclenchent: un klaxon d'alarme strident... une lampe rouge qui s'allume au tableau de bord... L'élève sent qu'il va se passer quelque chose... Est-ce qu'il va avoir mal au cœur. Les copains ont décrit l'exercice comme très pénible à supporter. Bien sûr, ils exagéraient mais il y a peut-être du vrai dans ce qu'ils disaient.

Du coin de l'œil, l'instructeur fait semblant de rien mais il surveille les réactions de son poulain. Il est prêt à reprendre les choses en main si ça tourne mal.

L'avion se met à vibrer étrangement. On dit qu'il "buffete", un terme un peu barbare que l'élève ne comprenait pas vraiment quand on lui expliquait au sol la théorie du décrochage mais maintenant que la machine est prise de ces étranges vibrations, il n'oubliera pas...

Et puis tout à coup, le décrochage arrive. C'est la chute de portance brutale. En une fraction de seconde, l'avion perd toutes ses caractéristiques aérodynamiques. Il ne vole plus... Ce n'est plus qu'une masse métallique désemparée qui ne peut plus résister à la gravité terrestre.

Le nez bascule d'un coup vers l'avant. Le sol est soudain devant le pare-brise...

Chaque avion possède ses propres caractéristiques lorsqu'il est "en perte de vitesse"[6]. Certains comme les avions-écoles sont doux et le font avec un mouvement pratiquement imperceptible. D'autres, au contraire ont des chutes de portance brutales. Dans ce cas, le pilote a la sensation que son siège se dérobe sous ses fesses. Les tripes remontent dans la gorge.

Surtout ne pas paniquer et faire les bons gestes...

(6) Cette expression est entre guillemets car elle est ancienne et ne correspond pas vraiment à la réalité aérodynamique du décrochage où c'est davantage la valeur de l'angle d'incidence qui prime.

Au moment où l'avion décroche, l'élève n'a qu'une solution pour le rattraper. En premier lieu, ne pas agir comme ses réflexes lui commanderaient. Ne pas tirer sur le manche pour tenter de retenir cet avion dont le nez plonge vers le sol. Cela aggraverait les choses. L'appareil n'a pas assez de vitesse pour voler, alors il faut lui en redonner... Pour cela, il n'y a qu'une solution: accompagner son mouvement en mettant du manche vers l'avant. C'est-à-dire accentuer encore le piqué et attendre que la machine accélère. Car la vitesse, c'est la sécurité...

Lorsqu'enfin, l'indicateur de vitesse revient à des valeurs normales, il suffit à l'élève de sortir doucement du piqué et de remettre l'avion en vol horizontal. A ce moment-là, l'exercice est terminé. La plupart des élèves-pilotes n'oublieront jamais leur première séance de décrochage. Pour certains, c'est un mauvais souvenir. Pas vraiment agréable à supporter... Quelques réactions de panique, un violent haut-le-cœur et un instructeur qui râle à la moindre erreur... Pour d'autres, plus attirés par la voltige, le décrochage a été une découverte étonnante: un avion peut réagir étrangement lorsque sa vitesse devient insuffisante, c'est fantastique... Ils ont aimé cette sensation grisante de chute vers le sol dans une machine "en perte de vitesse".

C'est donc maintenant à cet exercice inhabituel que l'équipage du *DC 8* va se livrer. Inhabituel... parce que c'est un gros avion de ligne. Il faut rappeler que la machine pèse plus de 158 tonnes à son poids maximum. Son inertie aux commandes n'est pas comparable à celle d'un petit monomoteur d'école. Pourtant, les lois de l'aérodynamique sont les mêmes pour tous les avions, les petits comme les gros. Et ce qui était valable pour le jeune élève-pilote, l'est tout autant pour le commandant de bord chevronné.

Au cours du vol d'essai qui va avoir lieu, l'équipage commettra une seule erreur mais elle sera énorme et ferait honte à un jeune élève-pilote...

18 heures 05 minutes 37 secondes *(mécanicien navigant)*: *Maintenant on passe à notre série de décrochages...*

C'est le *Flight Engineer* qui vient d'annoncer l'exercice suivant programmé pour le vol d'essai.

Machinalement les navigants vérifient les ceintures de sécurité et leurs harnais d'épaules, juste au cas où...

Le premier décrochage prévu doit se faire "en lisse", c'est-à-dire avec le train d'atterrissage et les volets rentrés. C'est théoriquement la manœuvre qui pose le moins de problème car une fois que l'avion aura décroché, il accélérera très vite et la portance reviendra rapidement.

Dans ce cas, la perte d'altitude est généralement faible. En supposant que le pilote s'y prenne mal et qu'il soit un peu lent à réagir, on peut raisonnablement estimer que la chute ne dépassera pas 3000 pieds. Ce qui est déjà considérable...

A cet instant, le *DC 8* est à 13500 pieds d'altitude et il se trouve au ras de la couche nuageuse. Ce qui signifie qu'il va forcément se retrouver à l'intérieur des nuages pendant le décrochage. De nuit, il faut reconnaître que ce ne sont pas les meilleures conditions météorologiques pour faire ce genre d'exercice, surtout quand on n'est pas un spécialiste.

18 heures 05 minutes 47 secondes *(pilote aux commandes)*: *D'accord. Allons-y pour la grande aventure des décrochages...*

18 heures 05 minutes 51 secondes *(pilote en place droite)*: *Il faut qu'on en fasse deux. Voyons... quelle est notre vitesse actuellement, heu... 188 nœuds. Non 184 nœuds (340 kilomètres à l'heure).*

18 heures 05 minutes 56 secondes *(pilote aux commandes)*: *184 nœuds... On devrait décrocher à... heu 122 nœuds (220 kilomètres à l'heure). Je règle mon bug sur l'indicateur de vitesse.*

Pour effectuer les deux décrochages prévus, l'équipage va tenter d'appliquer à la lettre les procédures en vigueur au sein de la compagnie Airborne Express. Ils vont réduire complètement la poussée des quatre réacteurs, puis faire chuter la vitesse en relevant très lentement le nez du *DC 8*. La décélération recommandée est approximativement d'un nœud par seconde, ce qui signifie qu'il va falloir environ une minute pour amener l'avion à la vitesse de décrochage.

Parmi les vérifications envisagées, il en est une particulièrement importante: il faut noter avec la plus grande précision la vitesse à laquelle l'avion décroche. Normalement, elle doit être de 122 nœuds (215 kilomètres à l'heure).

Cette valeur est repérée à l'avance par un index mobile, le “bug”, que le pilote place sur l'instrument indiquant la vitesse.

18 heures 06 minutes 07 secondes *(pilote aux commandes)*: *OK... Le mien est mis...*

18 heures 06 minutes 10 secondes *(flight Engineer)*: *Le vibreur de manche doit se déclencher à 128 nœuds. Si ça vient avant, vous annoncez la vitesse et je la noterai.*

Le vibreur de manche est un système d'alarme qui déclenche des secousses désagréables dans les commandes. Même si le pilote n'a pas les yeux sur l'indicateur de vitesse, il ne peut ignorer ces violentes vibrations dans les mains. Elles lui indiquent que sa vitesse est trop faible et qu'il risque de décrocher.

Pour des raisons évidentes de sécurité, le vibreur de

manche se déclenche toujours avant que l'avion ne décroche. De cette manière, le pilote a le temps de rétablir la situation, soit en remettant les gaz, soit en diminuant l'angle d'incidence.

En plus de la vitesse de décrochage, le mécanicien navigant doit noter à quelle vitesse le vibreur se déclenche. Dans le cas du *DC 8*, il doit y avoir une différence d'au moins 6 nœuds entre les deux (128-122).

18 heures 06 minutes 14 secondes *(pilote aux commandes)*: *Tu prends la vitesse du vibreur et du décrochage, hein ?*

18 heures 06 minutes 15 secondes *(Flight Engineer)*: *Ouais, vibreur et décrochage, tous les deux...*

18 heures 06 minutes 17 secondes *(pilote au commandes)*: *D'accord.*

18 heures 06 minutes 18 secondes *(pilote place droite)*: *L'astuce pour que ça marche, c'est de ne pas réduire complètement.*

Le pilote en place droite est le plus expérimenté des deux. Il a raison... Un réacteur n'est pas comme un moteur de voiture, il ne suffit pas d'appuyer sur l'accélérateur pour que la puissance arrive immédiatement. Il faut du temps. Et ce temps d'inertie est d'autant plus important que le réacteur fonctionne à bas régime. Comme l'équipage va devoir remettre les gaz rapidement juste avant de décrocher, il est important d'anticiper en faisant tourner les moteurs à un régime suffisant...

18 heures 06 minutes 25 secondes *(pilote en place droite)*: *Je viens de permuter les "igniters" (auto-allumeurs. Je les laisserai branchés pour le décrochage.)*

Une fois encore, "l'ancien" a raison et son conseil est judicieux. Au moment du décrochage, du fait de l'angle d'incidence élevé, l'alimentation en air dans les réacteurs se fait mal et il existe un risque d'extinction de la flamme. Il est donc préférable de laisser le système d'allumage de secours en marche.

Et l'équipage commence l'exercice... L'ambiance s'alourdit imperceptiblement. Le pilote aux commandes tire doucement sur le manche. Pour diminuer les efforts, il utilise le compensateur et les seuls bruits qui résonnent dans le poste de pilotage sont les cliquetis de la roue de trim qui tourne par à-coups. La vitesse diminue. Comme c'était prévu, la décélération est très progressive (moins d'un nœud par seconde). Lentement, l'aiguille de l'indicateur de vitesse revient en arrière.

180 nœuds...

Personne n'a envie de plaisanter. Toujours cette vieille crainte venue des premières heures de vol et qui resurgit dans l'inconscient des navigants. Pour l'instant, le *DC 8* vole encore normalement.

175 nœuds (315 kilomètres à l'heure)...

18 heures 06 minutes 34 secondes *(Flight Engineer)*: *Les pompes de rappel de palonnier sur ON.*

18 heures 06 minutes 36 secondes *(pilote aux commandes)*: *OK.*

18 heures 07 minutes 21 secondes *(pilote aux commandes)*: *On approche! Est-ce que tu m'as dit qu'il ne fallait pas tirer complètement le manche à fond en arrière et puis remettre les gaz, ou bien tu attends seulement.*

En clair, est-ce que je dois rester comme ça en train d'attendre que ça décroche tout seul, ou bien, je mets le manche à fond en arrière et je remets la puissance ensuite.

18 heures 07 minutes 23 secondes *(pilote en place droite)*: *Heu, tu peux faire comme ça. Ça te permettra de ne pas être avec les gaz complètement réduits quand tu approches du décrochage.*

18 heures 07 minutes 25 secondes *(pilote aux commandes)*: *OK, tu réduiras et moi je remets les gaz.*

18 heures 07 minutes 28 secondes *(pilote en place droite)*: *C'est d'accord.*

La procédure de ralentissement a commencé depuis 25 secondes. La vitesse est maintenant de 150 nœuds (270 kilomètres à l'heure). On approche du moment fatidique. Encore une trentaine de secondes et le vibreur de manche va se déclencher.

A l'exception du ralentissement qui s'est fait un peu "mollement", jusqu'ici tout s'est déroulé à peu près normalement.

Les secondes passent.

La vitesse est à 140 nœuds. Le pilote continue à tirer sur le manche. Il sait que l'avion va céder d'un coup et il se prépare à réagir. Comme c'était prévu, il remet un peu de gaz. Le sifflement des réacteurs repart doucement mais la vitesse continue à décroître.

A cet instant précis, la boîte noire (le FDR) indique que l'avion est cabré à plus de 14 degrés d'assiette, ce qui est relativement important pour un avion de ce poids.

130 nœuds...

On y est presque...

Puis tout à coup, le pilote lance une exclamation:

18 heures 08 minutes 06 secondes *(pilote aux commandes)*: *Buffeting!*

Cette fois, c'est parti. L'aiguille du badin est arrivée à 127 nœuds (225 kilomètres à l'heure). Ce n'est plus suffisant pour assurer la sustentation de l'avion... Le buffeting est la première manifestation du décrochage. Le *DC 8* se met à se secouer comme un cheval fou. Visiblement, il n'aime pas ça... Ça vibre et c'est bruyant. Dans un instant, la grosse machine va s'enfoncer.

La bande du *Cockpit Voice Recorder* enregistre nettement le bruit des vibrations qui secouent violemment l'avion. Elles sont d'autant plus sonores que l'appareil est un cargo. A l'arrière, dans la cabine complètement vide, les bruits se répercutent encore plus fort dans cette grande caisse de résonance.

De toute évidence, le buffeting est arrivé un peu plus tôt que prévu. Et surtout, le vibreur de manche n'a pas réagi. Il est évident que le système est en panne (ce sera le seul problème technique survenu au cours du vol mais cela n'a aucune influence sur ce qui va arriver par la suite).

Et puis l'avion décroche franchement. Légers pincements dans la poitrine... Les filets d'air se sont décollés des ailes. Le *DC 8* cesse de voler... Les navigants sentent leur siège se dérober sous leurs fesses.

18 heures 08 minutes 07 secondes *(pilote en place droite)*: *Ouais... C'est un petit peu tôt.*

Au moment précis où le nez "salue", le mécanicien navigant fait parfaitement son travail. Il note avec précision la vitesse et remarque à haute voix l'anomalie survenue au cours de l'exercice.

18 heures 08 minutes 11 secondes *(Flight Engineer)*: *Ça y est, ça décroche... Y'a pas eu le vibreur...*

Voilà, le décrochage a eu lieu... A l'exception du vibreur de manche qui est en panne, tout s'est passé normalement.

Il faut maintenant rétablir l'avion.

Pas vraiment compliqué... Il suffit de remettre la puissance maximale sur les quatre réacteurs et de diminuer l'angle d'incidence en poussant fort sur le manche. C'est-à-dire, faire exactement les gestes que font tous les élèves-pilotes lorsqu'ils entament leur dixième heure de vol sur un petit *Cessna 150.*

Des gestes simples...

Ce ne sont pas exactement ceux que le pilote fera... Au lieu de pousser franchement sur le manche, il va se contenter de relâcher la pression vers l'arrière. Ce qui fait que le nez va rester cabré avec 5 degrés d'assiette. Bien sûr, c'est moins que 14 degrés mais c'est encore très insuffisant pour que le *DC 8* puisse accélérer.

Comme les vibrations ne cessent pas et que l'avion continue à descendre, le pilote décide de remettre les gaz à fond.

18 heures 08 minutes 13 secondes *(pilote aux commandes)*: *On met la puissance maximale.*

Les quatre manettes des gaz repartent en avant et le sifflement des réacteurs s'amplifie de nouveau.

18 heures 08 minutes 14 secondes *(pilote en place droite)*: *133 nœuds.*

18 heures 08 minutes 17 secondes *(Flight Engineer)*: *On a la puissance maximum.*

Avec les quatre moteurs plein gaz, la vitesse est passée de 128 nœuds à seulement 133 nœuds... C'est-à-dire que cela n'a servi à rien... Le problème, c'est que l'avion a toujours le nez en l'air, l'angle d'incidence est très fort et il n'accélère que très peu. Le pilote semble lui-même étonné de constater que la vitesse ne revient pas. Il ne réalise pas que la poussée des réacteurs ne peut rien faire pour lutter contre l'assiette trop cabrée du *DC 8.*

Et l'altitude continue à diminuer!

18 heures 08 minutes 19 secondes ***(pilote aux commandes):*** *140 nœuds, c'est tout ce que j'ai...*

Au lieu de pousser franchement sur le manche, ce qui résoudrait immédiatement tous les problèmes, l'homme garde le manche en secteur arrière.

Les moteurs tournant à plein régime ont évidemment du mal à respirer et les premiers symptômes de "pompage" se manifestent. On entend les coups de canons caractéristiques des ailettes des compresseurs qui peinent.

Aussitôt, sur le tableau de bord, l'instrument du moteur intérieur gauche se met à battre...

18 heures 08 minutes 23 secondes ***(pilote en place droite):*** *C'est le moteur numéro 2.*

A cet instant, le pilote a repoussé le manche vers l'avant mais son mouvement est à peine perceptible et une fois de plus, il ne diminue pas l'angle d'incidence de manière sensible. Ce qui fait que la poussée des moteurs est insuffisante et que l'avion semble se débattre littéralement. Désorienté par ses ruades brusques, le pilote a la mauvaise réaction de tirer de nouveau sur le manche. Ce qui ramène l'assiette à... 20 degrés.

La situation est pire qu'avant d'avoir commencé le décrochage...

Le résultat ne se fait pas attendre, les vibrations reprennent de plus belle. Le nez remonte et replonge aussitôt vers le sol. Puis il se cabre de nouveau et ainsi de suite... Un mouvement appelé "marsouinage" pour rappeler l'image de l'animal sortant de l'eau pour y replonger aussitôt.

Toutes ces ruades ne sont pas sans conséquence. Sur le variomètre, le taux de chute augmente de manière impressionnante. L'altitude diminue.

Et le méchant petit jeu se poursuit... A chaque fois que l'angle d'incidence atteint une valeur trop importante, l'appareil décroche et la réaction du pilote est immédiate, il tire le manche en arrière pour empêcher le nez de tomber. Exactement ce qu'il ne faut pas faire.

Dans le poste de pilotage, tout le monde transpire.

Même le mécanicien navigant encourage le pilote dans son erreur.

18 heures 08 minutes 25 secondes *(Flight Engineer)*: *Retiens-le. Tire dessus.*

On peut aisément excuser la réaction de cet homme qui n'est pas pilote, on comprend moins, en revanche, les réflexes instinctifs du gars qui tient le manche.

La faute est si grosse!

18 heures 08 minutes 26 secondes *(pilote en place droite)*: *Ça y est, tu l'as.*

Pendant une seconde, la vitesse a semblé revenir. L'équipage a cru sortir du cauchemar. Mais dans sa précipitation à rétablir l'avion, le pilote a de nouveau tiré brutalement sur le manche et les réacteurs se sont remis à pomper. Perte de puissance, nouvelle abattée du nez. Le manège infernal recommence.

Depuis le début du décrochage, chaque action du pilote est exécutée à contretemps et en dépit du bon sens. Quand il faudrait pousser... il tire. Et quand il aurait la possibilité de tirer... il relâche la pression sur le manche.

L'équipage a la sensation de vivre un cauchemar éveillé... Et dire que la manœuvre devait s'effectuer avec un minimum de perte d'altitude.

Maintenant, l'avion n'est plus qu'à 8000 pieds et ça continue à chuter.

18 heures 08 minutes 30 secondes *(pilote en place droite)*: *Tu peux lui laisser perdre un peu d'altitude. Laisse-le descendre.*

Le conseil de l'ancien est bon... C'est exactement ce qu'il faudrait faire: ne pas tirer... laisser l'avion descendre le nez bien bas pour que la vitesse revienne et tout va rentrer dans l'ordre. On peut raisonnablement se demander pourquoi l'homme ne reprend pas lui-même les commandes au lieu de parler. Car en définitive, c'est aussi de sa vie dont il est question.

18 heures 08 minutes 32 secondes *(pilote aux commandes)*: *J'ai... le... contrôle...*

Cette dernière phrase a été prononcée de manière complètement hachée. Le buffeting de l'avion est tel que l'homme a du mal à parler. Et contrairement à ce qu'il affirme, il n'a pas du tout le contrôle de son appareil. Ça va même de plus en plus mal. Le nez monte et descend et l'angle d'incidence atteint des valeurs phénoménales.

Au même moment, on entend une nouvelle fois les coups de canons caractéristiques des compresseurs qui "pompent"... Le pilote se précipite alors sur les manettes de gaz et il réduit tout.

Puis il repasse plein gaz.

Visiblement, la panique n'est pas loin et l'homme fait n'importe quoi.

18 heures 08 minutes 36 secondes *(pilote en place droite)*: *Un peu de pied*

18 heures 08 minutes 39 secondes *(pilote aux commandes)*: *D'accord.*

18 heures 08 minutes 40 secondes *(pilote en place droite)*: *OK...*

La bille était légèrement décentrée et “l'ancien” a eu peur que cette dissymétrie ne provoque un départ en vrille. C'est une bonne réaction mais ce n'est pas la raison profonde de ce qui leur arrive actuellement. D'ailleurs, cela ne rétablit pas la situation pour autant, l'altimètre franchit la barre symbolique des 10000 pieds.

18 heures 08 minutes 42 secondes *(pilote en place droite)*: *Commence à relever le nez.*

18 heures 08 minutes 43 secondes *(pilote aux commandes)*: *Je l'ai...*

Il n'a rien du tout... Pour une fois, le conseilleur n'a pas été bon. Il est évident que plus les secondes passent et plus il devient difficile de piquer vers le sol car même si on ne voit rien à cause de la nuit, chacun sait que la planète se rapproche dangereusement.

18 heures 08 minutes 45 secondes *(pilote en place droite appelant le contrôle aérien)*: *Contrôle ici ABX... heu... 827. On est en descente.*

Doux euphémisme pour dire que l'avion perd de l'altitude comme une brique en chute libre. La voix est calme, le ton est presque anodin comme s'il s'agissait d'annoncer que le vol se termine et que l'équipage commence une descente volontaire pour revenir à l'aéroport.

D'ailleurs, le contrôleur le comprend ainsi et demande à

l'équipage de changer avec le contrôle qui gère les avions en approche à basse altitude.

18 heures 08 minutes 50 secondes *(contrôleur)*: *Reçu ABX 827, changez avec Indianapolis, fréquence 128.40.*

L'homme devant son écran radar est loin d'imaginer que là-haut dans le ciel, un drame est en train de se dérouler.

18 heures 08 minutes 52 secondes *(pilote en place droite)*: *Doucement sur le palonnier...*

18 heures 08 minutes 53 secondes *(pilote aux commandes)*: *Est-ce que l'amortisseur de lacet est On ?*(7)

18 heures 08 minutes 54 secondes (pilote en place droite): *Amortisseur de lacet On.*

Les réacteurs étant sujets au pompage, les poussées sont irrégulières et dissymétriques, ce qui engendre des coups de lacet imprévisibles. C'est surtout le moteur numéro 2 qui supporte mal le manque d'air. C'est un peu comme si le pilote mettait brutalement du pied à droite à et gauche. On comprend pourquoi l'homme s'inquiète de savoir si le système fonctionne. Il se dit que l'amortisseur peut éviter ces coups brutaux dans la direction et empêcher que l'avion ne parte en vrille. Car, c'est à présent un des risques majeurs(8).

Le bruit désagréable des vibrations augmente. L'avion vibre comme s'il roulait sur de la tôle ondulée. Il chute de plus en plus vite...

(7) L'amortisseur de lacet ou Yaw Damper est un système destiné à éviter que les passagers situés à l'arrière de l'avion ne soient secoués lorsque le pilote agit brutalement sur la direction.
(8) Il est déjà arrivé que des avions de ligne partent en vrille avec des passagers à bord. Voir : FRISSONS DANS LE CIEL même auteur aux Éditions Altipresse.

Au sol, le contrôleur radar s'inquiète de n'avoir reçu aucun accusé réception à sa demande de changement de fréquence. Il réitère donc ses instructions.

18 heures 08 minutes 58 secondes *(contrôleur)*: *ABX 827... Changez avec Indianapolis 128.4.*

Le problème, c'est que l'équipage n'est absolument pas en conditions pour manipuler ses radios. Il a d'autres soucis bien plus urgents à régler. Le premier d'entre eux étant de remettre en vol rectiligne, cet avion qui plonge toujours vers le sol.

18 heures 09 minutes 02 secondes *(pilote en place droite parlant à la radio)*: *Ici ABX 827, nous allons rester sur cette fréquence une minute... Heu, nous sommes en train de passer 8000 pieds en descente.... On vous rappelle tout de suite.*

Puis immédiatement, il ajoute pour l'homme qui tient toujours les commandes aussi maladroitement.

18 heures 09 minutes 07 secondes *(pilote en place droite)*: *Le nez en bas... La puissance... Tu vas...*

Cette fois le contrôleur a compris qu'il se passait quelque chose d'anormal à bord du *DC 8.* D'autant que sur son écran radar, les chiffres de l'alticodeur(9) se mettent à défiler rapidement. Il rappelle aussitôt d'une voix très inquiète.

18 heures 09 minutes 10 secondes *(contrôleur)*: *ABX 827, vous êtes en descente d'emergency.*

18 heures 09 minutes 12 secondes *(pilote en place droite)*: *Oui monsieur...*

(9) L'alticodeur, permet au contrôleur radar de savoir exactement à quelle altitude se trouve un avion.

La voix est cassée par l'émotion. Le contrôleur comprend immédiatement que l'affaire est sérieuse.

18 heures 09 minutes 14 secondes *(contrôleur)*: *OK... heu est-ce que vous pouvez maintenir 7000 pieds ?*

L'équipage n'a plus le temps de répondre, le taux de chute de l'avion augmente. La situation empire de seconde en seconde. L'angle d'incidence est de plus en plus fort car à mesure que l'altitude diminue, le pilote a évidemment tendance à "refuser le sol". Ce faisant il tire de plus en plus fort sur le manche alors qu'il faudrait faire exactement le contraire.

On est en train de rentrer dans un cercle vicieux. Pour s'en sortir de cette situation, il faut piquer et comme l'avion n'est plus assez haut, s'il pique trop fort, il va percuter le sol...

18 heures 09 minutes 17 secondes *(pilote en place droite)*: *Maintenant on a besoin de puissance. Tu peux utiliser seulement les extérieurs (les réacteurs numéros 1 et 4) si le numéro 2 te pose des problèmes.*

Immédiatement, on entend le sifflement des moteurs qui s'amplifie. L'altimètre indique 7000 pieds. Le *DC 8* perd toujours de l'altitude...

18 heures 09 minutes 22 secondes *(pilote aux commandes)*: *OK !*

Mais la poussée de deux réacteurs est insuffisante pour sortir l'avion de cette position.

L'altimètre indique alors 6000 pieds...

Alors le "conseilleur" revient sur sa décision.

18 heures 09 minutes 24 secondes *(pilote en place droite)*: *Heu... La poussée sur le numéro 2.*

Ça va de plus en plus mal... L'équipage n'a toujours pas

compris qu'il ne s'agit pas d'un problème de puissance mais d'un problème d'angle d'incidence. Et plus les secondes passent et plus, la porte de secours se rétrécit.

Le sol approche. Altitude 5000 pieds...

Cette fois, les deux hommes paniquent. Ils commencent à faire n'importe quoi. Les quatre réacteurs sont réduits brutalement puis on repousse les manettes de gaz en avant. Chaque moteur pousse par à-coups et les compresseurs n'en peuvent plus à force de pompage.

Non seulement l'avion vibre mais il est secoué de méchants coups de lacet que le *Yaw Damper*(10) ne parvient même plus à amortir. Du coup, l'avion s'incline alternativement à droite et à gauche. Au tableau de bord, la bille se balance comme une boule de flipper.

18 heures 09 minutes 28 secondes *(pilote en place droite)*: *Palonnier... Palonnier...*

18 heures 09 minutes 28 secondes *(pilote aux commandes)*: *Je l'ai...*

18 heures 09 minutes 29 secondes *(pilote en place droite)*: *Palonnier gauche...*

18 heures 09 minutes 30 secondes *(pilote aux commandes)*: *Palonnier gauche enfoncé.*

Dialogue pathétique de deux hommes en train de lutter pour garder la bille au milieu alors que l'avion est en train de se rapprocher du sol avec un taux de chute qui avoisine maintenant 5000 pieds par minute: la maison brûle et les proprié-

(10) Amortisseur de lacet. Système atténuant les actions brusques que le pilote peut faire sur la direction. Le but est d'éviter que les passagers ne soient trop secoués latéralement.

taires enfermés à l'intérieur cherchent à mettre les allumettes en lieu sûr !

18 heures 09 minutes 32 secondes *(pilote en place droite)*: *OK doucement. Ne fais pas... Maintenant, ramène le pied.*

Soudain l'alarme du GPWS[11] se déclenche. Cela signifie que l'avion est à moins de 300 pieds du sol. Il est beaucoup trop tard à présent pour tenter quoi que ce soit. Les six occupants du DC 8 sont perdus...

18 heures 09 minutes 37 secondes *(voix de synthèse)*: *Le sol... Le sol... Attention... Attention... remise de gaz.*

18 heures 09 minutes 38 secondes: *Bruit de l'impact.*

18 heures 09 minutes 39 secondes: *Fin de l'enregistrement.*

Au sol, trois passants marchent dans la rue principale de Narrows dans le comté de Giles (Virginie). Courbés par la pluie glaciale qui leur cingle le visage, ils sont pressés de rentrer chez eux. Tout à coup, leur attention est attirée par un vacarme inhabituel. On dirait un bruit de canonnade très rapide. Intrigués, les témoins lèvent la tête et cherchent vers le ciel ce qui peut bien provoquer un tel vacarme.

Malgré la nuit, ils aperçoivent alors les feux de position d'un avion de ligne. Il est à l'Ouest de la ville. L'appareil vient de sortir des nuages et il pique vers le sol avec un angle de descente impressionnant. Puis soudain il y a un bruit sourd au loin dans la montagne.

L'horizon s'illumine d'une violente explosion.

L'avion vient de percuter le versant Sud de White River Mountain, un relief haut de 4200 pieds... C'est le nez qui a

(11) Ground Proximity Warning System : avertisseur de proximité du sol.

touché en premier avec une assiette à piqué de 26 degrés. Puis l'aile gauche a accroché le sol. Elle a creusé un énorme cratère qui s'est transformé en sillon au travers des arbres du flanc de la colline. L'appareil est entièrement pulvérisé dans l'impact...

Aucun des occupants de l'appareil ne survivra...

Le déroulement de ce crash étonnant appelle quelques remarques.

Depuis le moment où l'équipage a commencé l'exercice de décrochage, il s'est écoulé... une minute et 32 secondes. Pendant ce laps de temps considérable, l'homme aux commandes a eu “tout faux” du début à la fin... Le fait que le vol se fasse la nuit et dans la couche nuageuse n'a pas facilité les choses mais tout de même, l'erreur est grossière. L'expérience relative de son collègue de droite ne lui aura été d'aucune utilité puisqu'à aucun moment, ce dernier n'a jugé utile de reprendre les commandes. Étrange inertie de réactions!

Ce n'était pas la première fois qu'un avion de ligne avait des problèmes en faisant un exercice de décrochage. En 1991, au cours d'un vol d'essai, un *DC 8* modifié de la même manière avait déjà eu des difficultés à sortir de la configuration. Après quelques hésitations, l'équipage avait fini par réagir correctement. Par la suite, les procédures de sortie de décrochage avaient été modifiées. Les pilotes avaient été informés qu'il était capital de pousser encore plus fort sur le manche pour diminuer l'angle d'incidence.

Les enquêteurs ont constaté que les exercices effectués dans le simulateur d'Airborne Express ne reproduisaient pas exactement les conditions réelles du décrochage en vol.

La panne du vibreur de manche n'a pas été le facteur

déterminant du crash. Cependant si le système d'alarme avait fonctionné, il aurait attiré en permanence l'attention du pilote sur la valeur incroyable de l'angle d'incidence pendant toute la phase critique. Malgré sa maladresse, ce dernier aurait de lui-même cherché à faire cesser le vibreur. Pour cela, il aurait certainement diminué l'incidence de manière significative, ce qu'il n'a jamais fait réellement.

Pour certains, le décrochage restera toujours une manœuvre dangereuse...

LES DEUX BOEING 747
SE PERCUTENT

La catastrophe la plus meurtrière de toute l'histoire de l'aviation.

Tenerife
27 mars 1977
Vol charter PanAm 1736.

Le commandant Victor Grubbs est de très mauvaise humeur. Le dernier contact radio qu'il vient d'avoir avec le contrôle de Las Palmas lui a appris que son atterrissage y était impossible pour le moment. Deux heures plus tôt, une bombe a explosé dans l'aérogare et les installations sont fermées. Les services d'entretien de l'aéroport sont en train de travailler d'arrache-pied pour remettre les équipements en état de marche. Les policiers veulent également s'assurer que ce n'est pas un piège et qu'il n'y a pas une seconde bombe dissimulée quelque part.

D'après le contrôleur, ça ne devrait plus durer très longtemps, une demi-heure tout au plus mais en attendant, pour le *Boeing 747*, les instructions sont de se dérouter sur l'aéroport Los Rodeos de Tenerife.

Le pilote tente de discuter cette décision qui lui paraît stupide... Pourquoi l'envoyer à Tenerife si la réouverture de l'aéroport de Las Palmas est imminente? Il n'a vraiment aucune envie d'aller se poser sur cette petite île située à moins de 70 kilomètres de sa destination. Ça ne rime à rien d'autant qu'il a suffisamment de carburant pour se mettre en attente en vol à proximité jusqu'à ce que les choses s'arrangent.

Le *Boeing* est un charter qui arrive de Los Angeles via New York et cela fait près de 8 heures que son équipage est aux commandes. Tout le monde à bord est fatigué. Si on le déroute vers Tenerife, cela va se traduire par un minimum de trois heures de galère supplémentaire. S'il se met en attente, il en a pour une demi-heure au maximum.

Mais le commandant Grubbs a beau palabrer avec le contrôleur pour tenter de le faire fléchir, ce dernier refuse catégoriquement de le laisser en vol. Les instructions sont sans appel: allez atterrir à Tenerife...

La mort dans l'âme, le pilote met donc le cap sur cette petite île des Canaries située à l'Ouest de sa première destination. Il saisit le *Public Adress* et informe les 380 passagers qu'il transporte de ce qui arrive(1). Pour ne pas les effrayer inutilement, il évite malgré tout de donner trop de détails au sujet de la bombe et se contente de parler d'événements indépendants de sa volonté l'obligeant à se dérouter momentanément vers Tenerife. En cabine, la nouvelle est accueillie par un murmure de protestations mêlées de déception... Après toutes ces heures de vol, les touristes américains envisageaient l'atterrissage à Las Palmas comme une véritable délivrance.

(1) Avec les 16 membres d'équipage le 747 américain transporte un total de 396 personnes.

A 14 heures 15 GMT, le vol PanAm 1736 se présente donc en finale pour la piste 30 de l'aéroport de Los Rodeos de Tenerife. Pour le *Jumbo Jet*, l'atterrissage ne présente aucune difficulté particulière puisque la bande de ciment mesure 3400 mètres de longueur. C'est beaucoup plus qu'il ne lui en faut.

Le commandant de bord a tout juste posé les roues de son appareil sur le sol espagnol qu'il remarque l'encombrement inhabituel qui règne sur les parkings: on se croirait à Chicago.

Devant la tour se trouvent une dizaine de *Boeing 737*, deux *727*, un *DC 8*, un *Fokker 27*. Tous ces appareils entremêlent leurs ailes dans un capharnaüm étonnant. Visiblement, c'est la pagaille et les responsables de l'aéroport improvisent dans l'urgence.

Tout au fond vers l'extrémité de la piste 12, on aperçoit même une autre *Boeing 747* aux couleurs de la compagnie hollandaise KLM. Celui-ci est garé devant trois autres avions appartenant à des compagnies européennes.

Il est évident que cet embouteillage exceptionnel est la conséquence de la fermeture temporaire de Las Palmas. Tous les avions sans exception sont déroutés et les contrôleurs espagnols gèrent le trafic au gré des arrivées. Du coup, ils n'ont pas trouvé d'autres solutions que de garer les avions sur les taxiways.

Le commandant Grubbs se dit que si l'aéroport de Las Palmas ne rouvre pas très rapidement, tous ces avions vont devoir passer la nuit ici. Et ça promet d'être très difficile. Les hôtels de l'île n'auront jamais assez de chambres pour loger les milliers de passagers imprévus. Il faudra les faire coucher par terre dans l'aérogare... Trouver des couvertures... Assurer leur nourriture. C'est une nuit de cauchemar qui se prépare à Tenerife...

C'est la raison pour laquelle, alors qu'il s'engage vers les parkings bondés, le commandant Grubbs n'a qu'une idée en tête: repartir le plus vite possible de ce petit aéroport absolument inadapté pour recevoir autant de trafic...

– Où voulez-vous que je me gare, PanAm 1736?

Après quelques secondes d'hésitation, le contrôleur lui demande d'aller se mettre sur le point d'attente de la piste 12 en quatrième position derrière le *Boeing 747* de la KLM et les trois autres avions de ligne.

Le point d'attente n'est pas davantage un parking... C'est une aire dégagée située juste au bord de la piste. En temps normal, c'est là que les avions attendent leur tour avant de décoller.

Lentement, l'énorme *Jumbo-Jet* américain vient donc se mettre sur le holding point à 45 degrés de l'axe de roulage et il coupe ses quatre réacteurs. Un petit mot rassurant à l'intention de ses passagers pour leur demander de rester assis à leur place et surtout pour les informer qu'ils repartiront dès que l'aéroport de Las Palmas sera de nouveau opérationnel. Ce qui, d'après lui, ne saurait tarder...

Dans l'autre *Boeing 747* hollandais garé un peu loin sur le point d'attente, le commandant s'appelle Jacob Van Zanten. L'appareil est immatriculé PH-BUF et son numéro de vol est KLM 4805. C'est aussi un charter. Pour le pilote, la situation n'est pas très brillante... Il est confronté aux mêmes contraintes que son homologue américain mais en pire.

Tout d'abord, il est arrivé 45 minutes avant lui et il commence à trouver le temps long. D'autre part, il doit faire face à des obligations syndicales concernant les horaires de travail. Sur ce point, la législation hollandaise est très stricte.

Elle ne l'autorise pas à dépasser un certain nombre d'heures de vol pour son équipage. Or, il est en train de perdre un temps précieux et sa journée est loin d'être terminée. Après son atterrissage à Las Palmas, le *Boeing* doit encore rentrer à Amsterdam, ce qui représente un minimum de quatre heures de vol. Si l'attente à Tenerife dure trop longtemps, il ne sera pas autorisé à repartir aujourd'hui pour la Hollande. Les problèmes seront alors énormes aussi bien pour lui que pour la compagnie KLM. Il faudra modifier complètement le planning des vols, remplacer l'avion manquant à Amsterdam et trouver une solution pour loger sur place tous les passagers de ce charter. Et ils sont 234 à bord ![(2)]

Contrairement au *Boeing* américain, le commandant hollandais a commis l'erreur de laisser ses touristes débarquer dans l'aérogare pour qu'ils se dégourdissent les jambes. Maintenant, il le regrette car cela va prendre beaucoup de temps pour les rassembler et procéder à un nouvel embarquement.

On l'aura compris la situation des commandants des deux mastodontes est complexe mais c'est le hollandais qui a le plus de soucis à se faire.

A toutes ces difficultés viennent s'ajouter une autre particulièrement gênante : à **14 heures 25**, le ciel commence à se charger vers l'ouest. Une épaisse nappe de brouillard semble venir vers la piste. Le phénomène est bien connu sur l'île : ce sont des rentrées maritimes d'air froid qui provoquent de soudaines chutes du plafond nuageux. En quelques minutes, la visibilité au sol peut descendre à moins de 50 mètres et dans ce cas, tous les décollages deviennent impossibles.

(2) Avec les 14 membres d'équipage, le 747 hollandais transporte un total de 248 personnes.

Or le brouillard semble se rapprocher !

Alors, parmi les navigants cloués au sol, tout le monde attend en priant pour qu'à 70 kilomètres de là, les spécialistes fassent très vite pour remettre l'aéroport en état de fonctionner.

Apparemment, les Espagnols ont compris l'extrême urgence de la situation puisqu'à **14 heures 30,** (soit seulement 15 minutes après l'atterrissage du *Boeing* américain !), la tour de contrôle de Tenerife contacte tous les avions au sol pour leur dire que l'aéroport de Las Palmas est de nouveau opérationnel.

Soupir de soulagement dans les postes de pilotage et ruée sur les fréquences pour obtenir rapidement la réactivation des plans de vol.

Le premier à demander l'autorisation de mettre ses moteurs en route est bien entendu le *Boeing 747* de la PanAm. Le commandant Grubbs possède un gros avantage sur ses collègues: ses passagers sont toujours à bord et logiquement, il lui suffirait de remettre ses moteurs en route pour pouvoir partir.

Pas de chance pour l'Américain ! Il est maintenant coincé de tous les côtés. Quatre avions devant lui et deux derrière. Et le *Jumbo Jet* est beaucoup trop gros pour se faufiler au milieu des autres avions comme un petit *737*. Malgré l'insistance du commandant de bord, le contrôle l'informe qu'il ne lui sera pas possible de quitter le point d'attente avant que les taxiways soient complètements libérés.

Aucune solution, c'est bouché partout.

Lorsque le commandant américain demande dans combien de temps il peut espérer pouvoir rouler, le contrôleur espagnol lui réplique d'une voix pressée.

– Je crois qu'il faudra au minimum deux heures pour qu'on puisse libérer complètement les taxiways.

Pourtant, maintenant qu'il est certain de pouvoir repartir, le commandant Grubbs ne le prend pas trop mal. D'abord parce qu'il n'y a pas d'autre solution pour lui que d'attendre que le passage se libère. Il ne peut pas rouler dans l'herbe avec un avion de 350 tonnes. Ensuite parce qu'il sait que lorsqu'il atterrira à Las Palmas, sa longue journée de travail sera terminée. Il n'aura rien d'autre à faire que de rejoindre son luxueux hôtel où il pourra prendre deux jours de repos bien mérités.

Et puis de toute façon, il n'y a pas qu'au sol que ça coince... Le ciel est également très embouteillé. En effet, avec la réouverture de l'aéroport, tous les avions en attente sur les îles se précipitent pour atterrir. L'espace aérien autour de Las Palmas ressemble à l'autoroute du Sud, un jour de départ en vacances.

Le temps passe... L'équipage du PanAm 1736 patiente sans bouger de son poste. Un à un, les avions de ligne mettent en route et se dirigent vers la piste 30 pour décoller.

Ce n'est que deux heures plus tard que la tour de contrôle informe enfin le commandant Grubbs qu'il lui sera possible de décoller aux environs de 17 heures. Car ça commence à se dégager autour de lui... Le dernier obstacle à leur départ est le *Boeing 747* hollandais qui leur bouche encore le passage vers la piste. Mais ça ne devrait plus tarder: les bus sont aux pieds des escaliers en train d'embarquer les derniers passagers.

Le contrôleur au sol, prévient Grubbs que s'il veut accélérer son décollage, il devra rouler juste derrière le Hollandais.

L'Américain est d'accord... Ce n'est pas un problème

pour lui et il comprend que les contrôleurs sont obligés de se débrouiller comme ils le peuvent avec l'espace disponible au sol.

Le vrai problème, c'est plutôt la météo. Au cours de l'après-midi, le sommet du Roque Negro au Sud de l'aéroport a complètement disparu dans les nuages... Maintenant, le brouillard envahit tout. Le commandant jette un coup d'œil vers la nappe opaque qui recouvre la moitié de la plate-forme. Il faut faire un gros effort d'imagination pour réaliser que l'île de Tenerife se trouve à la même latitude que le Maroc et que le désert du Sahara n'est pas loin... On se croirait à Londres en plein mois de décembre. De toute évidence, le mauvais temps évolue si rapidement que le décollage ne va pas être une partie de plaisir.

On sert des cafés dans le poste de pilotage... Cela fait maintenant près de 11 heures que tout l'équipage est au travail. Vivement l'atterrissage à Las Palmas, car la fatigue commence à se faire sentir sérieusement.

A l'arrière, en cabine, on n'entend plus aucun bruit. Les passagers se sont endormis dans leur siège. Ils sont assommés par le décalage horaire. Il faut dire que le décollage de Los Angeles a eu lieu la veille à 20 heures locales et que les malheureux ont passé la nuit entière dans l'avion.

A mesure que les minutes passent, le commandant Grubbs est de plus en plus soucieux...

Pourvu que ce brouillard ne l'empêche pas de décoller... Il s'épaissit... A présent, on voit à peine les balises lumineuses qui matérialisent les chemins de roulement au sol. Le dernier bulletin de la station météo donne un vent du nord de 15 nœuds et une visibilité au sol de 400 mètres. Ça commence à être terriblement juste. Si seulement le gars de la

KLM n'avait pas barré le passage au *747*, il y a déjà longtemps qu'il aurait fichu le camp et serait posé à Las Palmas.

Enfin à **16 heures 51**, le *Boeing* hollandais a terminé l'embarquement de ses passagers et il obtient l'autorisation de mettre ses réacteurs en route.

Aussitôt, le commandant Grubbs comprend que l'heure est enfin venue pour lui de se libérer du piège dans lequel il est empêtré depuis près de deux heures et demie... A **16 heures 52 minutes et 10 secondes,** il demande à son tour la mise en route.

La réponse de la tour de contrôle est quasi instantanée:

– *PanAm 1736, you are clear to start, report ready for taxi. For your information, you will have to backtrack behind the other 747 and leave the runway third taxiway to your left*(3).

Le commandant acquiesce brièvement et fait signe à son copilote qu'il ne faut pas traîner à lancer les réacteurs.

Presque par réflexe, il sort sa carte de roulage et examine le cheminement au sol que les contrôleurs viennent de lui indiquer. C'est le suivant: les deux avions vont s'engager l'un derrière l'autre sur la piste de décollage. Comme ils doivent décoller en piste 30, ils vont devoir remonter à faible vitesse les 3400 mètres de ciment. Évidemment, étant donnée la visibilité réduite, il ne doivent pas se suivre trop près l'un derrière l'autre pour ne pas risquer de se tamponner.

Le Hollandais ira tout droit jusqu'au bout de la piste. Lorsqu'il y sera, il fera demi-tour et se mettra en position de

(3) PanAm 1736, vous êtes autorisé à mettre en route. Rappelez prêt pour le roulage. Pour votre information, il vous faudra remonter la piste derrière l'autre 747 et quitter par le troisième taxiway sur votre gauche.

décollage. Il lui faudra alors attendre que l'Américain ait dégagé par le taxiway 3. A ce moment-là, il pourra mettre les gaz.

Pendant que le Hollandais décollera, le *747* de la PanAm cheminera le long du taxiway parallèle à la piste pour aller se mettre à son tour en position de décollage (voir schéma page suivante). Un peu compliqué comme procédure mais vu la taille des deux *Jumbo-Jet* et le nombre d'avions sur l'aéroport, il n'y a pas moyen de faire autrement pour accélérer l'écoulement du trafic.

Le problème, c'est qu'avec le brouillard qui augmente, personne ne voit rien. La tour n'a aucun contact visuel avec les avions et les *747* ne se voient pas davantage. Et comme Tenerife est un petit aéroport, il n'y a pas de radar sol qui pourrait guider les avions au roulage.

A 16 heures 54 et 22 secondes, le *Boeing* hollandais a terminé la mise en route de ses moteurs. Une minute plus tard, il reçoit enfin l'autorisation de s'engager sur la piste 12. Lentement, il lâche les freins et commence à remonter la longue bande cimentée qui va l'amener jusqu'à l'extrémité de la 30(4).

Dans son poste de pilotage, le commandant Grubbs voit l'énorme dérive de son collègue tourner sur place et disparaître dans la brume.

A son tour, il contacte alors la fréquence sol et annonce qu'il est prêt lui aussi à rouler. Ça ne l'enchante pas vraiment de s'engager derrière l'autre *747* avec si peu de visibilité mais

(4) La 12 est opposée à la 30. C'est en fait la même piste vue des deux extrémités l'une est orientée au cap 120 (12) et l'autre est orientée au cap 300 (30).

PISTES ET TAXIWAYS DE L'AÉROPORT DE TENERIFE

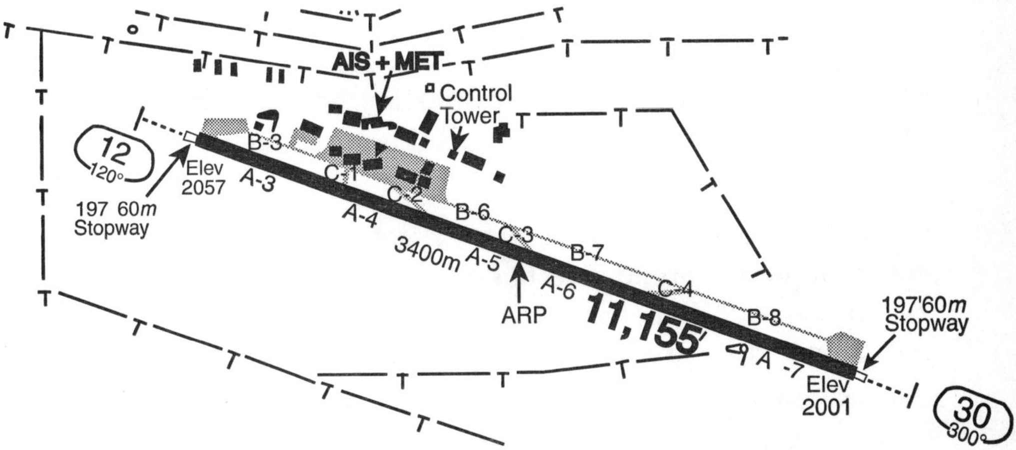

le contrôleur semble insister pour procéder ainsi. D'après lui, cela accélérera le désengorgement de l'aéroport d'expédier immédiatement les deux *Jumbos* l'un après l'autre...

Le commandant Grubbs lâche à son tour les freins et tourne immédiatement par la droite pour s'engager sur la piste. Il préfère rouler très lentement. Mieux vaut laisser le collègue prendre de l'avance...

Instinctivement, il jette un coup d'œil par le pare-brise latéral gauche pour tenter d'apercevoir la tour de contrôle, mais il ne voit rien. Quant au *747* hollandais, il a disparu définitivement dans le brouillard. Grubbs n'aime pas ça. Il est dans une sorte de ouate laiteuse qui recouvre rapidement son pare-brise de minuscules gouttelettes d'humidité. Ses seuls points de repère pour rouler sont les balises lumineuses bleues qui bordent le taxiway, mais il faut vraiment plisser les yeux pour les apercevoir.

Avant de pénétrer sur la piste, le commandant fait signe à son copilote de prendre le micro pour obtenir l'autorisation de *Backtrack*(5). Pénétrer sur une piste sans autorisation est une grosse faute, mais aujourd'hui ce serait encore plus grave car il y a déjà un autre appareil engagé.

Avec cette visibilité nulle, Grubbs ne tient pas à faire la moindre erreur.

A partir de cet instant, nous suivons l'enregistrement réalisé par les *Cockpit Voice Recorder* des deux *Jumbo Jet.* Nous

(5) Remonter la piste en sens inverse au lieu d'utiliser les taxiways. Cette procédure est rarement utilisée sur les grands aéroports qui possèdent de très nombreux chemins de roulement. Par contre, la plupart des aéroports à faible trafic demandent souvent aux avions de remonter la piste, soit parce les taxiways ne sont pas assez larges ou parce qu'ils ne sont pas suffisamment résistants pour supporter des appareils très lourds.

allons analyser l'énorme erreur qui va être commise par l'un des deux commandants de bord. Elle est terrible et va provoquer la plus grande catastrophe aérienne que le monde du transport aérien ait jamais connue.

L'indicatif radio du *Boeing 747* américain est Clipper 1736. C'est le copilote qui s'occupe de la radio et le commandant Grubbs qui est aux commandes.

L'indicatif du *Boeing* hollandais est KLM 4805. C'est également le copilote qui est à la radio et le commandant de bord qui tient les commandes.

17 heures 01 minutes 57 secondes *(copilote PanAm)*: *Tenerife, ici Clipper 1736, vous nous recevez ?*

17 heures 02 minutes 01 seconde *(Tour de Tenerife)*: *Je vous écoute Clipper 1736.*

17 heures 02 minutes 03 secondes *(copilote PanAm)*: *Heu, on nous a dit de vous contacter pour remonter la piste, c'est d'accord ?*

17 heures 02 minutes 08 secondes *(tour de Tenerife)*: *Affirmatif. Pénétrez sur la piste et sortez par le taxiway numéro 3. Troisième à votre gauche.*

Les paroles du contrôleur sont assez difficiles à comprendre. D'une part, parce que son accent anglais est très approximatif et d'autre part, parce qu'il y a beaucoup de monde avec lui dans la tour de contrôle. Chacun y parle en même temps à haute voix. Toutes ces conversations parasites repassent dans le micro du contrôleur et gênent la compréhension du message. C'est un détail qui peut paraître anodin mais qui aura pourtant une certaine importance dans le déroulement du drame.

17 heures 02 minutes 16 secondes *(copilote)*: *Troisième à gauche, d'accord.*

17 heures 02 minutes 18 secondes *(mécanicien navigant)*: *Il a dit troisième ?*

17 heures 02 minutes 19 secondes *(commandant)*: *Troisième ???*

17 heures 02 minutes 21 secondes *(tour de Ténérife)*: *Sixième sur votre gauche.*

17 heures 02 minutes 22 secondes *(commandant)*: *Je pense qu'il a dit première !*

Le commandant Grubbs est comme un automobiliste engagé sur une autoroute qu'il ne connaît pas. Il ne veut surtout pas manquer la bonne sortie en confondant first et third. Cette demande traduit bien le sentiment qui anime le pilote en ce moment: il n'est pas vraiment à l'aise de se trouver sur cette piste de décollage déjà occupée par un appareil qu'il ne peut pas apercevoir. Visiblement, ça le rassurerait de quitter cet endroit le plus tôt possible. L'idéal serait donc de sortir par la première bretelle et non pas par la troisième.

17 heures 02 minutes 26 secondes *(copilote)*: *Je vais lui redemander.*

L'équipage du *Boeing 747* américain est particulièrement méticuleux. Dans cette purée de pois, les trois hommes préfèrent prendre toutes les précautions avant de s'engager n'importe où. C'est la raison pour laquelle le copilote va attendre d'arriver à la prochaine sortie de taxiway pour redemander des précisions sur l'endroit où il doit quitter la piste.

Plus aucune trace du *747* hollandais qui doit se trouver maintenant loin devant eux. Pour le moment, le gars doit être à l'écoute sur la même fréquence mais il ne parle pas...

17 heures 02 minutes 32 secondes *(copilote)*: *Normalement, ça doit être sur la gauche.*

17 heures 02 minutes 33 secondes *(commandant)* : *Je me demande s'ils vont avoir les minima pour décoller.*

A juste titre, le commandant Grubbs se fait du souci à cause du brouillard qui s'épaissit de minute en minute.

Le décollage peut être effectué avec une visibilité plus faible que l'atterrissage mais chaque compagnie possède des minima qu'il est impératif de respecter. Si la visibilité devient trop faible, personne ne pourra partir.

17 heures 02 minutes 39 secondes *(commandant)* : *Qu'est-ce qui s'est vraiment passé là-bas aujourd'hui ?*

Le commandant vient de s'adresser à deux employés de la compagnie qu'il a embarqués au cours de son escale forcée. Les deux hommes sont assis juste derrière lui sur les deux strapontins du poste de pilotage.

17 heures 02 minutes 41 secondes *(employé PanAm)* : *Ils ont mis une bombe dans le terminal, monsieur. Exactement à l'endroit où il y a tous les comptoirs d'enregistrement.*

17 heures 02 minutes 46 secondes *(commandant)* : *Eh bien ! On leur a demandé si on pouvait faire une attente en vol et ils ont pas voulu. Vous savez qu'ils nous ont demandé d'atterrir ici.*

17 heures 02 minutes 49 secondes *(employé)* : *Temps de perdu pour vous...*

L'homme ne termine pas sa phrase car dans la radio, on entend le contrôleur qui appelle l'autre 747.

Du coup, le commandant Grubbs dresse l'oreille pour connaître la position exacte de l'avion qui le précède.

17 heures 02 minutes 50 secondes *(contrôleur pour le Boeing de la KLM)* : *KLM 4805... Heu combien de taxiways avez-vous passé*

17 heures 02 minutes 55 secondes ***(KLM 4805)*** **:** *Je pense que nous venons de passer la quatrième bretelle maintenant.*

17 heures 02 minutes 59 secondes ***(Tour de Tenerife)*** **:** *OK, quand vous arriverez à la fin de la piste, faites demi-tour et rappelez-moi quand vous serez prêt pour la clearance*(6).

Le dernier échange radio est plutôt rassurant pour l'équipage américain. Le Hollandais a de l'avance sur eux puisqu'il a passé la bretelle numéro C4. En ce qui les concerne, ils n'ont pas encore passé la première. Ils n'ont pratiquement aucun risque de se retrouver dans sa queue.

Ça n'empêche pas Grubbs de rouler de plus en plus prudemment car la visibilité est tombée à moins de 200 mètres et on ne voit plus rien du tout.

L'équipage doit écarquiller les yeux pour tenter d'apercevoir les bretelles de sorties de la piste. C'est d'autant plus difficile que le poste de pilotage du *747* est situé en hauteur par rapport au sol. De là-haut, les balises lumineuses ne sont pas faciles à voir. L'intensité des lampes a été réglée au maximum mais le résultat n'est pas très brillant. Par ailleurs la ligne centrale lumineuse n'est pas allumée comme elle devrait l'être avec ce mauvais temps.

Chacun se demande s'il ne serait pas raisonnable d'annuler le décollage mais personne n'a vraiment envie de passer la nuit à Tenerife. Alors c'est le silence. Le doigt sur le plan de l'aéroport, le copilote suit millimètre par millimètre la progression de l'appareil sur la piste.

(6) Juste avant de décoller chaque avion reçoit sa "clearance", une autorisation lui indiquant la trajectoire de départ et le niveau de vol qu'il doit suivre pour rejoindre sa destination.

17 heures 03 minutes 09 secondes *(copilote PanAm)*: *La première bretelle est un virage à angle droit.*

17 heures 03 minutes 11 secondes *(commandant)*: *Ouais, OK...*

Le commandant a beau approuver les paroles de son copilote, il ne sait pas vraiment où il se trouve. Il a la sensation d'avoir dépassé la première bretelle (C1 sur le schéma page 213) sans la voir. En fait, il n'y est pas encore arrivé mais comme la visibilité est de plus en plus réduite, la seule chose dont il est certain c'est qu'il n'a encore rien vu.

L'examen de la carte de roulage montre que la première bretelle est à 90 degrés de la piste et que les suivantes sont à 135 degrés (pour la seconde et la troisième). Quant à la quatrième, elle est incurvée à 45 degrés.

Le dialogue qui suit est presque surréaliste. Voilà des hommes qui circulent avec un *Jumbo-Jet* sur une aire d'envol sans parvenir à repérer à quel endroit de la piste ils se trouvent réellement. Ils ne sont pas vraiment perdus mais ils sont inquiets. D'autant qu'ils ont toujours un doute sur les instructions que le contrôleur leur a données: first ou third taxiway. Première ou troisième bretelle?

17 heures 03 minutes 12 secondes *(copilote)*: *Ça doit être la troisième. Je vais lui redemander.*

17 heures 03 minutes 14 secondes *(commandant)*: *OK...*

17 heures 03 minutes 16 secondes *(commandant)*: *On doit probablement sortir de la piste à cet endroit. C'est...*

17 heures 03 minutes 19 secondes *(commandant)*: *Tu dois faire un virage à angle droit.*

17 heures 03 minutes 21 secondes *(commandant)*: *Ouais, heu...*

Le copilote a toujours le doigt sur sa fiche de roulage et il montre les détails des différents taxiways mais on devine l'incertitude dans sa voix.

17 heures 03 minutes 22 secondes *(copilote)*: *Un virage à angle droit pour sortir ici... Celui-ci qui est plus loin est à 45 degrés.*

17 heures 03 minutes 29 secondes *(copilote à la radio)*: *Tenerife, pour Clipper 1736, est-ce que voulez bien nous confirmer qu'on doit tourner à gauche à la troisième intersection?*

17 heures 03 minutes 35 secondes *(commandant)*: *Un... deux...*

17 heures 03 minutes 36 secondes *(contrôleur de Tenerife)*: *La troisième monsieur... Un, deux, trois. Troisième, troisième....*

17 heures 03 minutes 38 secondes *(comandant)*: *Bon... C'est celle qu'il nous faut exactement: la troisième.*

17 heures 03 minutes 42 secondes *(contrôleur)*: *Uno, dos, tres...*

17 heures 03 minutes 44 secondes *(commandant)*: *Uno, dos, tres...*

17 heures 03 minutes 45 secondes *(mécanicien navigant)*: *Tres, euh... si.*

17 heures 03 minutes 46 secondes *(commandant)*: *D'accord.*

17 heures 03 minutes 47 secondes *(mécanicien)*: *C'est ce qu'on va faire.*

Le fait que le mécanicien se soit mis à parler en Espagnol n'a rien d'une plaisanterie. C'est seulement un moyen d'être certain qu'ils ne font pas d'erreur de compréhension... Une fois de plus, les trois hommes étaient soucieux de ne pas savoir à quel endroit ils devaient quitter la piste. Maintenant, il n'y a plus de doute, ils vont sortir au troisième taxiway (C3) sur leur gauche. Tout au moins, ils vont essayer!

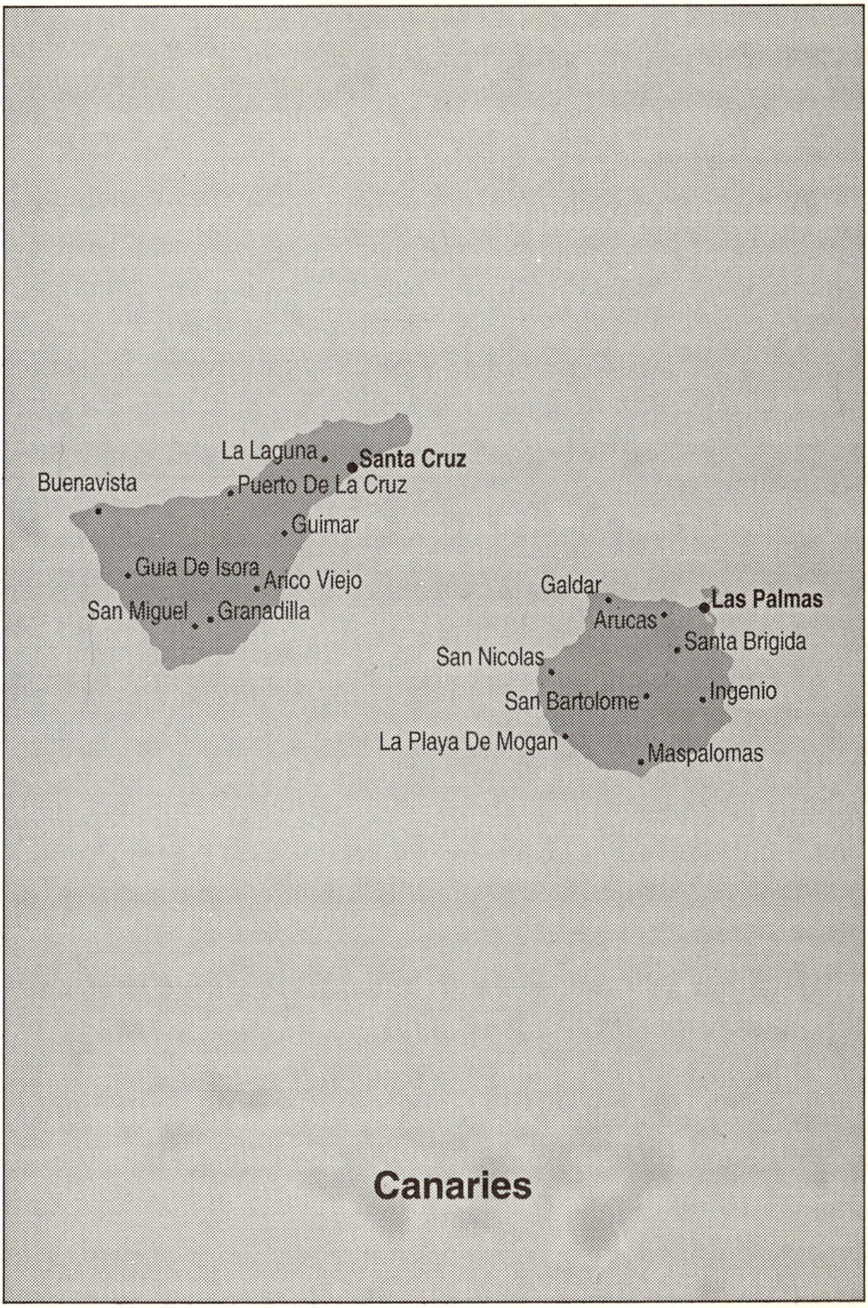
La Laguna
Santa Cruz
Buenavista
Puerto De La Cruz
Guimar
Guia De Isora
Arico Viejo
San Miguel
Granadilla
Galdar
Las Palmas
Arucas
Santa Brigida
San Nicolas
San Bartolome
Ingenio
La Playa De Mogan
Maspalomas
Canaries

17 heures 03 minutes 48 secondes ***(contrôleur de Tenerife)*:** *Euh. 1736, rappelez-moi en quittant la piste.*

17 heures 03 minutes 49 secondes ***(copilote)*:** *Reçu, Clipper 1736…*

Tout en surveillant les balises lumineuses, l'équipage commence la lecture de la check-list de roulage. Ils vérifient successivement, l'amortisseur de lacet, la position des compensateurs, et toute une série de points techniques capitaux. Quelques secondes plus tard, le copilote interrompt la lecture de la check-list pour pointer le doigt vers la gauche du pare-brise. A travers l'épais brouillard, on devine une bretelle de sortie de la piste…

17 heures 04 minutes 26 secondes ***(copilote)*:** *En voilà une!*

17 heures 04 minutes 27 secondes ***(commandant)*:** *En voilà une, c'est une sortie à angle droit.*

17 heures 04 minutes 28 secondes ***(copilote)*:** *OK, c'est la première.*

Un peu rassuré de trouver enfin un véritable point de repère, le commandant Grubbs poursuit son chemin sur la piste. La suite de la check-list s'effectue plus tranquillement pendant encore 20 secondes. Puis lorsque c'est terminé, on passe à la suite…

17 heures 04 minutes 46 secondes ***(mécanicien navigant)*:** *Check-list de roulage terminée.*

17 heures 04 minutes 50 secondes ***(copilote)*:** *Briefing de décollage et de départ?*

17 heures 04 minutes 52 secondes ***(commandant)*:** *OK, ce sera un départ standard. Après le décollage, on restera dans l'axe de la piste jusqu'à 3500 pieds et puis on prendra un cap inverse et on reviendra vers (illisible)…*

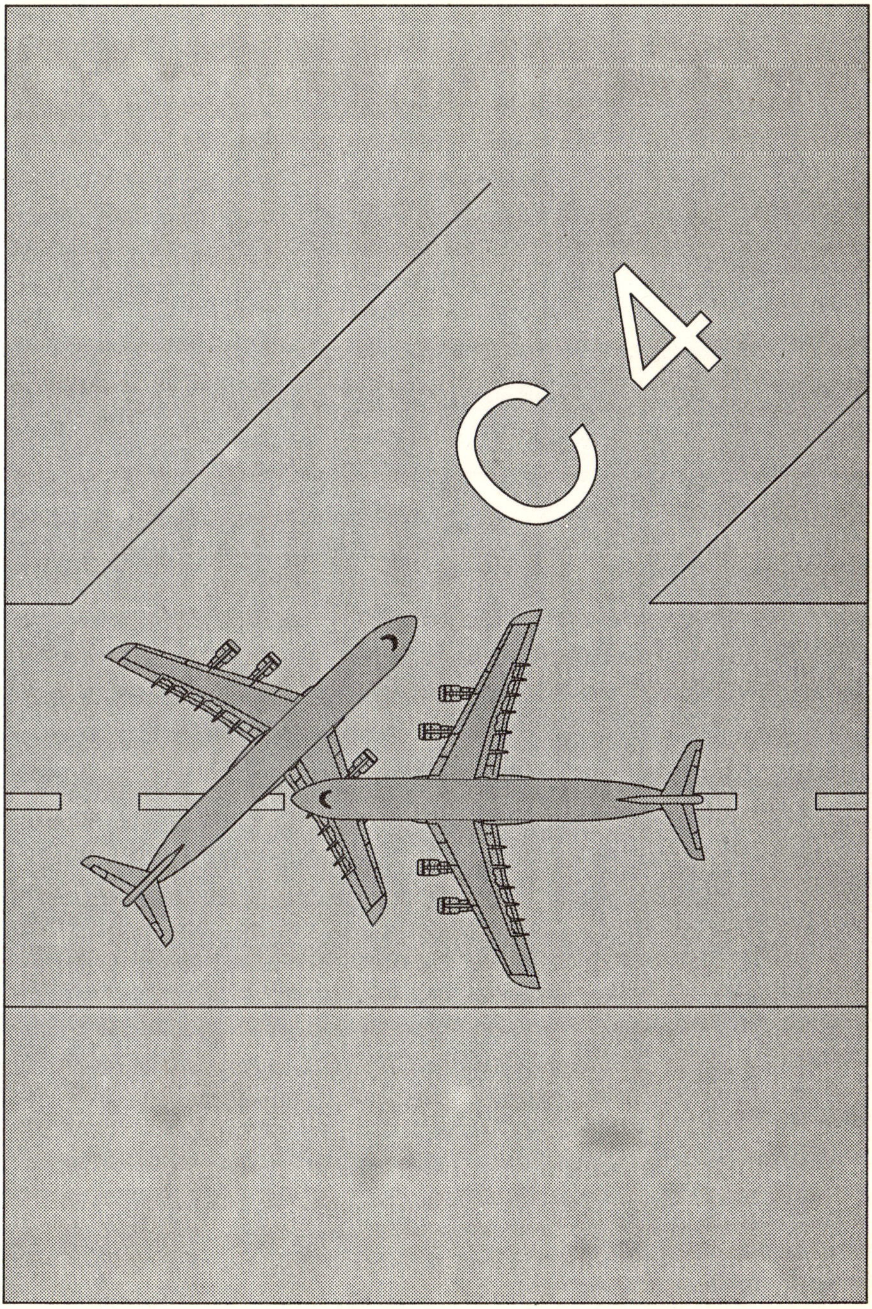
C4

17 heures 04 minutes 58 secondes ***(Contrôleur de Tenerife):*** *KLM 4805 et PanAm 1736, pour votre information, le balisage lumineux au centre de la piste est hors service.*

Le contrôleur a transmis l'information simultanément à l'intention des deux appareils concernés. Étant donnée la visibilité catastrophique, la panne du balisage central ne facilite pas les choses pour les équipages, mais apparemment aucun des deux commandants de bord n'est décidé à renoncer au départ.

17 heures 05 minutes 05 secondes ***(KLM 4805):*** *J'ai bien reçu...*

17 heures 05 minutes 07 secondes ***(Copilote PanAm):*** *Clipper 1736, reçu.*

Depuis le début du roulage, c'est seulement la seconde fois qu'on entend le *Boeing 747* hollandais se manifester sur la fréquence. Pourtant, l'équipage du PanAm ne l'a jamais oublié. Chacun sait qu'il est là, quelque part, devant eux...

17 heures 05 minutes 09 secondes ***(commandant PanAm):*** *Nous avons les marques centrales peintes au sol. Elles sont toutes à la même distance... Euh, ça fait 800 mètres (entre chaque taxiway) si tu n'as pas la ligne centrale peinte... Je viens de lire ça sur le dos de la fiche.*

A présent, la progression s'effectue comme un véritable jeu de piste. Le commandant a tellement de difficultés pour se repérer qu'il en est réduit à compter les marques à la peinture blanche sur le sol et à espérer qu'il y ait une ligne de dégagement avec un numéro désignant la sortie vers le taxiway.

Puis soudain, on aperçoit une nouvelle bretelle qui s'incurve vers la gauche... Le problème, c'est que la peinture au sol est complètement effacée et on ne parvient pas à voir le numéro.

17 heures 05 minutes 22 secondes ***(commandant)*:** *Voilà le deuxième!*

Les trois hommes se collent aussitôt le nez à leur pare-brise pour tenter d'identifier le bretelle.

17 heures 05 minutes 23 secondes ***(mécanicien navigant)*:** *Ouais, celle-là est à 45 degrés.*

17 heures 05 minutes 25 secondes ***(commandant)*:** *Ouais...*

Le doigt toujours sur sa fiche de roulage le copilote croit identifier la bretelle. On dirait effectivement que c'est la seconde bretelle car elle est incurvée à 135 degrés par rapport à leur axe actuel.

17 heures 05 minutes 26 secondes ***(copilote)*:** *C'est celle-là, ici.*

17 heures 05 minutes 27 secondes ***(commandant)*:** *Je sais...*

17 heures 05 minutes 28 secondes ***(mécanicien)*:** *OK... La prochaine est aussi à 45 degrés, euh, ouais...*

17 heures 05 minutes 30 secondes ***(commandant)*:** *Ouais mais elle va... Elle va... euh, en avant. Elle va nous mettre sur le taxiway.*

17 heures 05 minutes 35 secondes ***(mécanicien)*:** *Ouais, juste un peu (incurvée).*

17 heures 05 minutes 39 secondes ***(commandant)*:** Ouais, *c'est sûr.*

On comprend le problème qui se pose aux navigants. Étant donnée la similitude entre les bretelles 2 et 3, les trois hommes ont un doute sur l'endroit où ils se trouvent. Ils ont raison de douter car en réalité, ils ont déjà dépassé la deuxième bretelle sans la voir et celle qu'il croise actuellement est la troisième. Ils se dirigent donc actuellement vers la numéro 4.

Ce n'est pas une grosse faute... Les trois hommes roulent lentement et vu la visibilité et la géométrie de la sortie, il sera plus facile pour le *747* de tourner à la quatrième qu'à la troisième. Difficile de négocier deux virages de suite en épingle à cheveux avec un avion de 350 tonnes.

17 heures 05 minutes 40 secondes *(copilote)*: *Il se peut... il se peut qu'il compte les trois à partir de là...*

17 heures 05 minutes 45 secondes *(commandant montrant la quatrième bretelle sur la carte)*: *Euh, je préfère prendre celle-là.*

Contrairement aux instructions du contrôle, le Boeing américain se dirige donc actuellement vers la quatrième sortie.

A partir de cet instant, il est intéressant de savoir ce qui se passe réellement dans le poste de pilotage du *Boeing* hollandais.

Le commandant Jacob Van Zanten est en train d'arriver à la fin de la piste et il se prépare à décoller. Il sait parfaitement que derrière lui se trouve un autre *Boeing 747*. S'il écoutait la radio attentivement, il lui serait même possible de deviner à quel endroit se trouve l'Américain: approximativement à la moitié de la piste...

Mais le commandant Van Zanten a l'esprit complètement ailleurs. Il est dans le brouillard physiquement et... moralement. Sa seule obsession semble être de faire vite. Pour les raisons syndicales évoquées plus haut, chaque minute de perdue risque de le clouer au sol lorsqu'il arrivera à Las Palmas. Il trouve donc que le temps file beaucoup trop rapidement à son goût. Avec précaution, il termine un demi-tour qui le met exactement sur la ligne centrale de l'axe de décollage. Pour tenter de voir un peu mieux ce qui se passe dehors, il a fait brancher les essuie-glace à petite vitesse. Les gros balais ne servent pas à grand-chose pour percer le brouillard, mais ils permettent tout de même de faire disparaître les traces d'humidité qui maculent le pare-brise.

A cet instant, il se produit un phénomène météorologique qui va jouer un rôle déterminant dans la suite des événements: le brouillard semble se diluer légèrement. Il ne s'en va pas mais il est soudain moins dense et la visibilité remonte aux environs de 700 mètres.

Du coup, le commandant Van Zanten réalise qu'il ne lui faut surtout pas manquer sa chance. Au moment même où le Jumbo se trouve aligné, il commence à pousser les quatre manettes de gaz en avant. Le *Cockpit Voice Recorder* enregistre parfaitement l'augmentation du sifflement des moteurs.

La réaction du copilote hollandais est immédiate et... parfaite...

17 heures 05 minutes 45 secondes *(copilote d'une voix inquiète)*: *Eh... Attendez une minute. On n'a pas la clearance...*

Le jeune navigant a tout à fait raison... Non seulement, ils n'ont pas la clearance de départ mais surtout, ils n'ont pas l'autorisation de décollage.

Le commandant ramène aussitôt les manettes en arrière. D'une voix énervée, il murmure:

17 heures 05 minutes 48 secondes *(commandant)*: *Mais non, je sais bien. Vas-y demande lui...*

Un peu gros le mensonge du chef... Quand on examine la catastrophe qui va arriver dans quelques minutes, on ne peut s'empêcher de penser que le commandant Van Zanten est vraiment de très mauvaise foi. De toute évidence, il était en train de mettre les gaz sans autorisation.

Quoi qu'il en soit, pour satisfaire l'impatience de plus en

plus visible de son patron, le copilote saisit rapidement le micro et il appelle la tour de contrôle.

17 heures 05 minutes 50 secondes *(copilote hollandais à la radio)*: *KLM euh... 4805... On est prêt au décollage et on attend notre clearance.*

17 heures 05 minutes 52 secondes *(contrôleur de Tenerife)*: *KLM 4805, vous êtes autorisé vers la balise Papa. Montez vers le niveau 90 (9000 pieds) et maintenez. Virage à droite après décollage et procédez au cap 040 jusqu'à l'interception du radial 325 du VOR de Las Palmas.*

17 heures 06 minutes 09 secondes *(copilote KLM)*: *Reçu, KLM 4805, nous sommes autorisés vers Papa au niveau 90, virage à droite après décollage jusqu'à intercepter la radiale 325 du VOR de Las Palmas. Et nous sommes maintenant... (prêts??) au décollage*

La dernière phrase du copilote est difficile à comprendre, on ne sait pas si le mot prêt est prononcé ou non. Il serait logique qu'il dise: prêt au décollage. Ce serait, par contre, complètement anormal qu'il dise qu'il est au décollage. En effet, l'appareil vient de recevoir une clearance de départ et ça ne signifie en aucun cas qu'il est autorisé à mettre les gaz.

Pourtant tout se précipite d'un coup... Le copilote a-t-il le temps de réfléchir à ce qui arrive? C'est peu vraisemblable, car à peine a-t-il terminé de répéter la clearance (c'est obligatoire) que le commandant Van Zanten pousse de nouveau les manettes des gaz en avant.

Les phares sont allumés et les essuie-glace branchés sur vitesse maximum. Les gestes sont exécutés à la hâte. Visiblement le chef est tellement pressé de décoller qu'il en a l'esprit aussi embrumé que la météo.

Comment peut-il oublier que la piste n'est pas libre devant lui ? Viscosité mentale profonde à la limite de la débilité ? En fait, en étudiant son dossier, les enquêteurs se rendront compte que le commandant de bord n'a pas volé depuis plusieurs mois. Il manque sérieusement d'entraînement en situation réelle. La plupart de ses "vols" ont été faits en simulateur. Or, malgré la fidélité étonnante de ces machines, le travail à la radio y a beaucoup moins d'importance que dans la réalité.

De toute évidence, le pilote est profondément troublé par la situation stressante dans laquelle il se trouve. Les responsabilités qui lui incombent aujourd'hui sont particulièrement lourdes et il disjoncte.

17 heures 06 minutes 13 secondes *(commandant)* : *On y va !*

En quelques secondes, le commandant augmente la pression sur les freins et pousse de nouveau les manettes vers l'avant. Dans sa tête, il considère que la clearance qu'il vient de recevoir est une autorisation de décollage. La vérification des paramètres des réacteurs va prendre quelques secondes avant que le mastodonte ne commence son accélération.

17 heures 06 minutes 19 secondes *(contrôleur de Tenerife)* : *OK.*

Difficile de dire exactement la raison de ce OK de la part du contrôleur, toujours est-il que dans la même seconde, le commandant Grubbs du vol PanAm intervient sur la fréquence.

17 heures 06 minutes 19 secondes *(copilote PanAm)* : *Non... eh...*

Du coup, le contrôleur a un sérieux doute sur ce qui est en train de se préparer. Il a donc une réaction parfaitement logique: il saisit son micro et adresse un message immédiat pour empêcher le *747* hollandais de décoller. Le problème, c'est qu'il parle exactement au même moment que l'Américain.

17 heures 06 minutes 20 secondes ***(contrôleur):*** *KLM 4805, vous attendez pour le décollage. Je vous rappelle.*

17 heures 06 minutes 20 secondes ***(copilote PanAm):*** *Eh... Nous sommes encore sur la piste en train de remonter, Clipper 1736...*

Personne n'entend les deux messages ci-dessus! Et surtout pas le commandant Van Zanten qui vient de lâcher les freins. Les paroles du copilote américain et du contrôleur se chevauchent sur la fréquence et se transforment en un long sifflement incompréhensible qui dure plus de quatre secondes... Dans le *747* hollandais personne n'imagine que le bruit strident qui vient de résonner dans les haut-parleurs est un ordre impératif lui demandant de rester sur place.

L'appareil commence à prendre de la vitesse!

Devant lui, à 1500 mètres, le *Jumbo-Jet* américain est toujours en train de rouler sur la piste.

Au même moment, le contrôleur l'appelle pour s'assurer de sa position. Étrangement et sans que l'on comprenne la raison, il utilise l'indicatif radio Papa Alpha (pour PanAm) au lieu du véritable indicatif qui est Clipper. Stress de la situation, fatigue d'avoir géré un trafic inhabituel? Quoi qu'il en soit la teneur du message est parfaitement claire pour un professionnel digne de ce nom.

17 heures 06 minutes 25 secondes ***(contrôleur):*** *Roger Papa Alpha 1736, rappelez quand la piste sera libérée.*

17 heures 06 minutes 29 secondes ***(copilote PanAm):*** *Reçu, on rappellera une fois la piste libérée.*

17 heures 06 minutes 30 secondes ***(contrôleur):*** *Merci.*

A cet instant, le 747 de la KLM a déjà pris de la vitesse. Il en train de foncer dans le “coton” vers l’autre *Jumbo-Jet.* Le moins que l’on puisse dire, c’est que le commandant de bord hollandais pense à tout... sauf à ce qu’il faudrait. Non seulement, il a mis les gaz sans recevoir la moindre autorisation de décollage mais il vient d’entendre dans sa radio un message demandant à un avion de rappeler lorsque la piste sera libérée... et il n’a aucune réaction.

Il devrait hurler de terreur... se précipiter sur ses freins et annuler son décollage en priant pour qu’il ait le temps de s’arrêter avant de percuter l’autre appareil. Au lieu de cela, il se concentre obstinément sur la ligne centrale en écoutant vaguement son copilote s’inquiéter de savoir si la piste est bien dégagée devant eux.

Quelle erreur incompréhensible !

La conversation qui suit est complètement incroyable...

17 heures 06 minutes 32 secondes *(copilote KLM) :* *Est-ce que c’est dégagé devant ?*

17 heures 06 minutes 34 secondes *(commandant KLM) :* *Qu’est-ce tu dis ?*

17 heures 06 minutes 35 secondes *(copilote KLM d’une voix très inquiète) :* *Est-ce qu’il a bien dégagé le PanAm ???*

17 heures 06 minutes 36 secondes *(commandant d’une voix forte et agacée) :* *Oh oui !!!*

Le ton est autoritaire... Le copilote n’ose pas insister. Après tout son commandant est l’un des pilotes les plus prestigieux de la KLM. Il est chef-pilote instructeur et c’est lui qui lui a fait passer tous ses tests sur 747. Même si à présent il ne vole pratiquement plus qu’en simulateur, il est un des pontes de la compagnie.

Manque de chance, la piste n'est pas encore dégagée... A cet instant, le commandant Grubbs est seulement en train d'arriver au niveau de la quatrième bretelle, et il commence tout juste à orienter le nez de son appareil vers la gauche. L'Américain semble avoir un sixième sens... Quelque chose lui dit qu'il doit se dépêcher de libérer la piste. Il ne sait pas encore qu'un type dans les nuages est en train de lui foncer dessus à plus de 200 kilomètres à l'heure.

17 heures 06 minutes 37 secondes *(commandant PanAm)*: *Foutons le camp d'ici, rapidement.*

17 heures 06 minutes 39 secondes *(copilote PanAm)*: *Oui il est nerveux, hein !*

17 heures 06 minutes 40 secondes *(mécanicien navigant)*: *Oui, après qu'il nous a emmerdés pendant une heure et demie... Maintenant, il est pressé.*

Chacun dans le poste est un peu agacé par l'attitude stressée du Hollandais, on en sourit avec ironie. Puis tout à coup, le commandant Grubbs pousse un véritable hurlement... 700 mètres plus loin sur la droite, les éclats lumineux des phares du *747* déchirent le brouillard.

L'énorme *Jumbo-Jet* est en train de se précipiter sur eux plein pot.

17 heures 06 minutes 41 secondes *(commandant)*: *Le voilà... regardez-le... Ce... ce fils de pute arrive.*

17 heures 06 minutes 41 secondes *(copilote)*: *Mon Dieu, on se tire... on se tire... on se tire...*

Les réflexes de l'équipage sont d'une rapidité remarquable. En une fraction de seconde, les quatre manettes de poussée sont avancées en position plein gaz pour tenter d'engager le *747* sur le taxiway. Il est malheureusement trop tard, le *Jumbo-Jet* fou déboule vers eux à pleine vitesse. La masse impressionnante du monstre grossit de plus en plus. Il arrive...

Dans le *747* hollandais, le commandant Jacob Van Zanten aperçoit à son tour le *747* de la PanAm en travers de la piste... C'est seulement à cet instant qu'il réalise soudain son énorme bévue. Sa vitesse est alors de 270 kilomètres à l'heure. Il est beaucoup trop tard pour freiner.

17 heures 06 minutes 47 secondes *(commandant KLM)*: *Oh merde!*

Dans un sursaut de désespoir, l'homme tire à fond sur le manche en espérant pouvoir décoller avant de percuter l'avion américain. Peine perdue... Son geste est tellement brutal que le nez du *Jumbo* se dresse bien vers le ciel mais l'avion ne monte pas. C'est la queue qui racle le ciment de la piste sur une longueur de 26 mètres. Une longue gerbe d'étincelles jaillit. L'appareil s'élève d'un mètre dans les airs mais ce n'est malheureusement pas assez pour pouvoir éviter l'avion américain.

Le choc des deux mastodontes est terrible... 350 tonnes contre 350 tonnes. Il ne peut y avoir de vainqueur. En une fraction de seconde le métal et les chairs martyrisées se mêlent dans un magma épouvantable. C'est la plus épouvantable collision de tous les temps entre deux machines construites par l'homme.

Le diabolo avant du train d'atterrissage percute le flanc droit du PanAm, déchirant le fuselage comme s'il était en papier. L'aile gauche coupe la dérive au ras de la gouverne de direction. Dans le *747* américain, les passagers voient soudain les cloisons s'ouvrir autour d'eux dans un bruit de tonnerre. Le plafond disparaît. Le plancher s'effondre sous leurs pieds.

Les réservoirs de l'aile droite sont éventrés. Le carburant gicle et s'enflamme instantanément. En une seconde, les malheureux sont projetés en enfer.

Les deux appareils sont pulvérisés dans l'impact. Lancés comme un gigantesque boulet de canon, les débris désemparés de la carcasse du *747* hollandais retombent sur la piste et poursuivent leur course folle sur le ciment. Ce ne sont plus que des bombes au napalm qui parcourent une distance de 650 mètres avant de s'arrêter.

Le commandant Van Zanten est tué sur le coup. Il n'y aura aucun survivant à bord du vol KLM 4805.

Dans le *747* américain, les gens hurlent de douleur. Quelques uns réussissent à s'échapper par les immenses trous ouverts au moment de l'impact. La violence de l'incendie est épouvantable. La chaleur est si intense qu'elle réchauffe l'atmosphère autour de l'aéroport et fait disparaître le brouillard dans un rayon d'un kilomètre autour du lieu du sinistre.

Les pompiers devront lutter pendant plus de 24 heures pour réussir à maîtriser l'incendie.

Parmi les 396 occupants de l'avion américain, il n'y aura que 64 rescapés. Parmi ceux-ci se trouve le commandant Grubbs. Quelques secondes après l'impact, il s'est retrouvé en plein air au milieu des flammes. Par un miracle extraordinaire, il a réussi à sortir du brasier avec tous ceux qui se trouvaient dans le poste de pilotage avec lui. Une photo prise par un sauveteur le montrera à côté de la carcasse enflammée de son avion. Il est sain et sauf, mais on le devine à la fois hagard et fou de colère contre la distraction meurtrière de son homologue hollandais.

Au total, la catastrophe fera 583 victimes... C'est très cher payé pour une faute d'inattention.

LE PILOTE SE TROMPE DE RÉACTEUR... PAS LES PASSAGERS !

8 janvier 1989.

L'avion est un Boeing 737 série 400, flambant neuf. Il a été livré par les usines de Seattle[1] *un mois et demi plus tôt. Il est immatriculé en Angleterre G-OBME et porte le numéro de série 23867/1603.*

La faute que va commettre le commandant de bord de ce superbe appareil fait partie des grandes "classiques" que l'on enseigne aux élèves dans les écoles de pilotage.

A éviter absolument en cas de panne sur un avion qui n'est équipé que de deux réacteurs !

Il est 20 heures... Il fait nuit et une petite pluie fine tombe sur tout le sud de l'Angleterre.

(1) Siège de Boeing aux États-Unis

Le *Boeing 737* de la compagnie British Midland Airways vient tout juste de décoller de l'aéroport de Londres-Heathrow. Il se dirige vers Belfast avec à son bord 118 passagers et 8 membres d'équipage. La plupart des occupants de l'appareil sont des hommes d'affaires ou des touristes irlandais qui rentrent au pays après un séjour à Londres pour les vacances de Noël.

Quelques secondes après avoir décollé de la piste 27, l'avion vire à droite pour mettre le cap en direction de l'Irlande. Motorisé par ses deux puissants réacteurs CFM-56-3C délivrant chacun plus de 11 tonnes de poussée, le *Boeing* affiche un taux de montée très supérieur à celui des avions de ligne de génération plus ancienne. D'ailleurs, le contrôle aérien vient de l'autoriser à grimper vers le niveau de croisière 350 (35000 pieds) et il ne lui faudra guère plus d'un quart d'heure pour y arriver.

Dans le poste de pilotage pour l'instant, tout se présente parfaitement bien. Londres Belfast est un trajet que la compagnie British Midland effectue plusieurs dizaines de fois par semaine. De la routine !

Cela n'empêche pas les deux hommes aux commandes de savourer le plaisir de piloter cet appareil ultra-moderne, tout juste "rodé"... Pour un navigant, c'est un engin de rêve : il est équipé des moyens de radionavigation les plus perfectionnés qui le rendent extrêmement facile à piloter. A l'époque, tous les pilotes affirment que c'est une "bicyclette" si on le compare à son grand frère le *737* série 200. Finis les savants calculs pour connaître la consommation des réacteurs...

Plus besoin de calculer les vitesses, le vent, les corrections de dérive ou encore les heures d'arrivée sur les points de reports. L'informatique gère absolument tout et affiche instantanément tous les paramètres dont le pilote peut avoir besoin. La navigation devient d'une clarté telle qu'un enfant de 12 ans pourrait comprendre comment ça marche: le tableau de bord est équipé de deux EFIS(2) dernier cri qui fournissent toutes les informations concernant la position de l'appareil, sa destination ou la gestion des réacteurs.

Un véritable rêve pour pilotes un peu fatigués!

A l'arrière, les passagers se décontractent dans la tiédeur de la cabine. Ils savent qu'ils n'en ont pas pour longtemps puisque le vol ne dure que 45 minutes. Ceux qui n'aiment pas beaucoup l'avion apprécient évidemment la brièveté du voyage. Plus c'est court et moins on a le temps d'avoir peur. Par ailleurs, le temps passera d'autant plus vite qu'un repas est prévu pendant le vol. Les hôtesses commenceront à passer les plateaux dès que l'avion se stabilisera à son niveau de croisière de 35000 pieds. Impossible de commencer à servir tant que l'appareil est en montée. Les chariots ne seraient pas utilisables dans les allées "en pente".

L'appareil a décollé depuis 13 minutes exactement... Il passe maintenant à la verticale de la ville de Birmingham.

Il monte toujours. Tout va bien...

Et puis soudain alors que l'altimètre indique 28300 pieds, des vibrations inquiétantes se propagent dans le fuselage. C'est si fort que plusieurs coffres à bagages s'ouvrent en répandant leur contenu hétéroclite sur la tête des passagers. On dirait que le *Boeing* s'est mis à rouler sur de la tôle ondulée.

Aussitôt, les conversations s'arrêtent et chacun se tourne

(2) Electronic Flight Information System.

vers son voisin. On cherche son regard. On voudrait y lire une lueur rassurante. Quelque chose qui signifierait: ce n'est rien, c'est normal sur ce type d'avion, j'ai déjà vu ça plusieurs fois... Malheureusement, c'est la peur qui se reflète sur tous les visages. Il se passe quelque chose d'anormal... Mêmes les cloisons vibrent et le plastique qui tapisse le plafond crisse bruyamment aux raccords.

Les vibrations s'accompagnent d'étranges coups de boutoir dans la cellule et on entend des claquements secs ressemblant à des détonations. Ces bruits inquiétants sont perçus différemment suivant l'endroit où l'on se trouve dans l'avion. Ainsi les passagers situés dans les premiers rangs n'entendent pas les coups sourds. Ils ne ressentent que les vibrations brutales qui se répercutent jusque dans leurs accoudoirs. Par contre, ceux qui sont situés à l'arrière entendent parfaitement les détonations. Plus tard, ils les décriront comme des rafales de mitrailleuse qui auraient été tirées à proximité du fuselage.

Ce sont les passagers situés aux places 25 A, 26 A et 27 A, c'est-à-dire ceux qui sont assis complètement à l'arrière de l'avion qui ont droit aux manifestations les plus angoissantes. En effet, en se penchant vers leur hublot, ils peuvent apercevoir de longues flammes qui jaillissent de la tuyère du réacteur gauche. Ca tient à la fois du chalumeau et du bouquet de feu d'artifice.

Aussitôt, les mains tremblantes se précipitent vers les poussoirs d'appel des hôtesses. Des cris fusent un peu partout.

– Good Lord, le réacteur est en feu. Faites quelque chose. Il faut prévenir le commandant.

Les appels retentissent presque sans discontinuer. Dans l'enregistrement du CVR, il suffit d'écouter le rythme frenétique des carillons pour comprendre la panique qui s'empare de ceux qui appellent à l'aide. Aussitôt, une hôtesse se précipite vers l'arrière. La jeune femme n'est pas rassurée elle-même et doit faire un gros effort pour avoir l'air parfaitement calme. Ce n'est pas facile mais elle a été entraînée pour réagir sainement dans ce genre de situation.

– *What's the matter ?*

– *Bon Dieu, regardez le réacteur. Il faut prévenir le pilote.*

C'est le passager assis à la place 26 A qui l'interpelle. Le type est livide. Il pointe un doigt tremblant en direction de son hublot.

– *On va brûler, renchérit un homme d'affaires britannique en resserrant instinctivement sa ceinture de sécurité.*

Les appels de carillons sont si pressants que la jeune femme est rapidement rejointe par deux de ses collègues qui constatent à leur tour ce qui se passe. Elles sont trois hôtesses maintenant pour constater les dégâts sur le moteur gauche.

Pour tous les témoins présents à l'arrière, il n'y a aucun doute... Dans la nuit, les flammes bleues et blanches sont parfaitement visibles. Par chance, du fait de la disposition du réacteur, seuls les passagers assis à l'arrière à gauche de l'avion peuvent apercevoir le feu. Pour ne pas provoquer de panique, le PNC(3) tente de minimiser l'incident.

– *Ne vous inquiétez pas, assure le chef de cabine. Les pilotes sont déjà en train de s'en occuper. Ce n'est pas une panne grave. Vous savez que chaque réacteur est équipé d'un système d'extinction. Ils vont éteindre ça sans difficulté.*

(3) Personnel Navigant Commercial : Hôtesses et steward.

Personne ne croit vraiment au discours lénifiant des hôtesses, d'autant que soudain, les choses s'aggravent... Une fumée grise commence à se dégager par les bouches de climatisation et une méchante odeur de brûlé envahit la cabine. C'est un mélange de caoutchouc et d'huile brûlés qui pique la gorge.

Du coup, les cris d'angoisse redoublent... Nul besoin d'être un spécialiste aéronautique pour savoir que les flammes et la fumée ne sont pas un signe de bonne santé pour un avion de ligne.

Certains passagers effrayés sortent aussitôt leur mouchoir et les appliquent sur leur visage. Au niveau de la rangée 12, près de laquelle se trouve une issue de secours, un homme blême demande à une hôtesse de lui montrer comment on peut ouvrir la porte en vol en cas d'urgence. Il insiste pour savoir... au cas où il ne pourrait plus respirer. Il veut bien s'écraser au sol mais ne veut, en aucun cas, mourir asphyxié... La jeune femme le sermonne gentiment et lui intime de ne surtout rien faire sans recevoir d'instructions précises de la part de l'équipage.

Pour faire bonne figure, elle tente un sourire crispé qui effraie son interlocuteur bien plus qu'il ne le rassure. Les efforts qu'elle fait pour ne pas trembler devant le passager sont presque pitoyables.

Tout le monde a peur et ça se voit...

Dans le poste de pilotage, le commandant de bord a ressenti lui aussi les violentes vibrations qui secouent l'avion. Immédiatement, il a coupé le pilote automatique et a repris les commandes en manuel. Il lui faut absolument comprendre ce qui se passe... Fumées, vibrations et odeur de brûlé ?

Ça vient certainement d'un des deux réacteurs mais étrangement, tous les paramètres semblent normaux sur le tableau de bord. Aucun signe de baisse de puissance ou de surchauffe. Pas plus à droite qu'à gauche.

En réalité, le commandant regarde très mal son tableau de bord car tout est normal à l'exception d'un seul instrument: l'indicateur de vibrations du réacteur gauche. Les diodes luminescentes du cadran ont une indication anormalement élevée. Pendant quatre minutes, elles vont même monter à leur valeur d'alarme maximale graduée jusqu'à l'échelle 5. Mais dans l'affolement du moment, le commandant de bord ne prend pas le temps d'examiner l'instrument.

Tout se passe alors très rapidement.

– On a un problème sur un moteur, annonce le copilote, un peu angoissé.

C'est une évidence! La question, c'est de savoir quel est le réacteur qui tourne tellement mal qu'il provoque ces vibrations incroyables et ce dégagement de fumée dans la cabine.

C'est à ce moment que le commandant de bord commet sa première erreur: au lieu d'étudier soigneusement son tableau de bord pour trouver ce qui cloche, il préfère se fier à son instinct...

Il fait alors le raisonnement suivant: le feu a pris sur un réacteur, c'est un fait certain... Puisque la fumée de l'incendie parvient jusque dans la cabine des passagers, cela signifie qu'elle passe par les gaines de climatisation.

Or, c'est le moteur numéro 2 (celui qui est situé sous l'aile droite) qui alimente la cabine en air conditionné. C'est donc obligatoirement ce réacteur qui lui pose des problèmes. Si c'était le gauche, il n'y aurait aucune trace de fumée dans la cabine.

Raisonnement un peu simpliste mais qui, sur le moment

paraît parfaitement logique au commandant de bord du vol British Midland 092.

Pour être certain que son analyse est juste, il n'hésite pas à poser la question à son copilote.

– Quel est le moteur qui nous pose des problèmes ?

Dans l'enregistrement du *Cockpit Voice Recorder,* on remarque distinctement l'hésitation du copilote qui met presque deux secondes avant de répondre. Est-ce qu'il ne répondrait pas un peu au hasard ?

– C'est le g..., c'est le droit...

– D'accord.

Même si cet avis ne repose sur aucune analyse rationnelle, le copilote est du même avis que le commandant de bord. C'est suffisant pour prendre une décision capitale. Ce dernier ne réfléchit pas davantage. Il ordonne :

– Tu réduis tout sur le droit.

Le copilote obéit sans attendre. Il ramène la manette droite à fond en arrière et corrige aussitôt la dissymétrie de poussée qui en résulte.

Puis quelques secondes plus tard, le commandant de bord lui demande de couper carrément le réacteur incriminé. Inutile de laisser tourner au ralenti un moteur qui risquerait de prendre feu complètement.

Pour bien comprendre ce qui va se passer par la suite, il faut analyser les gestes du pilote. Du fait de la panne, il comprend qu'il lui est impossible de continuer sa route sur un seul réacteur jusqu'à Belfast, il va devoir se dérouter. Dans un premier temps, il va se stabiliser en palier puisqu'il ne pourrait même pas monter jusqu'au niveau 350... Le commandant va réduire également la poussée sur le moteur restant... celui sur lequel les passagers et les trois hôtesses ont aperçu de longues flammes au niveau de la tuyère. En l'occurrence le moteur gauche... Ce réacteur "en panne" va donc être moins sollicité que lorsqu'il était en montée où il tournait pratiquement à plein régime.

Dans un premier temps, l'avion est stabilisé en palier au niveau 280. Et les vibrations cessent !

Sourires de satisfaction intense dans le poste de pilotage.

Quelques secondes plus tard, le commandant demande au chef de cabine de bien vouloir le rejoindre dans le poste.

– Comment ça va, derrière ?

– Il y a encore de la fumée mais on dirait que ça diminue.

Ouf ! Le commandant en est maintenant certain. Il a fait le bon choix. A présent, il n'y a plus qu'à informer le contrôle aérien qu'il souhaite atterrir sur le terrain le plus proche et tout ira bien. Ses passagers en seront quittes pour quelques heures de retard et un mauvais souvenir qui sera vite oublié.

Et justement, il passe à proximité de l'aéroport de Castle Domington dans l'East Midlands. C'est absolument parfait car c'est là que se trouve le siège de la compagnie British Midland. Il y a les bureaux mais aussi les ateliers d'entretien. Si l'appareil se pose sur ce terrain, cela évitera un dépannage long et coûteux pour amener un réacteur de rechange à l'autre bout de l'Angleterre.

Tout est bien dans le meilleur des mondes.

– Pas de problème... On va atterrir "à la maison", décrète le commandant de bord, certain que la direction de la compagnie lui votera des félicitations pour son excellente gestion de la panne.

Bien sûr, l'avion ne vole que sur un seul réacteur mais c'est un appareil tout neuf et le risque est infime d'être victime d'une panne sur le second réacteur. D'autant que le temps de vol jusqu'à Castle Domington est très faible. Un quart d'heure tout au plus... Bref, ils ne sont pas encore sur le plancher des vaches mais ça ne saurait tarder.

Le copilote prend contact avec le contrôle aérien de Manchester pour demander à se dérouter vers Castle Domington. Étant donnée la situation, le contrôle ne pose évidemment aucun problème.

On lui accorde un virage à droite pour rejoindre directement la base de la compagnie. C'est toujours le copilote qui gère les communications radio.

– On est autorisé à descendre vers le niveau 100 (10000 pieds), précise-t-il au commandant de bord et ils nous guident au radar vers l'aéroport.

Castle Domington est encore plus proche qu'ils ne le croyaient... A peine 60 kilomètres de la position actuelle du *Boeing 737*. Tout va donc se passer très vite. Et c'est peut-être cette rapidité extrême pour arriver sur le terrain de dégagement qui causera la catastrophe.

Il faut faire vite... Dans la nuit, l'avion est mis en descente rapide et bien entendu, le réacteur gauche reste complètement réduit pour la descente. Il ne fatigue pratiquement pas. La fumée a presque totalement disparu à l'intérieur de la cabine.

On respire déjà beaucoup mieux.

Par l'interphone de bord, le commandant contacte son chef de cabine pour avoir des nouvelles.

– Comment ça se passe avec les passagers, demande-t-il.

– Plus de trace de fumée mais je vous assure que les pax[4] *ne sont pas du tout rassurés...*

– Vous les informez qu'on se déroute à Castle Domington et qu'on va atterrir dans quelques minutes.

En réalité, le responsable du PNC n'a pas vraiment décrit les scènes dramatiques qui ont lieu en cabine. Il faudrait plutôt parler de panique hystérique de la part de certains passagers: il y a d'abord eu la fumée et l'odeur de brûlé qui les a terrorisés. Puis le bruit a couru à travers les rangées que l'avion était en feu à l'arrière. Et maintenant, les pauvres sentent que l'appareil descend rapidement dans le noir et on vient de leur annoncer que l'avion se déroutait pour un atterrissage d'urgence sur un aéroport qu'ils ne connaissent pas.

Le résultat est que beaucoup de passagers prient à haute voix. La plupart sont couverts de sueur et tremblent de tous leurs membres. Certains griffonnent à la hâte quelques mots d'adieu pour leurs proches. Pour cela, ils utilisent tout ce qu'ils ont à leur portée: serviettes en papier, revue de la compagnie, et même le talon de leur carte d'embarquement marquée avec leur nom et leur place à bord.

C'est tout au fond de l'appareil que les choses se passent le plus mal. Bien que l'avion ne soit pas en vol au-dessus de l'eau, deux passagers ont carrément enfilé le gilet de sauvetage qu'ils ont trouvé sous leur siège. Un jeune homme a vomi son dernier repas sur sa tablette et il pleure sans interruption...

Pourtant dans le poste de pilotage, le commandant est

(4) Passagers en langage aéronautique.

parfaitement confiant. Il sait que la charge de travail est élevée mais maintenant qu'il a identifié le moteur défaillant, il va exécuter un atterrissage "monomoteur". Et ça ne présente aucune difficulté technique pour lui. C'est un exercice pour lequel il a été entraîné à de très nombreuses reprises en simulateur.

Presque une formalité !

Devant l'état d'esprit catastrophique qui règne parmi les passagers, le chef de cabine décide de retourner voir le commandant de bord.

– *Vous savez, commandant, ça ne se passe pas bien derrière. Ils sont complètement terrorisés... On n'arrive pas à les calmer. Vous devriez faire une annonce au micro pour les rassurer.*

En quelques mots, le chef de cabine décrit les scènes de désespoir qui se déroulent en cabine et les difficultés qu'éprouvent les hôtesses. Les "pax" sont tous persuadés qu'ils vont mourir.

Du coup, le commandant décide d'y aller d'un petit couplet au *Public Adress* à l'intention de ses ouailles. On ne va tout de même pas les laisser s'inquiéter alors qu'il n'y a plus de risques...

Quelques secondes plus tard, la voix du pilote retentit dans les haut-parleurs et les passagers se suspendent aux lèvres de celui qui tient leur vie entre ses mains.

Le ton est grave et calme.

– *Mesdames, messieurs, this is the Captain speaking, je voudrais vous rassurer sur ce qui nous arrive en ce moment. Ce n'est pas grave... Il y a quelques minutes, nous avons eu un petit problème technique sur le réacteur droit. Par sécurité, nous avons été obligés de le couper. Ce qui fait que nous ne volons plus maintenant que sur un seul moteur. Mais rassurez-vous, cet avion peut atterrir sans aucune difficulté dans cette configuration. Comme vous l'a expliqué le personnel de cabine, nous allons donc atterrir dans une dizaine de minutes sur l'aéroport d'East Midlands et tout va bien se passer.*

Une petite pause puis le commandant repose son micro d'un air satisfait. Il se retourne.

– *Est-ce que ça vous va comme ça, demande-t-il en souriant.*

Le chef de cabine hoche de la tête.

– *Ça devrait les rassurer un peu, réplique-t-il.*

Rassurer les passagers ?

Sûrement pas... Le responsable du PNC est loin d'imaginer à quel point l'annonce du commandant de bord est inquiétante pour certains. Car dans la cabine, il y a quelques passagers qui se demandent s'ils ont bien entendu les paroles du Captain. C'est le cas en particulier pour ceux qui sont assis à l'arrière de l'appareil.

– *Est-ce qu'il a bien dit le réacteur droit, interroge brusquement l'homme assis à la place 26 A ?*

– *Yes, he did, confirme une femme âgée assise le long du couloir en 25 D. Il a bien dit réacteur "droit".*

Les gens se penchent les uns vers les autres pour vérifier qu'ils ont bien compris les paroles du pilote. Tous confirment...

Car si les passagers du vol BD 092 ne sont pas des techniciens avertis, ils connaissent quand même la différence entre la droite et la gauche... Et c'est bien du réacteur gauche que les longues flammes jaillissaient il y a quelques minutes. Et pas de celui de droite.

Du coup, une partie des passagers en oublie sa peur. C'est

surtout à l'arrière qu'on discute car à l'avant, on n'a rien vu et on s'accroche aux accoudoirs en attendant la fin...

On hésite, on doute.

On tente de contacter les trois hôtesses qui sont venues constater la présence de flammes quelques minutes plus tôt, mais les jeunes femmes sont trop occupées à l'avant de l'appareil à ranger les plateaux dans les galleys. Elles ne semblent pas avoir entendu l'annonce du commandant de bord. Seule l'une d'elles avouera plus tard aux enquêteurs qu'elle a eu un doute. Sur le moment, elle a failli rentrer dans le poste de pilotage mais elle a renoncé à la dernière seconde en se disant que le commandant de bord n'apprécierait sûrement pas d'être dérangé dans une phase d'approche particulièrement difficile.

Et puis, peu à peu, les passagers se rassurent mutuellement. Le commandant avait l'air sûr de lui. Chacun se dit que l'homme là-bas devant est un professionnel compétent. S'il a dit réacteur droit, c'est que c'est le droit. Comment pourrait-il avoir fait une telle erreur ?

D'autant que maintenant, il n'y a plus aucune flamme dehors, ni aucune fumée dans la cabine.

Dans le poste de pilotage, les deux hommes préparent l'atterrissage. Ils sont parfaitement décontractés. Les principales check-lists ont été effectuées. Pour le copilote, il y a de nombreux contacts radio à gérer pour prévenir tous les services mais rien de stressant pour autant.

Il fait beau à Castle Domington. Malgré la nuit, la visibilité est supérieure à 10 kilomètres et le plafond des nuages est à 1700 pieds. C'est la piste 27 qui est en service. Cette météo favorable facilitera l'atterrissage de l'appareil.

Le quartier général de la compagnie a été prévenu du problème survenu sur l'un des appareils et les techniciens au sol se préparent déjà à intervenir pour changer le moteur défaillant. Ce n'est pas une opération compliquée et dans le meilleur des cas, l'appareil sera de nouveau opérationnel dans moins de 24 heures. Personne ne se fait donc vraiment de souci. Cet incident représentera seulement une nuit de travail supplémentaire pour les techniciens.

La compagnie prévoit déjà d'amener le plus rapidement possible un autre *Boieng 737* sur l'aéroport afin de récupérer les passagers et de les transporter à Belfast comme prévu. Avec un peu de chance, le retard ne sera pas très important et ils en seront quittes pour quelques histoires mémorables à raconter à leur famille.

A **20 heures 14 minutes et 7 secondes**, l'avion est à 35 kilomètres de Castle Domington. Le contrôle aérien de Manchester autorise alors l'équipage à contacter la tour pour finaliser l'approche sur l'aéroport.

Le contact est établi sans aucune difficulté et l'équipage ne rencontre que bonne volonté et compétence de la part des contrôleurs qui prennent en charge le *Boeing*.

Étant donnée la situation critique dans laquelle se trouve l'appareil, la tour de contrôle le garde en contact radar et lui donne la priorité absolue.

De toute façon, il n'y a pas d'autre trafic en vol pour le moment. Elle l'autorise donc à descendre directement vers le niveau 40 (4000 pieds) tout en lui demandant de passer par le nord de l'aéroport pour l'amener sur la finale de la piste 27.

Pendant toute cette phase préparatoire, le *Boeing* est constamment en descente, ce qui signifie que le réacteur gauche tourne toujours au ralenti.

Il ne fournit donc aucun effort.

L'équipage effectue la check-list d'approche.

A **20 heures 22 minutes et 30 secondes**, le *Boeing* est alors au cap 220 et le radar lui demande d'effectuer un virage à droite pour venir se placer dans l'axe de la piste. L'avion est toujours en descente mais le commandant de bord sait qu'il va devoir sortir le train d'atterrissage et les volets.

Ça ne devrait plus tarder car juste devant lui, il aperçoit la double rangée de balises lumineuses qui matérialise la piste d'East Midlands. L'aéroport n'est plus qu'à 8 kilomètres devant le *Boeing*. L'avion est parfaitement sur son plan de descente. Tout va bien. Dans deux minutes, les roues seront posées sur le ciment et il ne restera plus à l'équipage qu'à fêter l'événement dans un Pub de la ville. Dans le poste on parle déjà de quelques pintes de bière. Quant aux passagers, le compagnie leur offrira un repas bien arrosé et tout rentrera dans l'ordre.

Le commandant ordonne la sortie du train d'atterrissage.

– *Gear Down...*

Sous le plancher du poste, on entend le bourdonnement du mécanisme de sortie des roues puis le claquement sourd du verrouillage. Sur le tableau de bord, trois lumières vertes s'allument aussitôt pour informer l'équipage que tout est normal.

Évidemment, la sortie du train d'atterrissage provoque une traînée aérodynamique supplémentaire qui freine l'avion. La première réaction du commandant est donc de ramener la seule manette de gaz restante vers l'avant pour conserver la vitesse. Le moteur gauche est donc sollicité. C'est la première fois depuis l'incident survenu quelques minutes plus tôt.

– *Flaps 15...*

Le copilote pose la main sur la palette des volets et la place en position sur 15 degrés.

L'avion est toujours sur un plan de descente correct. Il n'est plus qu'à 1000 pieds de hauteur. La piste approche. Elle est maintenant à 5 kilomètres juste devant. Les deux hommes peuvent apercevoir le scintillement de la rampe d'approche. En cabine, les passagers commencent à se sentir mieux. Ils ont remarqué que l'avion était sorti des nuages et malgré la nuit, ils aperçoivent les phares des voitures sur l'autoroute M1 qui passe dans la région. Dans quelques minutes, l'avion atterrira sur la piste. Ils pensent qu'ils sont sauvés...

Quelques secondes plus tard, la vitesse du *Boeing* a tendance à diminuer très légèrement. Rien de bien méchant, peut-être un peu de gradient de vent ou une petite rafale arrière. Tout naturellement, le commandant repousse la manette des gaz vers l'avant pour augmenter la puissance.

Et c'est à cet instant que les véritables ennuis commencent. Il est exactement **8 heures 23 minutes et 45 secondes...**

D'un seul coup, les vibrations reprennent. Ça cogne très fort et brusquement le réacteur s'arrête...

Tous les instruments moteurs tombent à zéro. C'est un silence de mort qui s'abat brusquement sur le *Boeing*... Plus aucune trace du sifflement rassurant qui indique que ça pousse normalement sous les ailes.

La réaction du copilote est immédiate. Bien que ce ne soit pas le plus urgent, il saisit son micro pour informer la tour de Castle Domington de ce qui leur arrive. Le message est lancé sans appel initial d'une voix stridente.

– *British 092, nous avons aussi des problèmes sur l'autre réacteur...*

En fait, le lecteur l'a compris dès le début: le commandant de bord a coupé le moteur qui n'était pas en panne et il a continué à voler avec celui qui était défaillant. Tant que l'avion était en descente, le réacteur cassé a continué à fonctionner cahin-caha et personne n'a rien remarqué. Plus de fumée, plus de vibrations... mais dès qu'il a fallu le solliciter à nouveau, il a rendu l'âme. Cette fois, l'équipage comprend que la catastrophe se prépare. Bien sûr la piste est toute proche. Elle est juste là, devant l'avion... à moins de quatre kilomètres mais ils n'ont absolument aucune chance de l'atteindre en vol plané.

La voix du commandant de bord retentit dans le poste. On devine l'angoisse qui lui étreint soudain la gorge.

– *Essaye de rallumer l'autre. Il n'y a rien d'autre à faire...*

Avec des gestes nerveux, le copilote tente alors de relancer le réacteur droit. Mais il faut du temps pour une telle procédure et c'est ce qui manque le plus à l'équipage. L'appareil perd rapidement de l'altitude. A partir de maintenant chaque seconde compte comme un siècle.

Tout allait bien... Brusquement tout va mal.

A **20 heures 24 minutes 03 secondes**, une alarme incendie retentit. C'est le réacteur gauche qui est en train de prendre feu. On en a trop demandé à la mécanique, elle le fait payer.

– *Est-ce que je coupe le carburant sur le numéro 1 ?*

Cette fois, le commandant a compris que la priorité c'est de disposer d'au moins un réacteur pour pousser l'avion jusqu'à la piste. Après on verra bien. Sa voix est très tendue:

– *Non, rallume le numéro 2. Fais vite, ça chute, il faut que je tienne la pente.*

Malheureusement, la tentative de remise en route

n'aboutit pas: un réacteur n'est pas un moteur à piston, il ne repart pas sur un tour de clef. Et l'avion s'approche maintenant du sol.

Malgré tous ses efforts, le commandant ne peut pas empêcher sa machine de plonger. Sur l'altimètre, les chiffres défilent à toute vitesse:

600 pieds... 500... 400... 300...

Instinctivement, il tire sur le manche pour essayer de le retenir mais la vitesse diminue et il continue à chuter inexorablement... 17 secondes plus tard, la voix de synthèse de l'alarme de proximité du sol, retentit:

20 heures 24 minutes 20 secondes (GPWS): *Attention, le sol... Attention, le sol.*

Dans un effort désespéré, le commandant tire plus fort sur le manche. La vitesse chute alors à 125 nœuds(5). Le nez remonte mais l'appareil est au bord du décrochage. Le vibreur de manche se déclenche.

A **20 heures 24 minutes 59 secondes**, soit dix secondes seulement avant que le *Boeing* ne percute le sol, le commandant de bord saisit le micro du *Public Adress.* Il hurle un véritable avertissement à l'intention des passagers. Mieux vaut tard que jamais, mais enfin, c'est vraiment tard...

– *Préparez-vous pour un atterrissage en catastrophe... Préparez-vous pour un atterrissage en catastrophe.*

Les passagers n'ont pratiquement pas le temps de réagir. Ils se voyaient déjà dans l'aérogare en train de boire un pot

(5) 225 kilomètres à l'heure.

pour fêter leur aventure. Et voilà que les vibrations ont repris. Puis il y a eu ce silence terrifiant et leur siège s'est soudain enfoncé sous leurs fesses.

Étrangement, personne ne hurle dans la cabine. Pas le moindre cri de protestation. La seule manifestation viendra de l'hôtesse assise sur le Jump-seat à l'avant. Un des passagers assis au premier rang l'entendra murmurer:

– *Oh my God, it's over...*

A **20 heures 25 minutes et 09 secondes**, le superbe *Boeing 737-400* percute le sol. Il touche au niveau d'un grand talus qui borde l'autoroute M1 près de Kegworth. Au passage, les ailes cisaillent net les peupliers qui bordent les voies. Des débris de branches et de métal déchiquetés volent en tous sens. Comme un surfeur fou, l'appareil plonge dans le vallon tracé pour l'autoroute. Il traverse les deux chaussées sans même toucher la glissière centrale.

Puis, sans accrocher aucune voiture, il se bloque immédiatement sur le talus de la voie inverse. Les occupants du *Boeing* n'ont pas eu de chance ce jour-là, si l'avion avait pu voler 50 mètres supplémentaires, il aurait atteint la surface plane de la plate-forme aéroportuaire et il aurait glissé sur le sol en décélérant lentement.

Malheureusement, l'obstacle du talus est infranchissable pour l'avion. La vitesse passe de 225 kilomètres à 0 sur une distance correspondant à la largeur de l'autoroute. Malgré la violence du choc, il n'y a pas d'explosion, ni même d'incendie mais au moment de l'impact sur le second talus, le fuselage se casse en trois morceaux.

L'avion se disloque. Le plancher se déchire sur plusieurs mètres, libérant certains sièges avec leurs occupants qui sont projetés vers l'avant comme de véritables boulets de canon. La queue se replie sur la cabine comme un livre qui se referme brusquement.

Quelques secondes après le crash, le silence retombe sur l'endroit. Dans la nuit, les voitures s'arrêtent. C'est d'abord la stupéfaction pour les conducteurs qui découvrent cet avion de ligne brisé dans leurs phares. L'épave gît à moins d'un mètre de la bande d'arrêt d'urgence.

On entend des gémissements qui sortent de la carcasse. Affolés, les premiers témoins se précipitent pour apporter de l'aide aux blessés.

En quelques minutes, l'autoroute est complètement bloquée. Il se forme un gigantesque embouteillage qui s'étend sur plusieurs dizaines de kilomètres. Ce qui n'aurait pu être qu'une banale panne de réacteur vient de se transformer en une terrible catastrophe aérienne. Du fait de la proximité de l'aéroport, les secours seront sur place très rapidement.

Parmi les 126 occupants, les sauveteurs retireront 47 morts de la carcasse broyée. Comme on pouvait s'y attendre, la plupart des victimes se trouvaient à proximité des endroits où le fuselage s'est rompu, et comme c'est souvent le cas, les passagers qui étaient assis près de la queue sont pratiquement indemnes.

Ils ne sont pas les seuls: le commandant et le copilote sont sains et saufs, il n'y a d'ailleurs aucune victime parmi les 8 membres d'équipage. Étant donnée la violence de l'impact, c'est presque un miracle de retrouver 79 rescapés dans l'épave de l'appareil.

Les enquêteurs ont cherché à comprendre comment le pilote avait pu faire une telle confusion. Sur un bimoteur en panne, il est souvent normal d'hésiter pour trouver quel est le moteur défaillant mais persister dans l'erreur au point de planter l'avion est une erreur rarissime. On pourrait l'admettre d'un élève en cours de progression. C'est plus difficile à concevoir de la part d'un professionnel expérimenté totalisant plus de 13000 heures de vol comme c'était le cas du commandant.

La faute paraît si incroyable que certains experts ont même évoqué un temps la possibilité d'un défaut de montage électrique dans l'avion. Il aurait pu y avoir inversion des câblages des deux réacteurs au moment de la construction de l'appareil. Très rapidement, l'enquête montrera que ce n'est pas le cas. Il n'y a eu aucune inversion de montage, seuls la précipitation et le défaut d'analyse du commandant de bord sont responsables de cette erreur tragique.

Le plus étonnant est qu'une panne tout à fait semblable s'est produite quelques mois plus tard au-dessus de l'Angleterre... Le 9 juillet 1989, un autre *Boeing 737-400*(6) est victime de la même avarie moteur. Les circonstances sont étonnamment identiques: même moteur, même heure, même altitude (aux environs de 28000 pieds).

Par chance, l'équipage réagit bien, il identifie correctement le moteur défaillant et réussit à atterrir sans encombre. Encore plus stupéfiant: le 11 juillet 1989, un autre *Boeing 737-400* appartenant à la même compagnie British Midland décollant de l'aéroport d'Heathrow vers... Belfast est victime de problèmes exactement semblables: vibrations en vol, suivies de fumées et de forte odeur de brûlé. Comme pour les pannes précédentes, l'incident survient toujours aux environs de

(6) Voir CATASTROPHES AÉRIENNES *"Les passagers ont le droit de savoir..."* du même auteur aux Éditions Altipresse.

25000 pieds. Là encore, l'équipage identifie correctement le moteur en panne et atterrit sans difficulté à... Castle Domington. Il s'agissait d'un réacteur du même type ayant très peu d'heures de fonctionnement.

Cette fois, des doute sérieux sont émis quant à la fiabilité des réacteurs CFM-56-3C équipant les *Boeing 737-400.* Une enquête est ouverte et on découvre un défaut majeur dans la conception. Le constructeur Snecma/General Electric décide aussitôt de modifier certains éléments au niveau des pales du compresseur. Des essais sont faits et une nouvelle certification est effectuée.

Depuis, ce type de moteur s'est révélé parfaitement fiable.

CHASSE-NEIGE EN 747...

Un accident rare et très étonnant qui aurait pu faire plusieurs centaines de morts.

20 décembre 1995...
Aéroport John Fidzgerald Kennedy (New York).
10 heures.

Le ciel est bien gris en ce matin d'hiver.... Noël approche, il neige abondamment sur New York. A mesure que la couche s'épaissit, les bruits de la ville s'étouffent doucement et la vie de Manhattan ralentit. Les chaussées deviennent glissantes. Tous phares allumés, les automobilistes roulent de plus en plus lentement sur les Highways du New Jersey. Dans les rues, les passants se font rares. Le dos courbé sous le vent glacé, ils rasent les murs pour rejoindre les abris les plus proches.

Les prévisions météorologiques ne sont pas très optimistes. Les chutes de neige vont se renforcer au cours de la journée et même se transformer en bourrasques dans la nuit sur le nord de l'état.

Pourtant cette météo exécrable n'empêche pas les avions

de décoller et d'atterrir. Malgré la couche de neige qui recouvre l'aéroport John Fidzgerald Kennedy, l'activité continue presque normalement. Jusqu'ici, il n'y a eu qu'une seule interruption en début de matinée, à 9 heures 33 exactement. Pendant une demi-heure, on a arrêté les décollages et les atterrissages pour laisser travailler les chasse-neige et sabler les revêtements. Lorsque les énormes engins ont eu terminé leur travail, un inspecteur du PNY & NJ(1) est venu examiner soigneusement l'état des pistes puis il a donné son feu vert pour que la vie aéronautique reprenne à travers les flocons.

Ce matin-là, parmi les avions qui embarquent leurs passagers se trouve le vol Tower Air 41 dont le départ est prévu aux environs de 11 heures 30 en heure locale. C'est un vol régulier à destination de Miami. L'appareil qui doit assurer la liaison est un *Boeing 747* de première génération, un appareil de la série 136. C'est-à-dire que c'est un des premiers *Jumbo-Jet* livrés par *Boeing* en... 1970. Le moins que l'on puisse dire c'est que ce n'est pas une machine de première jeunesse. L'avion est pourtant parfaitement révisé même si, à la suite de l'accident qui va survenir, les enquêteurs se rendront compte que les caractéristiques de ses boîtes noires ne sont plus tout à fait conformes à la réglementation internationale.

Vu le temps de chien qui règne sur New York, le commandant de bord de Tower Air a préféré prendre ses précautions. Pendant la matinée, il a passé un long moment avec les services météorologiques de sa compagnie pour y suivre un briefing approfondi sur la situation. Le spécialiste météo l'a un peu rassuré. Les chutes de neige seront en augmentation jusqu'en début de soirée mais elles ne devraient pourtant pas

(1) PNY & NJ: Autorités aéroportuaires (Port Authorithy of New York et du New Jersey).

interrompre le trafic aérien. Actuellement, le plafond des nuages est à 800 pieds, et la visibilité évolue entre 600 et 1500 mètres. C'est tout à fait suffisant pour décoller et atterrir. Seule petite ombre au tableau, le vent est un peu de travers mais comme il n'est pas très fort, à peine 12 nœuds, il ne gênera pas les mouvements des avions.

Malgré son aspect spectaculaire, la météo n'est donc pas un problème même si, de part et d'autre des taxiways, les chasse-neige ont formé des murets de neige qui donnent à l'aéroport un faux air de station de sport d'hiver. Pour les pilotes, il convient simplement d'être prudents au cours du roulage.

Ça risque de glisser!

Il y a un autre problème qui ne doit pas être négligé: l'avion de Tower Air a passé la nuit sur l'aéroport de Kennedy. Il est recouvert de neige. Les masses de glace qui se sont accumulées dans les endroits critiques alourdissent la machine et surtout déforment le profil de ses ailes. Il serait terriblement dangereux de vouloir décoller comme ça. A plusieurs reprises des avions de ligne se sont écrasés à cause de ce problème(2).

Le commandant de bord prévoit donc de passer son appareil sous le portique de dégivrage juste avant le décollage.

A 53 ans, l'homme a suffisamment d'expérience pour connaître toutes les ficelles du métier. Au cours de ses 17000 heures de vol, il a piloté plusieurs dizaines d'avions de ligne de tous les types: *DC 9, Lockheed L-188* et bien sûr *Boeing 747* sur lequel il totalise 2900 heures de vol.

(2) Voir récit : *L'avion de ligne se pose dans la campagne* (LES MIRACULÉS DU CIEL, du même auteur aux Éditions Altipresse).

Étrangement et c'est assez rare pour être signalé, le copilote est plus expérimenté que son patron. Il a un peu plus d'heures de vol, (près de 18000). Il est également plus âgé (56 ans) et il a effectué deux fois plus d'heures de vol que lui sur *Jumbo-Jet* puisqu'il en a près de 6000 heures.

Le mécanicien navigant est le plus jeune des trois hommes dans le poste. Il n'a que 37 ans et 4600 heures de vol.

L'enregistrement et l'embarquement des passagers se sont effectué sans difficulté particulière même s'il a fallu un certain temps car l'avion est particulièrement chargé pour ce vol. Il transporte à son bord 451 passagers et 17 membres d'équipage. La plupart des passagers sont des touristes américains qui vont passer les fêtes de fin d'année en Floride. Dans toutes les têtes, ce ne sont que rêves de soleil et de mer chaude. Avec le froid et la neige qui tombe sur New York, chacun est impatient d'arriver à destination pour se réchauffer sur les plages de sable blanc.

C'est donc avec satisfaction que les occupants de l'appareil sentent le très léger choc arrière annonçant qu'un puissant "pousseur" est en train de reculer leur appareil pour le dégager de son terminal.

Mise en route des réacteurs...

Le roulage commence à **11 heures 02.**

Aussitôt après avoir quitté son parking, le *Boeing 747* se dirige donc vers l'emplacement du grand portique à partir duquel, il va être aspergé d'un produit dégivrant. Cette procédure est généralement longue à effectuer. En ce qui concerne le vol Tower Air 41, elle va durer plus de 16 minutes, mais elle est indispensable car elle constitue un point de sécurité capital pour l'appareil.

Pendant ce temps, la neige continue de tomber.

Une fois le dégivrage terminé, le commandant contacte la tour de JFK pour obtenir l'autorisation de rouler vers le point d'attente. Il est alors **11 heures 18 minutes et 45 secondes.** C'est la piste 04 gauche qui est en service. Du point de vue du décollage, ce n'est pas la meilleure orientation car nous l'avons vu, il souffle un vent venant du 330 degrés. C'est-à-dire qu'il n'est pas dans l'axe mais de travers gauche... Cela risque de gêner l'avion au moment de la mise des gaz. Seule la 31 permettrait de décoller pratiquement face au vent. Malheureusement, d'après les autorités de l'aéroport, cette piste n'est pas encore déneigée et ne le sera pas avant deux heures. Rappelons, malgré tout, que la vitesse du vent est de l'ordre de 10 nœuds. C'est une valeur faible qui ne devrait pas présenter de difficultés pour des navigants entraînés.

Pour l'instant, le véritable problème viendrait plutôt de la visibilité extérieure qui n'est pas vraiment bonne. Pour distinguer ce qui se passe devant l'avion, les deux pilotes doivent se coller le nez contre le pare-brise. Il y a des paquets de neige soufflée dans tous les coins et tout n'est que grisaille... Pas facile d'apercevoir les balises lumineuses de couleur bleue de part et d'autre des chemins de roulement.

– Dis-donc, les flocons sont de plus en plus gros, s'étonne le copilote au moment où le gros avion s'engage sur le taxiway qui le conduit vers la piste en service.

Puis il demande d'une voix un peu inquiète:

– A ton avis, est-ce que ça veut dire qu'il va s'arrêter de neiger bientôt ou bien que ça va tomber encore plus fort ?

Pour toute réponse, le commandant marmonne quelques mots incompréhensibles. En fait, il n'en sait rien... Difficile de dire s'il est inquiet ou si ce n'est qu'un décollage de plus pour lui parmi les milliers qu'il a déjà effectués.

Le copilote a raison... les flocons sont en train de s'épaissir. En permanence, des gros paquets ouatés viennent s'écraser sur le pare-brise et ils sont de plus en plus compacts. D'ailleurs, pour garder une visibilité correcte vers l'extérieur les deux hommes doivent brancher les essuie-glaces à leur vitesse maximale.

Le roulage s'effectue donc à très faible vitesse. Il faut se rappeler que le poste de pilotage d'un *Boeing 747* est situé à une quinzaine de mètres de hauteur par rapport au sol. Pour les deux hommes d'équipage, cela revient à piloter l'avion comme s'ils étaient au quatrième étage d'un immeuble.

De là-haut, il est difficile d'estimer la vitesse de roulage au sol. Plus on est haut et plus on a tendance à sous-estimer la vitesse de l'appareil. Dans les années 70, au début de la mise en service des *Jumbo-Jet*, il est parfois arrivé que des pilotes, inconscients de leur vitesse, rentrent dans les parkings un peu trop vite.

Freinage en catastrophe....

Le résultat s'est traduit par quelques vitres brisées dans les aérogares et quelques belles frayeurs pour les passagers. Pour éviter ces problèmes, les pilotes ont aujourd'hui pour consigne d'utiliser les indications de leur centrale inertielle. En aucun cas, ils ne doivent se fier à des sensations personnelles, tout à fait subjectives.

Et c'est exactement ce que fait le commandant de bord du vol Tower Air 41. Il roule en respectant la vitesse que lui indique sa centrale... Il le fait d'autant plus sérieusement que le sol est glissant et qu'il n'a évidemment aucune envie de rater un virage. Cette vitesse est enregistrée par la boîte noire. Pendant cette première phase de déplacement sur l'aéroport, l'avion roule à 5,6 kilomètres à l'heure, ce qui représente la vitesse d'un marcheur un peu pressé.

Pour diriger l'avion au sol, le commandant utilise le *nosewheel tiller*, une sorte de petit volant situé sur sa gauche. Contrairement aux avions légers qui se dirigent au palonnier, les gros avions de ligne utilisent un système qui agit directement sur le train avant. Un peu comme un volant de voiture... Nous verrons plus loin qu'une utilisation maladroite de ce système n'est pas étrangère à l'accident qui va survenir.

Dans la cabine, les passagers situés près des hublots tentent d'apercevoir les bâtiments de l'aéroport au dehors. Mais ils ne voient absolument rien. La buée et l'humidité sur les hublots brouillent tout. A travers le plexiglas humide, le paysage se résume à une masse grise informe. C'est à peine si on parvient à deviner les quelques lueurs jaunes dégagées par les lampadaires des parkings. Aujourd'hui, avec la météo, tout semble différent.

Même les bruits dans l'avion sont inhabituels. Par moments, le son est plus feutré. Les roues passent sur des plaques de neige et les passagers ont l'impression de rouler sur de la moquette. S'il n'y avait pas le sifflement lointain des réacteurs, on pourrait croire que l'appareil est presque immobile.

Les minutes passent... Il est **11 heures et 22 minutes.**

L'avion roule à présent sur le taxiway parallèle à la piste 04. Pour arriver jusqu'au point d'attente, il doit encore traverser la piste 31 et rouler pendant plus d'un kilomètre.

Tout à coup, alors que personne ne s'y attend, le commandant de bord s'arrête en plein milieu du taxiway. Étrange manœuvre...

C'est le moment de suivre les conversations qui se tiennent dans le poste de pilotage.

11 heures 22 minutes 56 secondes *(commandant)*: *Je vais, heu, m'arrêter juste ici et pousser un peu les moteurs.*

11 heures 23 minutes 00 seconde *(copilote)*: *OK.*

Sans brusquerie, le pilote presse simultanément sur les deux freins, puis il bloque le frein de parking.

Malgré la neige, l'avion s'immobilise sans difficulté.

11 heures 23 minutes 09 secondes *(commandant)*: *Mike. Tu jettes un œil dehors et tu regardes. Si on commence à bouger, tu me le dis tout de suite.*

Le copilote marmonne un vague Okay... Il vient seulement de comprendre les intentions de son commandant: celui-ci veut tester l'adhérence au sol en mettant les gaz avec les freins serrés. Si le ciment est très glissant, malgré ses 350 tonnes, le *747*, risque d'avancer. Dans l'esprit du patron, cette procédure un peu inhabituelle va lui permettre de vérifier le taux d'accrochage du ciment: ce que les spécialistes appellent le "grip" de la piste. Ce sera une bonne indication des conditions réelles qui les attendent pour le décollage. Le seul problème est que, sur un avion à réaction, il n'est pas vraiment habituel d'effectuer ce genre d'essai au beau milieu d'un taxiway. D'autant qu'aujourd'hui, le souffle des réacteurs risque d'envoyer de la neige un peu partout derrière eux. Et en particulier sur l'avion qui les suit pour le décollage.

Du coup, le copilote s'inquiète des conséquences de la manœuvre.

11 heures 23 minutes 13 secondes *(copilote)*: *Est-ce que je dois prévenir le sol de ce que nous sommes en train de faire?*

11 heures 23 minutes 14 secondes ***(commandant d'un ton autoritaire)*****:** *Non.*

On ne peut pas dire que le patron soit particulièrement prévenant pour les collègues qui le suivent !

Deux secondes plus tard, le *Cockpit Voice Recorder* enregistre l'augmentation du sifflement des réacteurs. Les 80 tonnes de poussée des quatre Pratt & Whitney JT9D montent en puissance.

L'énorme avion se met à vibrer sourdement. Le pilote accentue la pression sur les freins pour maintenir son avion immobile.

La puissance arrive à 45 %.

Pas de chance, ça ne marche pas ! Il ne faut attendre que six secondes pour que l'équipage comprenne qu'il n'est pas possible de mettre trop de gaz... Malgré les freins serrés à fond, le *Boeing* commence à glisser sur le sol gelé.

11 heures 23 minutes 20 secondes ***(copilote)*****:** *On dirait qu'on est en train de bouger.*

Un crissement inhabituel retentit dans la cellule. Le commandant a compris lui aussi qu'il ne fallait pas y aller trop fort sur la poussée. Immédiatement, il ramène les quatre manettes en arrière et les aiguilles des EPR redescendent aussitôt vers le ralenti.

11 heures 23 minutes 25 secondes ***(un employé de la compagnie assis sur le siège juste derrière le commandant de bord)*****:** *On a commencé à bouger, hein ?*

11 heures 23 minutes 26 secondes ***(copilote)*****:** *Ouais...*

11 heures 23 minutes 27 secondes ***(employé)*****:** *Eh ben... C'est drôlement glissant dehors.*

11 heures 23 minutes 35 secondes *(commandant)*: *C'est une véritable patinoire, ici, hein!*

Au même moment, dans la radio on entend, le vol Delta Airlines 9901 qui appelle la tour de contrôle. La voix du pilote semble inquiète. Du coup, les trois hommes se taisent pour écouter la conversation entre la tour et le 737 de Delta.

11 heures 23 minutes 37 secondes *(fréquence sol de JFK)*: *Oui Delta 9901, je vous écoute?*

11 heures 23 minutes 40 secondes *(Delta 9901)*: *Vous avez des nouvelles pour la piste 31 droite?*

11 heures 23 minutes 44 secondes *(fréquence sol de JFK)*: *Non, elle est toujours fermée...*

11 heures 23 minutes 46 secondes *(Delta 9901)*: *Et, vers quelle heure, elle sera ouverte?*

11 heures 24 minutes 06 secondes *(fréquence sol JFK)*: *J'en sais rien quand elle va ouvrir. Peut-être dans deux heures. Vous pouvez contacter les responsables de l'aéroport (Port Authorithy), ils vous diront.*

11 heures 24 minutes 11 secondes *(Delta 9901 avec une nuance de reproche dans la voix)*: *D'accord. Tout à l'heure, ils avaient parlé de 11 heures. C'est pour ça qu'on vérifiait...*

11 heures 24 minutes 16 secondes (fréquence sol JFK): *D'accord.*

Décidément, le commandant du 747 ne semble pas être le seul à appréhender un décollage avec du vent de travers. Visiblement, le gars du vol Delta 9901 préférerait lui aussi utiliser la 31 qui le mettrait juste face au vent. Malheureusement, l'utilisation de cette piste ne dépend pas des contrôleurs aériens mais des autorités aéroportuaires (PNY & NJ).

Ce que ne savent pas les différents intervenants dans cette conversation, c'est qu'en réalité la piste 31 ne sera pas ouverte dans deux heures mais dans seulement... quatre minutes. Mais personne, même dans la tour de contrôle, n'est encore au courant.

A ce moment, le *Boeing 747* arrive à l'intersection de cette fameuse piste 31 que tout le monde voudrait bien utiliser. Machinalement, l'équipage jette un coup d'œil à droite pour constater qu'étrangement, elle n'est pas aussi enneigée qu'ils le croyaient. Les bordures ont été parfaitement dégagées et cela ne poserait pas de problèmes pour mettre en l'air les 350 tonnes du 747. Le commandant réfléchit: elle semble parfaite et ce serait de toute façon beaucoup mieux que cette piste 04. Il avouera plus tard qu'à cet instant, il a été sur le point de demander qu'on lui accorde la 31 mais qu'il y a finalement renoncé. La suite des événements va montrer à quel point il a eu tort de ne pas suivre son instinct. Dans la tour de contrôle, le contrôleur "sol" suit la progression des avions sur les chemins de roulement de JFK. Sur l'écran de son radar[3], l'homme a immédiatement remarqué que le 747 ralentissait en arrivant à l'intersection. En aucun cas, l'avion n'a le droit de s'engager sur une piste, même si celle-ci n'est pas en activité comme c'est le cas de la 31

11 heures 24 minutes 24 secondes ***(fréquence sol de JFK):*** *Tower 41, vous pouvez rester sur le taxiway intérieur. Autorisé à traverser la 31 gauche à l'intersection "kilo" (lettre "K" correspondant au taxiway).*

(3) Du fait de la faible visibilité et des dimensions de l'aéroport, le contrôleur utilise un radar permettant de repérer les avions roulant au sol. Ce genre de dispositif n'existe pas sur tous les aéroports. A Tenerife, il aurait permis d'éviter la catastrophe (voir récit : *Les deux 747 se percutent*).

11 heures 24 minutes 28 secondes *(copilote)*: *On reste sur l'intérieur pour traverser la 31 gauche. Merci, Tower 41.*

La progression reprend donc pour traverser la piste vers le point d'attente de la 04. Maintenant, dans le poste de pilotage, l'ambiance semble redescendre d'un cran. Une minute se passe sans que personne ne parle... Puis soudain, les trois hommes aperçoivent sur la gauche un appareil qui décolle de la piste qu'il vont bientôt utiliser. C'est un avion appartenant à America West, une compagnie aérienne dont tout le monde parle en ce moment aux États-Unis, à cause des difficultés financières dont elle est l'objet. Du coup l'équipage ne peut s'empêcher de plaisanter sur la mésaventure qui est survenue à tout le personnel navigant de cette compagnie. Pour boucler la fin du mois, ses dirigeants ont systématiquement diminué tous les salaires des pilotes de 30 %.

11 heures 25 minutes 45 secondes *(commandant)*: *Eh les gars, il paraît qu'ils ont eu sacrément les boules quand ils ont vu leur feuille de paye, hein ?*

11 heures 25 minutes 49 secondes *(copilote)*: Je *vous le dis, moi je travaillerais pas dans ces putains de conditions...*

11 heures 25 minutes 52 secondes *(employé sur le siège arrière)*: *Ça commence à ressembler à la Braniff*[4].

La réflexion est ponctuée par quelques éclats de rires acides. Visiblement tous ceux qui sont dans le poste du 747 sont heureux de travailler pour une compagnie qui respecte son personnel.

On devine que la conversation pourrait se poursuivre

(4) Compagnie américaine qui a fait une faillite retentissante.

longtemps sur les problèmes de la compagnie concurrente, mais la voix du contrôleur au sol retentit soudain dans les haut-parleurs.

L'homme appelle le *Boeing 747.*

11 heures 26 minutes 05 secondes ***(fréquence sol de JFK):*** *Tower 41, traversez la piste 31 et une fois de l'autre côté, changez sur 119.10. Bonne journée...*

11 heures 26 minutes 10 secondes ***(copilote):*** *Reçu Tower 41... On changera de l'autre côté. Merci.*

Le *Jumbo-Jet* s'engage alors sur la piste 31. Il la traverse à très faible vitesse et poursuit son chemin sur le taxiway. A partir de cet instant, quatre minutes passent en silence.

L'avion progresse de plus en plus lentement. Il se déplace maintenant de 3,9 kilomètres à l'heure. C'est la vitesse d'un promeneur qui flâne sur un trottoir. De toute évidence, le commandant de bord ne veut prendre aucun risque de déraper sur une plaque de neige.

Puis enfin, quatre minutes plus tard, le *Jumbo-Jet* parvient au point d'attente. L'entrée de la piste 04 n'est plus qu'à une dizaine de mètres sur sa gauche. Avec les plus grandes précautions, le commandant fait pivoter son appareil pour le placer au bord de l'aire en ciment.

Il s'adresse alors à son mécanicien navigant.

11 heures 29 minutes 49 secondes ***(commandant):*** *On va se mettre dans le coin ici. Ralph, tu vas faire un tour dans la cabine pour jeter un coup d'œil sur les ailes à ma place, d'accord.*

11 heures 29 minutes 53 secondes ***(mécanicien):*** *D'accord!*

L'examen des ailes avant le décollage n'est pas une précaution superflue. Cela fait maintenant 11 minutes que le *Jumbo-Jet* a quitté le portique de dégivrage et avec la neige qui tombe à gros flocons, il y a un risque que les ailes soient déjà recouvertes de glace. Le patron n'a aucune envie de mettre son appareil dans la situation du *Boeing 737* d'Air Florida en 1982 qui s'était abîmé dans le Potomac (Washington) à cause du givrage. Les circonstances étaient semblables à celles d'aujourd'hui: une fermeture imprévue de la piste en service avait maintenu l'avion d'Air Florida un long moment sous la neige. Pour gagner du temps, les pilotes inexpérimentés avaient tenté de décoller malgré tout, sans repasser au dégivrage. Les ailes et les entrées d'air étaient recouvertes de glace: perte de puissance, décrochage, chute de l'avion dans la rivière gelée. Une catastrophe terrible faisant plusieurs dizaines de victimes... C'est la raison pour laquelle, le commandant de Tower 41 souhaite que "Ralph", le mécanicien, vérifie l'état des ailes avant de tenter de décoller.

Le *Cockpit Voice Recorder* enregistre le bruit de ceintures qui se dégrafent, puis la porte s'ouvre et le mécanicien quitte le poste de pilotage.

Pendant ce temps, la radio retransmet les paroles échangées entre un appareil de la British Airways et la tour de contrôle.

11 heures 31 minutes 46 secondes *(British Airways SB 117)*: *Heu, ici Speed Bird 117. Juste pour votre information, on va décoller avec les volets sortis.*

11 heures 31 minutes 52 secondes *(Fréquence Tour JFK)*: *Euh... Roger. De toute façon, je ne peux pas vous voir de là-haut. Vous... euh... Ce sera avec les pleins volets sortis.*

11 heures 31 minutes 53 secondes *(British Airways SB 117)*: *Euh oui...*

Le contrôleur de JFK a du mal à cacher sa surprise en

entendant cette information plutôt inhabituelle. En temps normal, un avion décolle avec 15 degrés de volets. Ce n'est que pour l'atterrissage qu'il braque les pleins volets. Tous les contrôleurs savent cela et sont habilités à signaler au pilote un éventuel oubli, que ce soit pour le train d'atterrissage ou les volets.

Aujourd'hui, avec les conditions météorologiques un peu limites, chaque équipage essaie de trouver un "truc" pour décoller le plus rapidement possible et pallier le manque d'adhérence de la piste. Comme l'appareil de la British Airways est léger, le pilote a décidé d'utiliser les full flaps. Il pense certainement que cela lui permettra de soulager le poids sur son train d'atterrissage et peut-être ainsi d'accélérer plus vite au sol. Technique de décollage assez "inhabituelle" mais dans le fond, c'est au commandant de bord de British Airways, et à lui seul, de décider dans quelle configuration, il va se mettre en l'air.

Dans le *747*, la porte du poste s'ouvre de nouveau et le mécanicien revient à sa place. L'homme n'a pas perdu de temps pour faire son inspection dans la cabine... Sans s'occuper des regards curieux qui le suivaient, il est allé jusque dans le secteur "C". Une fois là-bas, il s'est penché par-dessus les passagers et a examiné soigneusement l'état des ailes à travers les hublots.

Maintenant, il semble satisfait.

11 heures 32 minutes 01 seconde ***(mécanicien)*: *Pas de problème. C'est très propre dehors.***

11 heures 32 minutes 03 secondes ***(commandant)*: *OK...***

11 heures 32 minutes 04 secondes ***(mécanicien)*: *Bon Dieu, il doit faire sacrément froid !***

L'homme reprend sa place devant son pupitre, puis il tourne son siège pour se placer entre le commandant et le copilote. Le temps du décollage approche. Cette fois, la tour contacte le *747* pour lui demander de se mettre en place au milieu de la piste.

11 heures 32 minutes 07 secondes ***(tour de contrôle)*****:** *Tower 41. Pénétrez sur la piste 04 gauche. Mettez-vous en position et attendez. On a un trafic qui traverse de droite à gauche.*

11 heures 32 minutes 11 secondes ***(commandant)*****:** *D'accord.*

11 heures 32 minutes 13 secondes ***(copilote)*****:** *On se met en position et on maintient. Euh... 04 gauche. Tower Air 41.*

11 heures 32 minutes 15 secondes ***(commandant pour son copilote)*****:** *On est en position et on maintient. Check-list avant décollage!*

Au même moment, la tour contacte un autre appareil (appartenant à la société de poste rapide DHL) pour lui donner les dernières indications du vent au sol. Celui-ci est du 330 degrés pour 11 nœuds. Ce sont donc les mêmes paramètres: le vent est toujours de travers (avec une composante très légèrement arrière) mais il n'est pas fort et reste dans les limites autorisées pour le *Boeing*. En réalité, la limite n'est pas loin puisque sur le *747*, le vent maximum de travers autorisé sur piste glissante est de... 15 nœuds. C'est bon mais pas question de faire n'importe quoi!

A partir de maintenant, l'équipage va procéder aux dernières vérifications avant de mettre les gaz.

En premier lieu, le mécanicien navigant informe le personnel de cabine de l'imminence du départ. Personne ne doit être debout au milieu de l'allée au moment de la mise des gaz.

11 heures 32 minutes secondes *(mécanicien au micro)*: *PNC assis à vos postes pour le décollage.*

11 heures 32 minutes 47 secondes *(mécanicien au commandant)*: *Annonce de décollage effectuée.*

Le doigt sur sa feuille plastifiée, le mécanicien navigant poursuit alors la lecture de la check-list précédant le décollage: le pack de climatisation est coupé, l'ignition est On le transponder et le radar sont branchés.

Pendant ce temps, un *Boeing 747* de la TWA se présente en finale pour atterrir.

11 heures 33 minutes 40 secondes *(tour JFK)*: *TWA 186, autorisé à atterrir. Vent du 330 degrés pour 12 nœuds.*

Une minute plus tard, le commandant du vol Tower Air entend sur la fréquence une conversation qui, a posteriori, lui donnera de sacrés remords. Le message provient d'une voiture de piste qui appelle la tour de contrôle. Le véhicule est un Ford 4x4 recouvert de marquages jaunes fluorescents. C'est un énorme engin chargé d'assurer la surveillance des pistes.

Son indicatif radio est “Car 99”.

11 heures 34 minutes 00 seconde *(voiture de piste)*: *La tour, ici 99.*

11 heures 34 minutes 01 secondes *(tour)*: *Car 99, Kennedy... allez-y.*

11 heures 34 minutes 02 secondes *(voiture de piste)*: *Bon, euh... Tout est OK pour la piste 31 gauche. La piste est opérationnelle à partir de maintenant... Sur toute la longueur... On a fait les essais de sécurité et les essais de freinage.*

11 heures 34 minutes 10 secondes *(tour JFK)*: *Compris 99...*

Le commandant de bord de Tower 41 aligné sur la piste 04

doit pester intérieurement. Si seulement il avait eu le réflexe de demander cette piste, on lui aurait certainement donnée. D'autant que les flocons qui viennent de la gauche de l'appareil confirment les indications de la tour. Le vent est bien de travers... Et on dirait qu'il y a des rafales plus fortes. Avec le manque d'adhérence du revêtement, cela risque de lui poser des problèmes. Il est évident que le ciment n'accroche pas vraiment. D'ailleurs, s'il en avait le moindre doute, il n'aurait qu'à écouter les dernières informations que fournit la tour à un appareil sur le point de poser les roues.

11 heures 34 minutes 18 secondes *(tour JFK)*: *Carnival 134, ici la tour de Kennedy. Vous êtes numéro 2 à l'atterrissage piste 04 droite. Pour votre information, le freinage est bon, à moyen, vers le milieu de la piste mais c'est mauvais à la fin. Surtout à l'intersection pour sortir. Le vent est du 330 pour 12 nœuds.*

Du coup, le copilote du *747* se tourne vers son patron. La voix semble légèrement ironique. Difficile pourtant de savoir si la situation l'amuse ou l'inquiète.

11 heures 34 minutes 26 secondes *(copilote)*: *Je ne crois pas que vous pourrez mettre les gaz sur les freins.*

En effet, pour le décollage, la procédure veut généralement que le pilote commence à mettre les gaz tout en maintenant l'avion sur les freins puis qu'il lâche tout brusquement. Cela permet de disposer instantanément de la puissance sans être obligé d'attendre la réponse des réacteurs qui ont un temps d'inertie assez long. Le problème évidemment, c'est qu'aujourd'hui, même avec les freins serrés, l'appareil risque de glisser sur le sol gelé. Le commandant l'a déjà vérifié, quelques minutes plus tôt.

11 heures 34 minutes 29 secondes *(commandant)*: *Non... On va faire ce qu'on peut. Si l'avion commence à bouger, on va le laisser partir.*

11 heures 34 minutes 34 secondes ***(copilote)*:** *Okay... Je vois l'avion qui traverse au bout de la piste là-bas.*

11 heures 35 minutes 26 secondes ***(copilote)*:** *Tower Air 41, on est en position pour le décollage.*

11 heures 35 minutes 29 secondes ***(tour JFK)*:** *Oui, monsieur... Vous attendez... Maintenez encore la position.*

Les secondes passent. En fait, là-bas, tout au bout de la piste, l'autre appareil n'a pas encore dégagé. Le pilote est particulièrement prudent, lui aussi. Il roule très lentement et semble avoir ralenti pour prendre la dernière intersection.

Le lecteur l'aura compris, on est sur l'aéroport John Fidzgerald Kennedy mais par endroits, on pourrait aisément se croire sur une patinoire dans le grand nord canadien.

Du coup, puisque le *Jumbo-Jet* dispose de quelques secondes de répit, le commandant décide de tester une nouvelle fois l'adhérence de la piste.

11 heures 35 minutes 39 secondes ***(commandant)*:** *On va essayer de mettre les gaz pour voir ce que ça donne...*

Sans attendre, le pilote met le freins de parking et avance une nouvelle fois les quatre manettes grise vers l'avant. Le sifflement s'amplifie et les aiguilles des EPR s'animent rapidement.

11 heures 35 minutes 47 secondes ***(commandant)*:** *Surveillez les pendules les gars! (la puissance).*

Les réacteurs commencent à rugir derrière les tuyères mais contrairement à ce qui s'était passé quelques minutes plus tôt, le *Boeing* ne bouge pas d'un pouce. C'est plutôt encourageant. Du coup, le pilote décide de pousser un peu plus la puissance. Les manettes avancent encore...

Rien ne bouge... L'équipage soupire... Les roues sont solidement accrochées au bitume. L'essai est très satisfaisant. Dans ces conditions, tout devrait bien se passer pour le décollage.

Lentement, le commandant ramène alors les manettes vers l'arrière d'un air satisfait. Le sifflement décroît.

11 heures 36 minutes 04 secondes ***(commandant)*****:** *C'est assez bon... Euh, le vent vient de la gauche.*

Cette fois, les trois hommes se détendent imperceptiblement. Le *Boeing 747* est exactement au milieu de la piste. Le diabolo de son train avant est sur la ligne médiane blanche. Bien évidement, avec la neige qui tombe, cette ligne n'est pas visible sur toute la longueur de la piste. Par endroits, elle est complètement recouverte de neige. Mais on distingue bien les bordures lumineuses de la piste. D'autant qu'elles sont nettement délimitées de part et d'autre par les amoncellements de neige repoussée par les chasse-neige. Il n'y a plus qu'à attendre l'autorisation de la tour pour partir.

Celle-ci arrive 20 secondes plus tard.

11 heures 36 minutes 25 secondes ***(tour)*****:** *Tower Air 41, vent du 330 degrés pour 11 nœuds. Piste 04 gauche. Visibilité 1 800 mètres. Vous êtes autorisé au décollage.*

Comme c'est la réglementation, c'est presque par réflexe que le copilote répète soigneusement l'autorisation qu'on vient de lui donner, en spécifiant bien la piste en service.

11 heures 36 minutes 31 secondes ***(copilote)*****:** *Nous sommes autorisés à décoller piste 04 gauche.*

11 heures 36 minutes 34 secondes ***(commandant)*****:** *Est-ce que la check-list est terminée ?*

11 heures 36 minutes 35 secondes ***(mécanicien)*****:** *Oui, la check-list est terminée.*

Alors sans hésitation, le commandant déverrouille le frein de parking et il avance franchement les manettes des gaz vers l'avant. Le sifflement des réacteurs est d'abord aigu puis, à mesure qu'il s'amplifie le son devient plus grave.

Comme les essais précédents ont montré que l'appareil pouvait tenir sur les freins sans difficulté, le commandant a décidé d'utiliser la technique habituelle. Il va mettre la puissance sur les freins.

11 heures 36 minutes 44 secondes ***(mécanicien)*****:** *La puissance est stable.*

Sur les aiguilles de l'EPR (Engine Pressure Ratio), les aiguilles montent vers 1.1. Tout va bien... L'avion ne bouge pas. Un peu plus de gaz. Les roues s'accrochent au ciment. Alors, au moment où les manettes arrivent à mi-course, le commandant lâche les freins. Et le *Boeing* commence à accélérer... Les manettes sont alors poussées complètement à fond jusqu'à 1.43 d'EPR.

La puissance se déchaîne dans les chambres de combustion.

11 heures 37 minutes 04 secondes ***(commandant)*****:** *On note l'heure... Puissance de décollage.*

11 heures 37 minutes 05 secondes ***(mécanicien)*****:** *Roger... Puissance de décollage.*

Un dernier coup d'œil aux instruments... La puissance est symétrique sur les quatre réacteurs. Sur le tableau de bord, l'aiguille de l'indicateur de vitesse frémit.

20 nœuds...

30 nœuds...

40 nœuds...

50 nœuds...

L'avion est assez lourd et il est loin d'avoir les performances spectaculaires d'un avion moderne mais dans les premières secondes, tout semble se passer normalement. Pour maintenir son appareil sur la ligne centrale, le commandant utilise le petit volant directionnel agissant directement sur le train avant. De temps en temps, il donne des coups secs pour ramener le nez sur l'axe car il a une très légère tendance à s'embarquer vers la gauche. Le commandant ne se sert pas du palonnier puisque la gouverne de direction n'est pas encore efficace. Elle ne le sera qu'à partir de 80 nœuds (140 kilomètres à l'heure) et on n'y est pas...

Et puis tout à coup, les choses se gâtent... Alors que le pilote a les yeux rivés sur la ligne centrale, il sent que son *Jumbo-Jet* dérape brusquement sur la gauche. La réaction est immédiate...

D'un coup sec, le pilote tourne le petit volant à droite et le ramène au neutre. Puis comme rien ne se passe, il braque complètement le diabolo vers la droite. Et c'est une erreur grave... Le geste a été beaucoup trop brusque. Sur cette piste glissante, la roulette de nez a dépassé l'angle qui lui permet de rester directionnelle. Les roues sont pratiquement braquées à 70 degrés... Elles ne sont plus qu'un léger point de friction sur le ciment gelé. Les pneus du diabolo avant n'adhèrent plus et n'ont plus aucun effet pour diriger l'avion.

Inexorablement, le nez du *747* se tourne vers la gauche. C'est l'effet "girouette" que tous les pilotes des petits avions à train classique connaissent bien. Le vent frappe sur la dérive de l'appareil et sous le couple, l'avion a tendance a se mettre dans le lit du vent.Le vent souffle de la gauche. L'avion part à gauche.

Et malgré ses 350 tonnes, l'énorme *747 r*éagit exactement comme un petit *Jodel D 120* d'aéro-club.

Dans le poste de pilotage, c'est soudain la stupeur. On s'attendait à tout sauf à ce qui arrive. Que faire? La solution la plus sage serait tout simplement de ramener les manettes des gaz vers l'arrière et d'annuler le décollage. Et pourtant, le commandant ne le fait pas. Réflexes trop lents? Peur d'être ridicule alors que d'autres avions viennent de décoller juste devant lui? On ne peut savoir exactement ce qui se passe dans la tête du patron, sauf que, malgré une situation très malsaine, il s'entête à vouloir mettre son appareil en l'air.

Et le dérapage s'accentue...

D'une seule voix, le copilote et le mécanicien tentent de mettre en garde le commandant de bord.

11 heures 37 minutes 10 secondes *(copilote)*: *Fais gaffe!*

11 heures 37 minutes 10 secondes *(mécanicien)*: *Fais gaffe!*

11 heures 37 minutes 12 secondes *(mécanicien)*: *Fais gaffe... On est en train de le perdre...*

11 heures 37 minutes 12 secondes *(copilote)*: *On part à gauche!*

11 heures 37 minutes 13 secondes *(mécanicien)*: *On part à gauche!*

11 heures 37 minutes 13 secondes *(mécanicien)*: *Va à droite!*

11 heures 37 minutes 15 secondes *(copilote)*: *On fout le camp.*

Le remède serait de mettre du pied à droite à fond, car l'avion est maintenant à 70 nœuds et sans être complètement efficace, la gouverne pourrait peut-être empêcher ce mouvement parasite vers la gauche. Mais, au lieu de réagir sainement au palonnier, le pilote se crispe nerveusement sur le braquage du train avant. Comme celui-ci est déjà en butée, cela ne sert strictement à rien. Non seulement les roues avant ne sont plus directionnelles mais elles dérapent maintenant avec de violents coups de raquettes sur le sol gelé... Il faudrait absolument annuler le décollage mais le commandant persiste dans son erreur...

Du coup, c'est le mécanicien navigant qui prend les choses en main. Sans attendre les ordres du "patron", il décide d'arrêter les frais. D'un geste brusque, il ramène les manettes des gaz vers l'arrière pour couper la poussée. Il est évident que sans cette décision personnelle, le *Boeing* aurait continué à accélérer et l'accident aurait été beaucoup plus grave.

Car le commandant de bord n'a aucune réaction intelligente.

Toujours accroché à son *nosewheel tiller*(5), il est comme un automobiliste qui s'obstine à braquer le volant d'une voiture dont les quatre roues sont complètement bloquées. Même si le train avant pouvait se braquer davantage, ça ne redresserait pas l'avion pour autant.

Au contraire!

Ce n'est qu'avec beaucoup de retard que le pilote met enfin du pied à droite pour tenter de rattraper sa machine. Malheureusement, ça ne sert plus à rien, le *Boeing* est devenu totalement incontrôlable. Même avec les réacteurs réduits, il continue sur sa lancée et l'effet girouette se fait plus violent. C'est la catastrophe. Le nez se tourne de 60 degrés sur la gauche. Le *Jumbo-Jet* quitte la piste comme un vulgaire T6 des années 1950, piloté par un élève maladroit.

(5) Petit volant latéral agissant sur le train avant.

A ce moment, la vitesse est de l'ordre de 130 kilomètres à l'heure. Dès que le *Boeing* sort de la bande cimentée, il se trouve dans un secteur complètement enneigé. Le spectacle est à la fois terrible et superbe, car l'énorme machine fonce maintenant dans la nature en soulevant une immense gerbe blanche. C'est une véritable cascade féerique qui retombe de part et d'autre de ses ailes immenses.

A bord du véhicule CAR 99, le technicien de piste n'en croit pas ses yeux en voyant ce “show” digne d'un film catastrophe à grand spectacle. Désemparée, l'énorme machine traverse le taxiway parallèle qui l'a amenée au point d'attente. Il y a un choc dur au moment où le monstre reprend contact avec le ciment mais ça ne dure qu'une seconde car la course folle se poursuit au même rythme. L'avion de ligne n'est plus qu'un gigantesque Bobsleigh qui fonce à travers champ. A cet instant, il est encore à 120 kilomètres à l'heure et il se dirige vers des hangars de maintenance.

Dans le poste de pilotage, la seule chose que parvient à faire le commandant est de jurer de toutes ses forces.

11 heures 37 minutes 16 secondes *(commandant)* : *Aw, putain !*

11 heures 37 minutes 17 secondes *(commandant)* : *Doucement les gars...*

Difficile d'aller doucement. Arc-bouté sur les freins, l'équipage voudrait bien stopper le mastodonte. Le problème, c'est que maintenant, la machine se trouve sur de la terre gelée. Les roues n'adhèrent pas et ça saute dans tous les coins.

Et puis tout à coup, c'est le premier impact... Un choc sourd et métallique comme un coup de gong. Puis il y en a un second, beaucoup plus violent : l'avion a percuté une petite baraque en préfabriqué.

Dans l'impact, le bâtiment est littéralement pulvérisé. Des débris de cloisons giclent à plusieurs mètres de hauteur. Par chance, il n'y a personne à l'intérieur !

Dans la cabine des passagers, c'est d'abord la stupeur. Les mains se sont crispées sur les accoudoirs lorsque le fuselage a glissé de droite à gauche. Tous ont senti que l'avion partait en dérapage. Le plancher a semblé se dérober sous les sièges...

Il y a eu un premier à-coup très dur. Puis une série de claquements secs : sous le choc, de nombreux coffres à bagages se sont ouverts. A l'avant de l'appareil, des vêtements sont tombés dans l'allée de droite. Puis, dans le tronçon central, ce sont des dizaines de sacs de voyage qui sont tombés en cascade sur les têtes des gens...

Cris de peur, mêlés de surprise et de colère !

Assise à l'arrière de l'avion, près de la porte R4 (à droite) une hôtesse comprend que la secousse qu'ils viennent de subir est dûe au franchissement de la bordure du taxiway. La jeune femme est assise le dos vers l'avant sur un siège rabattable juste à côté du galley arrière(6). Dans la position où elle se trouve, elle peut apercevoir les visages des passagers assis dans le secteur arrière.

Les regards sont affolés.

En une fraction de seconde, la panique gagne la cabine. Les passagers se mettent à hurler de manière hystérique. Tout près de l'hôtesse, une fillette âgée d'une dizaine d'années pousse un hurlement tellement strident qu'il couvre les cris de tous les autres passagers.

(6) Cuisine. Le Boeing 747 est équipé de quatre "galley" : trois à l'étage inférieur pour les classes économiques et un sur le pont supérieur pour les premières classes..

Tout le monde a compris que l'avion avait quitté la piste et qu'il poursuivait maintenant sa course dans la nature. On saisit la main de ses proches et on serre de toutes ses forces, mais ça ne sert à rien. Le fuselage est ballotté de droite à gauche comme un vieil autocar roulant sur une piste africaine. Ca saute dans tous les coins. C'est Paris-Dakar en *Boeing 747.*

Brusquement une odeur inhabituelle emplit la partie arrière de la cabine. Une odeur terrible qui fait frémir les passagers: du kérosène.

– Ça va prendre feu, hurle un jeune homme en débouclant sa ceinture pour fuir n'importe où...

Les yeux exorbités, l'individu veut quitter sa place. Il se lève d'un coup mais il ne va pas bien loin. Avant qu'il ait pu faire un seul mètre dans l'allée, une secousse plus violente, le rejette en arrière contre son dossier.

L'hôtesse assise en R4 réagit aussitôt de manière autoritaire.

– Restez assis, hurle-t-elle, la voix rendue tremblante par les trépidations.

Puis elle lance les consignes de sécurité comme on lui a appris au cours de son entraînement:

– Attrapez vos chevilles. Courbez-vous en avant!

Il y a tant de bruit dans la cabine que le passager n'entend pas les instructions... Mais il reste à sa place et ne bouge plus. Ça cogne de partout: chocs sourds, crissements de métal. La navigante a très peur, mais elle fait des efforts terribles pour ne rien montrer devant les passagers.

Elle crie à nouveau de toutes ses forces.

– Attrapez vos chevilles. Courbez-vous en avant!

Puis tout à coup, il y a un claquement métallique plus fort dans le galley arrière juste à côté d'elle. Le bruit ressemble à la rupture d'un câble.

Instinctivement, l'hôtesse tourne la tête sur sa droite et aperçoit une masse brillante qui se précipite sur elle. C'est un chariot à boisson qui est sorti de son logement. L'engin lui arrive dessus avec une violence terrible.

La jeune femme tente de se protéger du choc en mettant ses mains sur le côté mais ça ne sert à rien... Le chariot la percute violemment et lui brise l'épaule droite. Elle ne peut retenir un cri de douleur qui se perd dans le concert des clameurs ambiantes.

Puis le chariot tourne sur lui-même et poursuit sa course devant elle. Il va s'encastrer dans l'issue de secours R4(7).

La malheureuse a tout juste le temps de réaliser qu'elle est gravement blessée qu'un second chariot jaillit du galley et la frappe... exactement au même endroit, et avec la même violence. Cette fois, la douleur est si forte que l'hôtesse perd pratiquement connaissance.

Soudain, il y a un nouveau choc dans le fuselage. Encore plus fort que les précédents... Cette fois, le *747* vient de s'engager sur la piste 31 droite, celle que le pilote aurait dû utiliser pour ne pas avoir tous ces problèmes. Par chance, il n'y a aucun avion au décollage à cet instant précis. Nouveaux crissements de pneus et de métal martyrisé... Dérapage sur une plaque gelée. La bande de ciment est traversée en moins de deux secondes.

(7) Au moment de l'évacuation, quelques minutes plus tard, cette issue de secours sera inutilisable.

Nouveau choc brutal lorsque le *Jumbo* quitte la piste !

Quelques secondes plus tard, l'avion fonce sur un bâtiment de maintenance servant de garage à des véhicules de piste. Dans le poste de pilotage, l'équipage imagine déjà l'énorme boule de feu qu'ils vont provoquer s'ils percutent le bâtiment. Le palonnier est enfoncé à fond à droite, sans grands résultats.

Par chance, l'appareil passe à quelques mètres sans toucher la construction.

Vues de l'extérieur, les choses se passent plutôt mal. A mesure qu'il progresse, l'avion subit des chocs de plus en plus graves. Tout en fonçant dans la neige, il se balance de droite à gauche, ce qui fait que le réacteur extérieur droit accroche le sol et se tord sur son pylône. On le retrouvera plus tard à 90 degrés de son axe.

Plus grave.... Le train avant a été à moitié arraché par la première baraque en préfabriqué. La jambe de train est restée accrochée au fuselage mais elle a pris une vilaine inclinaison vers l'arrière qui ne présage rien de bon. Du coup, le nez de l'appareil a tendance à plonger sur l'avant et le *747* poursuit sa course, la queue en l'air, en labourant le sol gelé avec les vérins du diabolo.

Étrange machine... aussi pathétique que comique.

L'arrachement du train d'atterrissage avant provoque une importante déformation à l'avant de l'avion. Les premiers à s'en rendre compte sont les passagers eux-mêmes. Avec un violent craquement, le plancher s'est déformé sous leurs pieds. Les sièges se soulèvent et se sont tordus sur eux-mêmes...

Beaucoup plus grave... au moment du premier impact, un des réservoirs d'aile s'est fissuré et le carburant commence à s'écouler sous l'avion. Il ne manque plus qu'une étincelle pour faire un feu d'artifice mortel.

Enfin à **11 heures 37 minutes et 21 secondes** le *Boeing 747* s'arrête. C'est la fin du cauchemar.

Avec précipitation, l'équipage coupe l'arrivée de carburant sur les quatre moteurs et tous les interrupteurs sont placés sur *off*. A cet instant, le *Cockpit Voice Recorder* cesse de fonctionner.

Dans la cabine des passagers, tout le monde a compris qu'il n'y avait plus de risques. Les cris se transforment peu à peu en gémissements plaintifs, parfois en pleurs. Un peu hébétées, les hôtesses se lèvent lentement de leur place, attendant des instructions de la part du commandant. Rien ne vient...

Quelques secondes plus tard, les pleurs cessent et un silence de plomb s'abat sur les rescapés. Les gens se regardent abasourdis. Étonnés d'être vivants. Chacun ressent déjà le contrecoup des émotions intenses qu'ils vient de subir. Fatigue extrême, abattement, traumatismes psychiques graves pour lesquels il faudra plusieurs mois avant de s'en remettre.

A l'intérieur de l'avion, c'est un véritable capharnaüm. Un spectacle de désolation... Tous les coffres a bagages ont vomi leur contenu sur les passagers. Par endroits, le plancher a remonté de plus d'un mètre vers le plafond. Les cloisons sont déchirées et les panneaux du plafond ont cédé dans le secteur D. A l'avant, il y a même une entaille très profonde dans le plancher par lequel, on voit la soute. Ça fume sournoisement vers l'arrière.

Et puis il règne cette terrible odeur de carburant qui terrifie tout le monde...

– *Qu'est-ce qu'on doit faire, demande une passagère, assise à côté d'une issue de secours. Est-ce qu'on doit se sauver par là ?*

Le chef de cabine est tout près d'elle mais il n'en sait rien... Pour répondre à cette question, il doit contacter le commandant par l'interphone de bord. Le problème, c'est que le système ne fonctionne plus. Comme l'homme ne peut prendre la décision de faire évacuer l'appareil sans en recevoir l'ordre du "patron", il décide de rejoindre immédiatement le poste de pilotage.

Pour ce navigant commercial chevronné, c'est une étrange expérience que de progresser parmi les allées jonchées de vêtements et de bagages. C'est d'ailleurs la première fois qu'il descend en marchant dans ce sens-là. En effet, du fait de l'arrachement du train, le plancher est fortement incliné pour aller de l'arrière jusqu'à l'escalier circulaire qui conduit au pont supérieur.

Au moment où il va entrer dans le poste de pilotage, un craquement retentit soudain dans les haut-parleurs, puis les passagers entendent la voix du copilote qui leur ordonne de rester assis à leur place. En réalité, le système d'annonce ne fonctionne que partiellement et seuls ceux qui sont situés à l'avant de l'appareil entendront ce message. Pour les autres c'est toujours l'incertitude.

Le chef de cabine tient alors un rapide conciliabule avec le patron : faut-il faire évacuer les passagers ou les faire attendre à l'intérieur de l'avion ? Finalement, le commandant de bord, visiblement sonné par ce qui vient de lui arriver, décide de maintenir tous les occupants de l'appareil assis à leur place en attendant les secours. Il pense qu'il fait trop froid pour les laisser dehors.

Décision un peu "légère" car le pilote ne cherche absolument pas à savoir comment ça se passe en cabine. Autrement, le responsable du PNC l'aurait informé que le plancher était fendu, que cela sentait le carburant un peu partout et qu'il y avait de la fumée vers l'arrière. Pas très sain de faire attendre les passagers dans ces conditions. Il est toujours préférable d'avoir un peu froid plutôt que de griller dans une épave!

Par chance, les malheureux n'auront pas à attendre très longtemps. Trois minutes plus tard, les véhicules des premiers secours arrivent tous gyrophares allumés et l'évacuation des 451 passagers peut commencer...

Tout se passe dans le plus grand calme malgré les yeux rougis et les cheveux ébouriffés. Avec précaution, on évacue l'hôtesse sur une civière. Miracle étonnant: elle sera la seule blessée dans cet accident spectaculaire.

Au moment de monter dans les autocars qui vont les ramener vers l'aérogare, la plupart des rescapés ne peuvent s'empêcher de se retourner pour examiner cet énorme appareil dans lequel ils ont failli laisser leur vie. La machine semble en bien mauvais état... Elle est piteusement inclinée vers l'avant sur sa jambe de train arrachée. Les deux réacteurs de l'aile droite sont tordus vers l'extérieur. L'aspect du *Boeing* est encore plus triste à cause de la neige qui recouvre déjà le pare-brise du poste de pilotage.

Ça va coûter cher de le remettre en état!

En fait, l'avion est complètement tordu et il vaut mieux en acheter un neuf que de tenter de réparer cette épave. Le *747* de Tower Air ne revolera jamais et finira ses jours dans une décharge aéronautique.

Les enquêteurs du NTSB(8) reprocheront au pilote de ne

(8) National Transportation Safety Board. Organisme chargé de la sécurité aérienne.

pas avoir appliqué les consignes du constructeur en cas de décollage sur sol glissant. A savoir, utiliser avec précaution le *nosewheel tiller* en évitant les braquages trop importants du train avant. Et ne pas oublier d'associer les corrections de trajectoire avec une action soutenue au palonnier.

Une erreur qui coûtera très cher à la compagnie Tower Air. Par chance, le prix de l'avion ne sera pas déduit de la paye du commandant de bord...

ENTÊTEMENT FATAL

Kansas City
16 février 1995.
18 heures.

La nuit ne va pas tarder à tomber. Il fait froid sur le Texas. Malgré le soleil radieux qui a brillé toute la journée, la température extérieure n'a jamais dépassé 0 degré centigrade.

Les trois hommes d'équipage viennent tout juste de découvrir l'appareil sur le parking de l'aéroport. C'est un DC 8 -63F cargo blanc frappé d'une bande longitudinale aux couleurs de l'arc en ciel. Le gros quadriréacteur est stationné sur la zone de fret, très loin des portes d'embarquement réservées aux passagers. Sur la dérive, on peut lire l'immatriculation N782AL(1) avec le sigle de la compagnie: ATI pour Air Transport International.

C'est cet avion que l'équipage doit ramener à Westover dans le Massachusetts.

Sacoche de vol à la main, le commandant se dirige vers la passerelle et escalade les marches lentement. L'homme

(1) Le numéro de série de l'appareil était 45929/367.

semble un peu fatigué... Il faut dire que les trois derniers jours ont été particulièrement chargés pour lui. Tout a commencé le 14 février par un décollage de Dover, Delaware au petit matin. Aux commandes d'un DC 8 semblable à celui-ci, il est allé à Gander au Canada, puis il a traversé l'Atlantique pour se rendre à Ramstein en Allemagne, après quoi, il est revenu pour une seconde escale à Gander avant de rentrer finalement à Dover. Le bilan final se solde par des dizaines d'heures de vol et plusieurs milliers de kilomètres parcourus entre les États-Unis et l'Europe.

Tous ces vols lui ont complètement laminé les neurones car il y avait en permanence derrière lui un pilote “testeur” chargé de vérifier ses capacités de commandant de bord. Ces tests que tous les pilotes subissent régulièrement exigent énormément de concentration car le moindre détail oublié peut vous faire échouer.

Heureusement tout s'est bien passé et le commandant a réussi son examen avec la mention “Très bon travail”.

Après ce succès, le pilote a cru pouvoir rentrer chez lui pour se reposer mais il se trompait.

A peine avait-il franchi la porte de sa maison que le téléphone s'est mis à sonner. C'était le service des opérations d'Air Transport International qui lui apprenait qu'il devait redécoller pour Orlando en début d'après-midi. Son épouse n'a pas vraiment apprécié de le voir repartir à peine arrivé mais que faire ?

Une douche rapide... des vêtements propres, une bise aux enfants et il était prêt à retourner à l'aéroport. Et puis le téléphone a sonné de nouveau. C'était encore la compagnie qui appelait. La destination n'était plus la même, il ne partait plus pour la Floride mais pour Daytona, Ohio. Cela lui donnait un peu de répit car cette fois, le décollage était prévu en fin d'après-midi...

– *Profitez-en pour dormir un peu, lui a soufflé le chef-pilote au téléphone avant de raccrocher...*

Le navigant a aussitôt suivi le conseil de son supérieur et il s'est glissé dans son lit pour récupérer. Mais sa tranquillité n'a pas duré longtemps... Une demi-heure plus tard, le téléphone a de nouveau sonné pour lui apprendre que le programme avait encore changé. Il devait partir immédiatement pour Kansas City... Les types du planning lui demandaient de laisser son avion sur place et de récupérer un autre *DC 8* qui devait être convoyé à Westover.

Cette fois, apparemment, c'était la bonne!

Le pilote est donc parti en trombe à l'aéroport, il s'est mis aux commandes d'un *DC 8* pour rejoindre Kansas City. Encore 3 heures 30 de vol!

C'est là qu'il s'est posé à 17 heures 39.

Dès l'atterrissage, il a sauté dans une navette aéroport qui a traversé les pistes pour le conduire au pied d'un autre gros quadriréacteur *DC-8 Freighter*(2) dans lequel il est maintenant en train d'embarquer. Bref, depuis trois jours, c'est dur...

Même si les repos réglementaires ont été respectés entre chaque rotation, on ne lui a accordé aucune minute supplémentaire. Du coup, le pilote commence à sentir le poids des heures de vol sur ses épaules et c'est d'autant plus pénible que viennent s'y ajouter les effets du décalage horaire entre l'Europe et les USA.

(2) Appareil destiné au transport de fret.

Il n'est pas le seul dans ce cas-là... Toutes les rotations citées plus haut ont été effectuées avec le même copilote et le même mécanicien navigant. Du coup, il serait très difficile de dire lequel des trois hommes est le moins en forme. Les traits sont tirés, et les cernes sous les yeux attestent que la fatigue commence à avoir de sérieuses conséquences... C'est un peu ennuyeux car le vol qui se prépare est loin d'être un trajet de routine.

En effet, l'avion qu'ils vont piloter est... en panne. Le réacteur extérieur gauche (le numéro 1)(3) est complètement mort. Comme il n'y a aucune possibilité de réparer sur place, l'appareil doit être ramené dans des ateliers spécialisés à Westover. La mission des trois hommes consiste donc à convoyer la machine en vol sur trois réacteurs au lieu de quatre. Cette procédure peut paraître insolite pour un non-initié, elle est pourtant parfaitement autorisée par le constructeur McDonnell Douglas. Au cours de leur formation, les pilotes de *DC 8* reçoivent d'ailleurs un entraînement en simulateur pour effectuer ce genre d'exercice.

Au moment où les trois hommes franchissent la porte du poste de pilotage, ils croisent un mécanicien d'ATI qui vient juste de terminer la préparation de l'avion pour le convoyage. Poignées de main chaleureuses, quelques blagues sur les rythmes de travail imposés par la compagnie, puis l'homme fait un bref exposé des opérations qu'il a effectuées sur le *DC8:* les réservoirs ont été remplis au strict minimum pour pouvoir effectuer le trajet. La machine est prête à partir...

Pour ce vol, très spécial, il n'y aura pas de passagers à bord et pas la moindre cargaison. L'avion doit être absolument

(3) Les numéros des réacteurs se comptent de droite à gauche vu de la place du pilote.

vide... C'est la réglementation et elle est très sévère. Le commandant est bien placé pour savoir qu'il ne faut pas essayer de tricher... Cinq ans plus tôt, il a été sévèrement sanctionné pour avoir emmené quatre passagers et 2 850 kilos de fret à bord d'un DC 8 en convoyage sur trois réacteurs. Il n'était alors que copilote et à ce titre, il n'était donc pas responsable de l'avion. Cela ne l'a pas empêché de se voir infliger une suspension de 45 jours. Il n'est pas prêt de recommencer car, aujourd'hui, en tant que commandant de bord, il risquerait tout simplement de perdre sa licence de pilote.

Il est maintenant 18 heures 40... L'avion est toujours immobilisé sur le parking de la zone de fret. Dans le poste de pilotage, les trois hommes préparent le vol.

Ils ont sorti les différents documents dont ils vont avoir besoin : cartes de navigation, check-list, dossiers météorologiques, manuel de vol. Normalement, les préparatifs devraient leur demander un peu plus d'une heure.

Du côté de la météo, il n'y aura pas de problème. Il fait beau sur le trajet à l'exception de quelques averses isolées en arrivant à destination, mais il n'y a absolument rien de dangereux. Le vol en lui-même doit durer 2 heures 07, ce qui signifie qu'ils vont se poser de nuit. Même sur trois réacteurs, ça ne présente aucune difficulté. Le seul problème vient du fait que l'aéroport de Westover n'est pas ouvert toute la nuit, ses installations ferment à 23 heures. Il ne faut donc pas traîner car le contrôle est géré par des militaires qui appliquent la réglementation à la lettre : si le *DC 8* se présente ne serait-ce qu'une minute après l'heure légale, il ne recevra pas l'autorisation d'atterrir.

Dans ce cas, il devra se dérouter sur l'aéroport de Bradley qui se trouve à une trentaine de kilomètres de Westover.

L'équipage a fait ses calculs. Pour ne pas se faire piéger, il faudrait pouvoir décoller avant 20 heures...

Il va donc falloir faire très vite.

Parmi les dossiers que les pilotes étudient rapidement, il en est un qui retient quand même leur attention, c'est le chapitre du manuel de vol qui traite du décollage sur trois réacteurs. Car, évidemment, c'est le moment le plus délicat.

Au moment de la mise des gaz, il conviendra d'être particulièrement prudent, puisque la poussée est fortement dissymétrique. Évidemment, il manque un réacteur... Dans le cas du *DC 8* d'ATI, ça poussera beaucoup plus fort à droite qu'à gauche car c'est le moteur "extérieur gauche" qui est en panne.

Une fois l'appareil en l'air, le plus difficile sera fait... En croisière sur trois moteurs, les différences seront minimes. Ça volera un peu moins vite évidemment et il faudra compenser un peu la dissymétrie de la poussée mais rien de bien sorcier. L'avion se pilotera presque normalement.

Quant à l'atterrissage, il ne nécessite pas énormément de puissance. Comme l'avion sera léger, à peine 100 tonnes, on utilisera seulement les deux réacteurs intérieurs pendant l'approche finale.

En surveillant le temps qui passe, les pilotes potassent donc la technique de décollage préconisée par le constructeur. Elle est la suivante: au moment du lâcher des freins, la puissance maximale doit être appliquée uniquement sur les deux réacteurs intérieurs (les numéro 2 et 3).

Le réacteur extérieur doit être laissé au ralenti.

Le *DC 8* commencera à accélérer. Ce sera assez lent évidemment puisqu'il n'y aura que deux moteurs pour le pousser au lieu des quatre habituels.

Lorsqu'il atteindra la *Vitesse Minimum de Contrôle au Sol* avec un moteur en panne(4), il sera alors possible de donner un "coup de fouet à l'attelage" en ajoutant la poussée du réacteur restant. Mais il est très important d'attendre cette vitesse fatidique avant de faire quoi que ce soit... Si le pilote tentait de mettre la poussée trop tôt sur le moteur numéro 4, l'avion serait fortement dévié vers la gauche et les choses pourraient mal se terminer.

Le premier réflexe des trois hommes est donc de calculer la vitesse idéale à partir de laquelle ils pourront libérer la puissance du troisième réacteur. Pour cela, ils utilisent les graphiques de calculs se trouvant dans le manuel de vol du *DC 8*. Cette vitesse varie en fonction de trois paramètres: le poids de l'avion, la position des volets et la température extérieure.

Mais le temps presse... Les navigants n'ont qu'une idée en tête: arriver avant 23 heures à Westover pour ne pas avoir à se dérouter vers Bradley. S'ils y sont contraints, cela signifie qu'il leur faudra faire un nouveau décollage sur trois réacteurs demain matin pour rejoindre Westover.

Et personne n'en a envie...

Dans la précipitation, le commandant commet alors une première erreur grave: il calcule que la vitesse minimum de contrôle au sol est de 199 kilomètres à l'heure.

C'est faux...

Elle est en réalité de 215 kilomètres à l'heure. L'erreur qu'il commet est très simple à comprendre: la température est exactement de 0 degré centigrade à Kansas City, (ce qui

(4) Vmcg : Velocity Minimum Control on Ground.

fait 32 degrés Farenheit). Or, le pilote confond les degrés Farenheit et les degrés centigrades... Et cela change tout dans les calculs. Sans en être complètement la cause de la catastrophe, cette erreur va y contribuer grandement.

Personne parmi l'équipage ne vérifie les résultats. Normalement le copilote devrait refaire tous les calculs du commandant mais le temps presse et il estime que ce n'est pas nécessaire. Le Captain ne peut pas commettre d'erreur.

Finalement les préparatifs sont complètement terminés à 19 heures 40. L'équipage pousse un soupir de soulagement. Cette fois, ils devraient pouvoir décoller avant 20 heures.

La piste en service est la 01 gauche. Comme le vent est légèrement arrière, le copilote contacte la tour pour faire remarquer qu'ils vont décoller avec seulement trois réacteurs et qu'il préférerait prendre la piste 19, celle qui est dans le sens contraire.

Pas de chance, à cette heure, il y a trop de trafic. Le contrôleur refuse.

Un peu déçu, le copilote demande alors l'autorisation de mettre ses moteurs en route immédiatement. Il est très pressé...

Cette fois l'autorisation est accordée sur le champ.

Aussitôt, le commandant de bord bascule le switch du démarreur. Il ne touche évidemment pas au moteur numéro 1 qui est hors service et commence par le numéro 2. Celui-ci démarre sans difficulté. Au tableau de bord, les pressions montent normalement et un discret sifflement vers l'arrière témoigne que le réacteur est en marche.

Le réacteur numéro 3 démarre à son tour dans la foulée.

Malheureusement, le numéro 4 ne part pas... Un peu

étonné, le commandant attend quelques instants avant de faire une seconde tentative...

Sans succès.

Impatience... Énervement... Coup d'œil inquiet à la montre de bord.

Troisième tentative toujours infructueuse.

Les minutes passent...

Finalement, ce n'est qu'au bout d'un quart d'heure d'inquiétude que le réacteur consent enfin à démarrer.

Il est exactement **20 heures 07 minutes et 39 secondes** lorsque le copilote peut demander à la tour l'autorisation de rouler vers la piste en service. Chez les trois navigants, l'ambiance a monté d'un cran. Au ton des voix, on devine qu'à partir de cet instant, l'équipage voudrait pouvoir accélérer toutes les procédures et décoller séance tenante.

Ils n'ont plus qu'une idée en tête: gagner du temps.

20 heures 07 minutes 43 secondes *(commandant)*: *OK... OK... Ce qui va falloir faire, c'est euh... c'est d'avoir une route la plus directe possible... Ça nous permettra de voler un peu plus vite que Mach 0.8... Hein, si on peut, hein...*

20 heures 07 minutes 55 secondes *(commandant)*: *Ouais parce qu'on a... on plus de deux heures de vol pour aller là-bas... Et on est déjà très en retard...*

Mais les choses traînent... Ça roule très lentement sur les taxiways. Étant donné le nombre d'avions qui se déplacent au sol, l'équipage comprend que cela va prendre au moins un quart d'heure pour arriver jusqu'au point d'attente.

Dans le poste de pilotage, l'énervement monte encore d'un cran.

20 heures 08 minutes 34 secondes ***(copilote)*:** *C'est certain... on va louper ce putain de créneau.*

Quelques secondes plus tard, le commandant de bord rappelle à ses subordonnés la procédure qu'ils devront appliquer pour effectuer le décollage sur trois réacteurs. Ses paroles sont parfaitement claires:

20 heures 13 minutes 28 secondes ***(commandant)*:** *Okay, briefing décollage... On mettra la poussée maximum sur les numéro 2 et 3 et on laisse tomber le 4 jusqu'à 107 nœuds (199 kilomètres à l'heure). Puis on envoie tout en avant.*

Il se passe encore 7 minutes pendant lesquelles, le *DC 8* fait la queue sur le taxiway avec les autres avions qui doivent décoller avant lui. Dans le poste, l'équipage ronge son frein...

Puis enfin à **20 heures 18 minutes**. L'appareil reçoit l'autorisation de s'aligner sur la piste 01 gauche. La nuit est tombée maintenant. Devant le pare-brise, les balises lumineuses s'étirent sur 3 kilomètres.

Le commandant de bord jette un dernier coup d'œil aux différents paramètres de décollage. Parmi ceux-ci, il y a bien entendu cette fameuse vitesse minimum de contrôle à atteindre avant de toucher au réacteur numéro 4.

Les volets ont été braqués à 12 degrés.

Les phares sont allumés.

En apparence, tout va bien. Le vol n'étant pas un vol commercial, l'indicatif radio utilisé sera l'immatriculation de l'appareil.

20 heures 20 minutes 00 seconde ***(copilote)*:** *782 AL, on est prêt au décollage.*

20 heures 20 minutes 07 secondes ***(tour Kansas City)*:**

782 AL... Vous êtes autorisé au décollage piste 01 gauche, vent du 240 degrés pour 5 nœuds.

Aussitôt, le pilote pousse en avant les deux manettes de gaz centrale comme c'est indiqué dans le manuel de vol. Il attend quelques secondes pour vérifier que les paramètres des deux réacteurs sont corrects, puis il lâche les freins.

Et l'avion commence à accélérer... Évidemment, ça ne part pas très vite. Un avion de ligne avec seulement la moitié de la puissance prévue, ça ne peut pas être un foudre de guerre...

Dans le poste, on se concentre sur le point le plus important : la surveillance de la vitesse qui augmente lentement.

Le commandant de bord l'a bien précisé, il faut attendre 199 kilomètres heure pour commencer à mettre la poussée du dernier réacteur. Tant que cette vitesse n'est pas atteinte, il doit rester au ralenti.

C'est clair et sans appel !

Malheureusement, le pilote ne fait absolument pas ce qu'il a prévu. L'aiguille de l'indicateur de vitesse atteint tout juste 80 kilomètres à l'heure qu'il commence déjà à avancer la manette des gaz du numéro 4. Que se passe-t-il dans sa tête ? Est-il fatigué ? Trouve-t-il que l'accélération de l'avion n'est pas suffisante ? A-t-il peur de ne pas disposer de suffisamment de puissance et d'effacer toute la piste ?

Nul ne peut dire... Toujours est-il que la boîte noire enregistre que la puissance est déjà à sa valeur maximale de 1.91 d'EPR sur le réacteur numéro 4 alors que la vitesse n'est encore que de 170 kilomètres à l'heure. Le commandant de bord avait prévu de ne rien toucher avant 199 km/h (rappelons que cette vitesse est déjà sous estimée par rapport à la réalité).

C'est la seconde erreur du pilote et cette fois, elle est très grave...

Les conséquences ne se font pas attendre.

Déséquilibré par l'excès de poussée sur son aile droite, le *DC 8* s'embarque brutalement vers la gauche. Le nez s'oriente vers les balises lumineuses qui bordent la piste. En une fraction de seconde, le commandant comprend que son avion va quitter le ciment protecteur. Il sait que s'il met une seule roue dans l'herbe, c'est la catastrophe.

Il a alors un réflexe excellent... Il ramène toutes les manettes vers l'arrière et freine à fond. Les pneus hurlent... Un coup de direction à droite et tout s'arrange brusquement... Du fait de la disparition de la poussée parasite, le gros appareil retrouve sa trajectoire. Le pilote continue à freiner fortement.

Quelques secondes plus tard, il s'arrête au milieu de la piste.

Soupirs de soulagement... Quelques gouttes de sueur sur les visages... Au moment où le *DC 8* s'est embarqué sur la gauche, l'adrénaline est montée très fort dans les veines des trois hommes. Personne ne l'avoue ouvertement mais tout le monde a eu terriblement peur.

Dans sa tour, le contrôleur remarque que l'avion n'a pas décollé. Il appelle donc immédiatement sur la fréquence.

20 heures 20 minutes 33 secondes *(tour de Kansas City):* *782AL... Est-ce que vous avez un problème, monsieur?*

Le copilote ne se sent pas très à l'aise pour donner une explication. Pas facile d'avouer qu'on vient de commettre une grosse maladresse de pilotage qui aurait pu envoyer un appareil de 100 tonnes dans le décor. C'est d'autant plus difficile que les pilotes de tous les autres avions sont à l'écoute sur la fréquence

20 heures 20 minutes 35 secondes *(copilote)*: *Heu, on a eu un petit problème technique, heu... on a préféré annuler le décollage.*

20 heures 20 minutes 47 secondes *(tour de Kansas)*: *782AL... Quelles sont vos intentions?*

Avant de répondre, le copilote consulte son patron du regard. C'est à lui de décider de la conduite à tenir. Celui-ci fait un signe sans équivoque: ils vont refaire une tentative immédiatement.

Le copilote transmet l'information.

20 heures 20 minutes 55 secondes *(copilote)*: *On voudrait faire demi-tour et remonter la piste pour recommencer.*

Alors que son copilote discute avec la tour pour avoir une nouvelle autorisation de décollage, le commandant a déjà entamé un demi-tour sur la piste. Il est furieux d'avoir raté son coup et surtout très énervé parce que cet épisode imprévu va lui faire perdre encore quelques précieuses minutes. Ça fait maintenant 20 minutes de retard sur l'horaire qu'il s'était fixé. C'est certain, l'aéroport de Westover sera fermé lorsqu'il se présentera à l'atterrissage. Il ne sert plus à rien de se précipiter. Que va faire le patron? Le plus raisonnable serait de calmer un peu le jeu... Réfléchir. Procéder tranquillement et préparer dès à présent un déroutement vers Bradley. Ce serait la solution la plus sage et pourtant ce n'est pas celle que le pilote a choisie. Étrangement, il croit encore que s'il se dépêche, il a une petite chance d'arriver à temps...

Alors, sans hésiter, le Captain met les gaz pour remonter la piste. Il roule vite. Très vite. La boîte noire dira qu'il fonce à

51 kilomètres à l'heure. C'est beaucoup trop rapide pour un avion qui se déplace sur un aéroport... Surtout de nuit.

Tout en revenant vers le début de la piste, le commandant cherche à comprendre ce qui n'a pas marché pendant sa tentative de décollage. Et le plus incroyable, c'est que l'analyse qu'il fait est excellente :

20 heures 20 minutes 59 secondes ***(commandant)*** **:** *On a mis la poussée sur le numéro 4 beaucoup trop tôt, hein ? J'ai pas pu garder l'avion dans l'axe.*

Tout est dit en quelques mots. Il n'y a rien à ajouter... Après cela, on serait en droit de penser que le commandant a compris la leçon et qu'il ne refera pas la même erreur. Hélas, la suite des événements va montrer que l'avertissement n'a pas porté ses fruits... C'est le mécanicien navigant qui est à l'origine de ce qui va arriver.

20 heures 21 minutes 31 secondes ***(mécanicien navigant)*** **:** *Si vous voulez qu'on recommence, je peux essayer d'ajouter la puissance moi-même. Euh... Si vous voulez, hein ?*

La suggestion est complètement aberrante. Une fois de plus, ce n'est pas ce que prévoit la procédure... Dans le manuel de vol, le constructeur précise clairement qu'en cas de décollage sur trois réacteurs, c'est le commandant de bord qui doit garder le contrôle des manettes de gaz. Il y a une raison très simple à cela : le mécanicien n'étant pas aux commandes, il ne peut pas sentir et anticiper les mouvements de l'appareil. Si celui-ci part en dérapage, il lui sera impossible de réagir rapidement et sainement.

Après ce qui vient de se passer, on pourrait s'attendre à ce que le commandant fasse preuve d'autorité et oppose un non catégorique à la demande incongrue du mécanicien.

Il va accepter sans la moindre hésitation !

20 heures 21 minutes 40 secondes ***(commandant)*** **:** *D'accord, c'est toi qui vas augmenter les gaz sur le numéro 4.*

On ne comprend plus ce qui se passe dans la tête des trois hommes. Ils viennent de faire un essai catastrophique qui a montré clairement que si on ne suivait pas "le mode d'emploi", l'avion quittait la piste. Les trois hommes ont eu très peur mais ils ont bien analysé leur erreur. Et les voilà qui se proposent de refaire la même chose mais en pire.

Plus tard, les enquêteurs mettront sur le compte de la fatigue ce manque de discernement évident dans la recherche d'une solution adaptée au problème.

Le *DC 8* est revenu à toute vitesse vers le début de la piste. Il n'a mis que 6 minutes pour se placer de nouveau en position de décollage. Cette précipitation évidente traduit bien l'état d'esprit qui anime le commandant de bord : il est prêt à toutes les folies pour arriver à temps à Westover !

Au moment où l'avion est de nouveau dans l'axe, le copilote murmure d'une voix un peu stressée :

20 heures 23 minutes 40 secondes ***(copilote)*** **:** *Dis-donc... Ça va être drôlement juste pour qu'on arrive à l'heure.*

Personne ne lui répond. On ne veut pas y croire...

Dans un premier temps, le commandant place son avion exactement au milieu de la piste comme pour un décollage normal. Puis il se ravise brusquement.

20 heures 23 minutes 45 secondes ***(commandant)*** **:** *Je vais m'aligner... euh, juste un peu à droite de la ligne centrale.*

Tout en parlant, il lâche doucement les freins et se déplace lentement vers la droite pour placer le train d'atterrissage à cinq mètres de la ligne médiane. En faisant cela, il anticipe un prochain dérapage vers la gauche. Ce simple geste est déjà un aveu implicite qu'il ne parviendra pas à garder son avion dans l'axe pendant le décollage.

Quelques secondes plus tard, le copilote saisit le micro.

20 heures 24 minutes 20 secondes ***(copilote)*****:** *La tour, 782AL, on est prêts.*

20 heures 24 minutes 28 secondes ***(tour de Kansas City)*****:** Roger, *782AL, autorisé au décollage 01 gauche, vent du 240 degrés pour 4 nœuds.*

En fait, les trois hommes ne sont pas tout à fait prêts... Le *DC 8* va rester encore deux minutes sur la piste, pendant lesquelles ils lisent la check-list de décollage pour vérifier les derniers paramètres.

Puis, à **20 heures 26**, les choses se précipitent.

20 heures 26 minutes 12 secondes ***(commandant)*****:** *Okay... Et nous sommes autorisés au décollage. Les phares sont allumés. Est-ce que la check-list est terminée ?*

20 heures 26 minutes 24 secondes ***(mécanicien)*****:** *Check-list terminée !*

20 heures 26 minutes 24 secondes ***(commandant)*****:** *Okay...*

Le *Cockpit Voice Recorder* enregistre le sifflement des réacteurs qui montent en puissance. C'est maintenant le mécanicien navigant qui contrôle les manettes des gaz.

20 heures 26 minutes 34 secondes ***(commandant)*****:** *Tu fais gaffe pour que le 2 et le 3 soient... euh...*

20 heures 26 minutes 37 secondes ***(mécanicien)*****:** *A la puissance maximum ?*

20 heures 26 minutes 37 secondes *(commandant)*: *Ouais...*

20 heures 26 minutes 39 secondes *(mécanicien)*: *Okay.*

20 heures 26 minutes 40 secondes *(mécanicien)*: *Je vais mettre la puissance maximum...*

Le commandant garde son avion sur les freins pendant quelques secondes puis il lâche tout et la machine s'élance de nouveau.

Et c'est à n'y rien comprendre... Tout ce qui est arrivé 10 minutes plus tôt a été oublié: l'avion qui dérape à gauche, le freinage en catastrophe, les tremblements dans les mains, les bonnes résolutions... Oubliés.

Car l'action que le mécanicien va exercer sur la manette du réacteur numéro 4 va être encore plus rapide que lors de la première tentative de décollage. On ne tient même plus compte de la vitesse minimum de contrôle au sol. Oubliée également...

Évidemment ça va faire très mal! Suivons la suite des dialogues:

20 heures 26 minutes 46 secondes *(mécanicien)*: *1,1...*

Les chiffres que le mécanicien est en train d'annoncer correspondent à la puissance d'EPR(5) du réacteur numéro 4.

20 heures 26 minutes 49 secondes *(mécanicien)*: *1,2...*

20 heures 26 minutes 50 secondes *(mécanicien)*: *1,3...*

20 heures 26 minutes 52 secondes *(mécanicien)*: *1,4...*

20 heures 26 minutes 54 secondes *(mécanicien)*: *1,5...*

(5) Engine Pressure Ratio : Instrument indiquant la puissance développée par le réacteur.

20 heures 26 minutes 58 secondes ***(mécanicien)*****:** *1,6...*

L'homme est absolument inconscient... Il va beaucoup trop vite. Il est au trois quart de la puissance(6) alors qu'à cet instant, le réacteur devrait encore être au ralenti...

20 heures 26 minutes 59 secondes ***(copilote)*****:** *Le badin décolle...*

L'expression est conventionnelle pour signifier que l'aiguille de l'indicateur de vitesse a bougé. Sur *DC 8,* cela correspond à environ 50 nœuds (90 kilomètres à l'heure). Imperturbable, le mécanicien continue à augmenter la puissance sur le réacteur numéro 4. Maintenant, il est pratiquement plein gaz.

20 heures 26 minutes 59 secondes ***(mécanicien)*****:** *1,7...*

Et tout à coup, l'appareil s'embarque de 30 degrés vers la gauche. Sous la violence du virage, l'avion s'incline à droite. Les pneus hurlent de nouveau... Le mouvement est si brutal que le commandant pousse un véritable cri d'angoisse.

20 heures 27 minutes 01 seconde ***(commandant)*****:** *Mon Dieu...*

Instinctivement, il met un coup de palonnier à fond à droite et le *DC 8* reprend sa trajectoire dans l'axe de la piste. Du coup, l'homme se dit qu'il va réussir à maîtriser son avion et au lieu d'ordonner au mécanicien de réduire la poussée parasite, il l'encourage à poursuivre dans l'erreur.

20 heures 27 minutes 04 secondes ***(commandant)*****:** *Vas-y. Continue comme ça...*

(6) La puissance maximum du réacteur est de 1,9 EPR.

Et cette fois, les choses tournent au délire... Malgré l'impressionnante embardée que vient de faire cet avion de 100 tonnes, le mécanicien applique les gaz plein pot sur le réacteur numéro 4.

Il demande tout de même d'une voix un peu inquiète:

20 heures 27 minutes 05 secondes *(mécanicien)*: *Est-ce que je continue comme ça ?*

Il serait encore temps de tout laisser tomber pour reprendre les choses à zéro. Cesser cette improvisation insensée... Si on appliquait la procédure au pied de la lettre, le décollage pourrait se faire en toute sécurité.

Au lieu de cela, le commandant murmure d'une voix un peu hésitante.

20 heures 27 minutes 07 secondes *(commandant)*: *Ouais, continue...*

Alors le mécanicien bloque les trois manettes de gaz et il les maintient bien a fond en avant.

Dans la même seconde, le copilote annonce la vitesse. Celle-ci augmente progressivement mais c'est toujours très loin d'être celle qui les mettrait en sécurité pour contrôler l'appareil. D'autant que la correction du commandant a été trop forte et que l'avion commence à déraper à droite... Puis il repart à gauche sous la poussée dissymétrique... Nouvelle correction brutale pour tenter de stabiliser la machine sur l'axe de la piste. Au total, c'est un enchaînement de zigzags déments qui feraient frémir un élève pilote.

Il serait encore temps de tout arrêter. Il suffit de réduire les gaz et de freiner. Mais le commandant ne dit rien. Dans le cockpit, seule la voix du copilote retentit pour annoncer la vitesse qui augmente lentement.

20 heures 27 minutes 07 secondes ***(copilote)*:** *80 nœuds (148 kilomètres à l'heure).*

20 heures 27 minutes 11 secondes ***(copilote)*:** *90 nœuds...*

20 heures 27 minutes 13 secondes ***(copilote)*:** *100 nœuds...*

20 heures 27 minutes 17 secondes ***(commandant)*:** *Okay.*

L'avion poursuit ses zigzags. Et puis tout à coup, on entend un coup sourd. Une sorte de craquement dans le lointain. Le train gauche du *DC 8* vient de quitter la piste. Au passage, il a pulvérisé une balise lumineuse.

A cet instant la seule réaction du pilote est de tirer sur le manche pour tenter de décoller. Il n'a aucune chance d'y parvenir, la vitesse est encore beaucoup trop faible. Le nez se soulève difficilement mais le train principal reste collé au sol.

Le copilote ne peut s'empêcher de pousser un cri.

20 heures 27 minutes 20 secondes ***(copilote)*:** *On est sorti de la piste!!!*

Les roues gauche sont dans l'herbe, et il y a déjà quelques dégâts sur les amortisseurs du train d'atterrissage mais il serait toujours possible de freiner. Avec un peu de chance, le pilote pourrait ramener le *DC 8* sur le ciment. Tout n'est pas perdu.

Mais dans un entêtement incompréhensible, le commandant insiste.

20 heures 27 minutes 21 secondes ***(commandant)*:** *Mets la puissance maximum.*

Ces quelques mots montrent bien à quel point le commandant ne sait plus où il en est. On ne peut pas mettre plus de puissance... Les trois réacteurs hurlent déjà à fond depuis sept secondes.

Arc-bouté sur le manche, le commandant n'a plus qu'une idée en tête, faire décoller cet avion, quelles que soient les conditions. Il tire de toutes ses forces. Le nez se soulève mais c'est encore trop tôt, la vitesse n'est que de 110 nœuds. C'est insuffisant, il en faudrait au moins 140 pour que les roues principales puissent quitter le sol en sécurité. Du coup, l'avion se cabre brusquement mais c'est la queue qui racle la partie gauche de la piste, creusant un long sillon dans le ciment. Une longue gerbe d'étincelles jaillit dans la nuit. Et puis soudain, l'avion décolle. Dans une attitude incroyablement cabrée, il s'élève d'une trentaine de mètres. Du coup, le commandant croit qu'il va s'en sortir. De nouveau, il hurle littéralement cet ordre insensé :

20 heures 27 minutes 26 secondes *(commandant)* **:** *Mets la puissance maximum !*

Le *DC 8* ne monte pas... Dans le hurlement de ses trois réacteurs, il se traîne au ras du sol. Son nez est en l'air avec une assiette à cabrer impressionnante.

C'est le copilote qui réalise le premier à quel point la situation est devenue dangereuse pour leur vie.

20 heures 27 minutes 27 secondes *(copilote)* **:** *Laissez descendre le nez !*

Le commandant ne peut s'empêcher de hurler une nouvelle fois.

20 heures 27 minutes 28 secondes *(commandant)* **:** *Puissance maximum !*

20 heures 27 minutes 29 secondes *(copilote)* **:** *Vous allez l'avoir.*

Hélas, le copilote se trompe. Le commandant a beau suivre le conseil de son adjoint et relâcher imperceptiblement la traction sur le manche, il est trop tard. Le *DC 8* est exactement à la vitesse de décrochage.

D'un seul coup, les 100 tonnes de métal s'effondrent.

20 heures 27 minutes 30 secondes ***(mécanicien):*** *On va se casser...*

La suite de l'enregistrement n'est plus qu'une longue succession de craquements terribles auxquels viennent se mêler les hurlements de terreur des trois hommes.

L'avion bascule sur son aile gauche. L'inclinaison augmente rapidement jusqu'à atteindre 90 degrés. Dans un fracas terrible, l'appareil percute le sol et se brise en trois morceaux. Le poste de pilotage se détache d'un seul coup du fuselage au niveau de la porte avant.

Il y a une très forte explosion. Des flammes impressionnantes déchirent la nuit. De nombreux témoins en ville apercevront la lueur de l'incendie.

Malgré la rapidité d'intervention des pompiers qui sont sur place en moins d'une minute et demie(7) les trois hommes périssent carbonisés. Étant donnée la violence de l'impact, les malheureux n'avaient aucune chance de s'en sortir vivants.

Comme c'est souvent le cas dans les accidents aériens, l'arrière du fuselage est pratiquement intact. S'il y avait eu des passagers dans le dernier tronçon, ceux-ci s'en seraient sortis sans une égratignure.

C'est là que les deux boîtes noires seront récupérées en parfait état.

(7) Cette rapidité tout-à-fait exceptionnelle est due au fait que les pompiers étaient en train de faire un exercice sur l'aéroport au moment du crash

Les enquêteurs fouilleront la carrière aéronautique du commandant de bord pour essayer de comprendre son attitude ambiguë au moment du décollage. Comment était-il possible de connaître parfaitement la procédure à suivre et de faire exactement le contraire ?

Ils découvriront un fait étrange : comme tous les navigants, le commandant subissait régulièrement des tests en vol semblables à celui qu'il avait subi la veille de l'accident. Apparemment, l'homme était terriblement irrégulier dans la réussite de ses examens. Ainsi, à deux semaines d'intervalles deux instructeurs différents l'avaient jugé de manière radicalement opposée.

L'un l'avait trouvé "tout à fait excellent". L'autre "absolument incapable d'occuper la fonction de commandant de bord".

Ces étranges irrégularités dans la qualité de son travail se répétèrent à plusieurs reprises dans la carrière du pilote. A tel point qu'il avait été décidé dans un premier temps de lui éviter les vols internationaux et de le maintenir au-dessus des USA. Puis la mesure avait fini par être levée.

Nul doute que le jour du crash, la fatigue et le stress ont joué un rôle déterminant pour lui faire perdre ses moyens au plus mauvais moment.

LE STEWARD CONSEILLE LES PILOTES...

23 décembre 1978...
Palerme, Sicile.

Il est minuit 12 minutes...

L'avion d'*Alitalia* arrive de Rome et il se prépare à atterrir sur l'aéroport de Palerme Punta Raisi.

Le vol porte le numéro AZA 4128. C'est un *DC 9-32* immatriculé I-DIKQ. La plupart des 124 passagers à bord sont des touristes qui viennent passer Noël sous le soleil de Sicile. C'est un vol supplémentaire que la compagnie italienne a rajouté in extremis à ses liaisons régulières pour répondre aux nombreuses demandes des fêtes de fin d'année.

La météo n'est pas très bonne en cette nuit d'hiver. Il souffle un fort vent du sud-ouest qui dépasse par moments 60 kilomètres à l'heure. De gros cumulus nocturnes bourgeonnent un peu partout sur les reliefs provoquant de nombreuses averses et réduisant considérablement la visibilité. Même en plein mois de décembre, ce n'est pas vraiment le temps qu'on s'attendrait à trouver en débarquant en Sicile... La fin du trajet n'a d'ailleurs pas été très agréable pour les passagers car les violentes rafales de vent qui ricochent sur les montagnes siciliennes provoquent des turbulences qui secouent durement l'avion. Comme toujours sur *DC 9*, il n'y a que deux hommes dans le poste de pilotage... Le commandant de bord est un pilote de 58 ans, un ancien militaire particulièrement expérimenté puisqu'il a volé sur *C47, Caravelle, Constellations* et toutes sortes de *McDonnell Douglas.* Pourtant, malgré toute son expérience, l'homme ne totalise que peu d'heures sur *DC9*... Seulement 420 heures, ce qui est relativement peu.

Quant au copilote, il est encore moins expérimenté que son patron. C'est un ancien mécanicien navigant qui a toujours rêvé d'être pilote de ligne. Après avoir travaillé très dur au sein de la compagnie, il a fini par quitter la place peu valorisante du "troisième homme" pour passer enfin aux commandes. Le problème, c'est que cette reconversion est extrêmement récente... L'homme n'est copilote que depuis trois mois et il ne totalise que... 173 heures de vol sur *DC 9*, ce qui est incroyablement faible.

Avant de poursuivre ce récit, il est important de donner quelques précisions techniques sur l'aéroport de Punta Raisi... Il comporte trois pistes: deux parallèles orientées 07/25 et la 02/20 à l'Ouest. Bien que Palerme soit la ville la plus importante de Sicile, son aéroport est loin d'être une plate-forme ultramoderne. A l'époque de ces faits, les équipements électroniques au sol y sont complètement dépassés et les pistes ne disposent même pas d'un ILS(1) pour l'atterrissage.

(1) Instrument Landing System. Système permettant un atterrissage de précision aux instruments. Il existe plusieurs catégories d'ILS, les plus performants (Catégorie III) permettent de se poser sans aucune visibilité extérieure. Depuis l'accident décrit dans ce récit, un système ILS a été installé sur les pistes 20 et 25 de l'aéroport de Palerme.

C'est la raison pour laquelle, pour atterrir, l'équipage n'a d'autre solution que d'effectuer une procédure VOR/DME sur la piste 20. Sans rentrer dans des détails techniques trop complexes qui gêneraient le lecteur, il faut savoir que ce type de percée est très imprécise comparée aux approches ILS pratiquées sur les autres aéroports. Au cours d'une percée VOR, le pilote n'a pratiquement aucune chance de se retrouver au mètre près dans l'axe de la piste. Dans le meilleur des cas, l'arrivée se fait avec une précision latérale de l'ordre de 150 mètres, ce qui est évidemment tout à fait insuffisant lorsque la météo est mauvaise.

On comprend aisément que lorsque les pilotes utilisent ce genre d'approche un peu "floue", ils ne sont pas autorisés à descendre très bas pendant la finale. Pour le *DC 9*, à Palerme, l'altitude minimale autorisée sans visibilité sera de 700 pieds (250 mètres)[(2)]. Impossible de descendre plus bas. Les normes de sécurité sont incontournables. Si à 700 pieds, le pilote ne voit pas les lumières de la piste, il doit impérativement remettre les gaz. Pas question évidemment d'insister par temps de brouillard... Dans ce cas, il n'y a pas d'autre issue que de se dérouter sur un autre aéroport mieux équipé. D'autant que la moindre erreur pourrait être lourde de conséquences car Palerme est bordée au Sud par des montagnes qui culminent à 1500 mètres d'altitude.

Pour pallier le manque de précision de ses équipements, l'aéroport dispose malgré tout d'un radar.

(2) A titre de comparaison, un avion de ligne effectuant une approche ILS avec des passagers est autorisé à descendre aux environs de 60 mètres de hauteur sans voir la piste. Quant aux avions de "La Postale", sans passagers à bord, ils sont autorisés à descendre jusqu'au sol même si les pilotes ne voient la piste qu'une fois qu'ils sont posés.

Et quel radar !

C'est un système appelé "primaire" qui porte bien son nom car il ne fournit pas beaucoup d'indications au contrôleur. Sur son écran, l'homme ne voit apparaître qu'une simple tache lumineuse sans aucune indication sur le numéro du vol ou sur l'altitude de l'avion(3). Juste un écho brillant, rien d'autre...

Il faut préciser que le radar de Palerme n'est pas vraiment ce qui se fait de plus moderne en aéronautique. C'est un vieux "Plessey ACR 430" qui doit dater des années 50. Une antiquité dont la portée n'excède pas 25 kilomètres et qui ne fonctionne pas vers le Sud, ni vers l'Est à cause des montagnes. En outre, et c'est très gênant pour l'interprétation des informations, ce "radar" n'est pas équipé d'un "effaceur d'écho fixe", ce qui veut dire qu'une simple mouette, ou le mât d'un navire dans le port, ou encore le sommet d'un immeuble un peu élevé viendront systématiquement parasiter l'écran avec une tache lumineuse très gênante. En fait, le contrôleur de Palerme ne reçoit pratiquement aucune information fiable dans les 5 kilomètres autour de l'aéroport. Autant dire que ce genre de matériel antédiluvien aurait davantage sa place sur un marché aux puces que sur le sommet d'une tour de contrôle digne de ce nom.

Et pourtant, les contrôleurs siciliens ont pris l'habitude d'utiliser leur vieux système et ils parviennent malgré tout à guider les avions avec une certaine fiabilité...

Après s'être mis en attente au nord-ouest, le *DC 9* d'Alitalia a commencé son approche à minuit 29. Il est arrivé à 5 000 pieds à la verticale de la balise de Palerme

(3) Pour simplifier, on peut dire que le radar primaire fournit une tache lumineuse sur l'écran et que le radar secondaire donne le numéro de vol et l'altitude du trafic concerné.

puis il a commencé à décrire une large trajectoire en forme de goutte d'eau. Au cours de ce circuit d'attente préparatoire, l'avion a commencé à descendre de telle manière qu'il puisse se retrouver dans l'axe de la piste. En réalité, du fait de la géométrie de la côte méditerranéenne et de l'orientation des pistes, la procédure prévoit qu'en finale l'avion ne sera pas tout à fait dans l'axe de la piste mais légèrement décalé à l'Est.

Dans le poste de pilotage, les deux hommes surveillent attentivement la distance qui leur reste à parcourir avant d'arriver à la balise.

Pour le moment, ils sont encore loin...

Dans la nuit, ils terminent la première branche de la trajectoire en forme de goutte d'eau. Inutile de chercher à voir quelque chose au-dehors, cela ne servirait à rien... Ils sont dans les nuages.

A minuit 34 minutes, le *DC 9* passe le point "Guffy". Il arrive maintenant à 31 kilomètres de la balise VOR. Il vole au cap 217 et la piste se trouve quelque part là-bas devant lui à une quarantaine de kilomètres.

Sa hauteur par rapport au niveau de la mer est maintenant de 4100 pieds...

Glissons-nous à l'intérieur du poste de pilotage pour suivre les conversations des deux pilotes pendant cette approche finale. C'est particulièrement intéressant!

Comme cela arrive souvent, il y a un "visiteur" avec eux. L'homme est assis sur le Jump-seat rabattu devant la console centrale. Rien d'anormal à cela, la plupart des commandants de bord acceptent souvent la présence d'un étranger pendant le vol: c'est parfois un employé d'Alitalia qui n'a pas pu trouver de place à bord lorsque l'avion est complet, cela peut être parfois un membre du personnel d'une autre compagnie ou même, plus rarement, un simple passager curieux de voir comment ça se passe pendant l'atterrissage.

Cette fois, pourtant, il s'agit d'un visiteur un peu spécial qui va jouer un rôle étonnant dans les événements qui vont survenir: c'est le steward de l'avion. Ce dernier a abandonné ses passagers pour venir assister à la manœuvre finale. Un passionné de pilotage qui doit rêver depuis son plus jeune âge de se retrouver un jour aux commandes d'un avion.

A force de demander aux différents commandants de bord de suivre l'atterrissage dans le poste, il a acquis quelques notions "très sommaires" sur la manière dont on conduit l'approche avec un avion de ligne.

Dans ce qui suit, on va voir que ce PNC(4) n'a absolument aucun complexe et qu'il lui arrive de donner son avis sur bien des choses techniques pour lesquelles il n'est absolument pas qualifié! C'est le copilote qui est aux commandes et le commandant de bord qui se charge des communications radio avec la tour de Palerme.

Minuit 34 minutes et 45 secondes ***(copilote à son commandant)*****:** *Il faut les informer qu'on quitte "Guffy"et qu'on arrive à 4000 pieds(5).*

Minuit 34 minutes et 55 secondes ***(commandant)*****:** *Palerme, Alitalia 4128, nous quittons "Guffy" et on arrive à 4000 pieds...*

(4) Membre du Personnel Navigant Commercial (Hôtesses et Steward) par opposition au PNT : Personnel Navigant Technique (Pilotes).

(5) Les altitudes reportées dans ce texte sont données au QNH, c'est-à-dire par rapport au niveau de la mer

Sur le tableau de bord, l'aiguille du VOR qui indique la position de l'appareil par rapport à sa route est légèrement décalée sur la gauche.

Cela signifie que l'avion est un peu à l'Ouest de la trajectoire idéale. Pour l'instant, ce n'est pas vraiment grave puisque le *DC 9* est encore en altitude et que de toute façon, il n'y a pas de relief. En-dessous, c'est la Méditerranée... Aucun risque d'accrocher une colline.

Minuit 35 minutes et 00 seconde *(contrôleur d'approche de Palerme)*: *Roger, vous quittez Guffy et vous passez 4000 pieds à 35. Rappelez-moi... euh à 12 nautiques (21 kilomètres).*

Minuit 35 minutes et 09 secondes *(commandant)*: *Roger, on vous rappellera à 12 nautiques.*

Minuit 35 minutes et 15 secondes *(contrôleur d'approche de Palerme)*: *A partir de maintenant, vous changez avec la fréquence radar 118,60.*

Minuit 35 minutes et 18 secondes *(commandant)*: *Reçu, 118,60.*

Alors que le *DC 9* poursuit sa descente dans la nuit, le commandant permute les fréquences sur sa radio VHF. Un rapide coup d'œil au DME(6) lui indique qu'ils sont actuellement à 14 miles nautiques de la balise (25 kilomètres). Le commandant fait un rapide calcul mental: pour parcourir cette distance, il va leur falloir approximativement 3 minutes 30... Soupir de satisfaction: ils seront bientôt posés et dans une heure, ils seront dans leur chambre d'hôtel. La journée a été longue et chacun a hâte d'aller se coucher.

(6) Distance Measuring Equipment. Instrument indiquant la distance jusqu'à une balise.

Minuit 35 minutes et 30 secondes ***(commandant)*** **:** *Radar, Bonsoir... Ici Alitalia 4128.*

Minuit 35 minutes et 40 secondes ***(contrôleur radar)*** **:** *Bonsoir, Alitalia 4128. Allez-y, je vous écoute.*

Minuit 35 minutes et 52 secondes ***(commandant)*** **:** *Nous libérons 3000 pieds et nous sommes maintenant à 13,5 nautiques de PRS (Palerme/Raisi)*(7).

Minuit 36 minutes et 01 seconde ***(radar de Palerme)*** **:** *Roger. Procédez comme l'approche vous a autorisé. Rappelez-moi à 10 miles de la balise pour identification radar. Je vous guiderai pour une arrivée VOR/DME pour la piste 20.*

Minuit 36 minutes et 14 secondes ***(commandant)*** **:** *Reçu... Pour une approche VOR/DME piste 20... Je vous rappellerai à 10 miles.*

Le contrôleur l'a dit sans ambiguïté, il veut que le pilote le rappelle à 10 miles (18 kilomètres), pour procéder à une identification précise sur son écran radar. En clair, il a tellement d'échos parasites qu'il veut savoir avec certitude lequel correspond bien au *DC 9* dont il a la charge. Ce serait ennuyeux qu'il se trompe et tente de guider un goéland jusqu'à la piste.

Minuit 36 minutes et 22 secondes ***(copilote)*** **:** *Euh, si on est pressé, on pourrait aussi bien faire une directe vers la p...*

Minuit 36 minutes et 25 secondes ***(steward)*** **:** *Noooon...*

Minuit 36 minutes et 28 secondes ***(copilote)*** **:** *Ah ?*

Le lecteur a bien lu ! Le copilote vient de proposer de raccourcir la trajectoire d'approche en coupant directement vers

(7) Balise VOR/DME de Palerme Raisi.

la piste (qui, rappelons-le, n'est pas tout à fait dans l'axe de la finale) et il a été brusquement interrompu par le steward qui trouve que ce n'est pas une bonne idée. Étrange visiteur qui se trouve dans le poste du *DC 9*. Il s'intéresse plus au pilotage de l'avion qu'au confort des passagers avec lesquels il devrait être en ce moment.

En toute logique, on pourrait s'attendre à ce que le commandant de bord demande fermement au PNC de se mêler de ce qui le regarde et de retourner en cabine. Mais étrangement, le Captain n'en fait rien. Au contraire, ce dernier va même jusqu'à expliquer pourquoi il serait quand même possible de couper la trajectoire directement jusqu'à la piste en serrant le virage de la *Tear Drop*(8).

Le doigt sur sa fiche de percée, il montre pourquoi son copilote a raison.

Minuit 36 minutes et 32 secondes *(commandant)*: *Euh... Directement... Voilà... Il y a plus direct. Comme ça, on va directement à la piste. Il faut se rappeler qu'elle est légèrement désaxée.*

Minuit 36 minutes et 44 secondes *(steward)*: *Ouais, je viens de la voir. Juste un petit peu.*

Pendant que l'équipage discute, l'avion a poursuivi sa descente. Il est maintenant à l'altitude de 2300 pieds et vient de sortir des nuages. C'est la raison pour laquelle le steward vient d'apercevoir les lumières de ce qu'il croit être la piste dans le lointain.

Minuit 36 minutes et 50 secondes *(commandant)*: *Moi aussi. Mais elle apparaît et elle disparaît.*

(8) Terme anglais pour désigner la procédure en forme de "goutte d'eau".

Minuit 36 minutes et 55 secondes ***(steward)*** **:** *Oui... Elle disparaît... et on se fait baiser!*

Conversation absolument surréaliste.

On devine que le steward est en train d'expliquer qu'il ne faut surtout pas tenter de couper directement vers ces lueurs qui apparaissent brièvement, il faut poursuivre en direction de la balise.

En écoutant cette bande, on ne sait plus très bien qui est le commandant de bord et qui est en train de donner une leçon de pilotage.

Le commandant de bord étant en train de discuter, il porte moins d'attention à l'approche et le copilote doit l'informer qu'ils arrivent à la distance à laquelle le contrôleur a demandé de rappeler.

Minuit 37 minutes et 03 secondes ***(copilote)*** **:** *On est à 10 miles maintenant.*

Minuit 37 minutes et 05 secondes ***(commandant)*** **:** *Palerme, Alitalia 4128, on est à 10 miles.*

Minuit 37 minutes et 12 secondes ***(radar de Palerme)*** **:** *Roger. Je vous ai identifié radar. Continuez votre approche. Vous êtes légèrement à droite du radial 217. Rappelez-moi une fois la piste en vue.*

Minuit 37 minutes et 17 secondes ***(commandant)*** **:** *D'accord, on vous rappellera piste en vue*

La distance jusqu'à la piste est maintenant de 17 kilomètres...

A cet instant, le *Cockpit Voice Recorder* enregistre l'alarme sonore du radioaltimètre qui indique que le *DC 9* n'est plus qu'à 2000 pieds (600 mètres) au-dessus de la Méditerranée.

L'avion est un peu trop bas par rapport à la pente de descente idéale qui lui permettrait d'arriver sur la piste. Pour le moment, ce n'est pas trop grave puisqu'il est au-dessus de l'eau mais il faudrait quand même faire quelque chose.

En ce qui concerne la trajectoire vers la balise, le copilote tient compte immédiatement des indications du contrôleur radar et il fait une correction vers la gauche. En quelques secondes, l'avion revient sur la bonne radiale. Mais il ne fait rien en ce qui concerne le taux de descente qui reste beaucoup trop fort.

L'avion continue à perdre de l'altitude rapidement...

Pourtant, il serait facile de voir ce qui ne va pas... Le copilote a sa fiche de percée sous les yeux, s'il la consultait attentivement, il s'apercevrait qu'à la distance où il se trouve, il devrait encore être à 3000 pieds. Mais apparemment, cela ne le choque pas... Il est vrai qu'avec seulement 179 heures de vol sur la machine, il lui est difficile de maîtriser parfaitement la situation.

Tout à coup, il pousse une exclamation de surprise:

Minuit 37 minutes et 19 secondes ***(copilote):*** *Je vois la piste!*

Le steward a également une fiche de l'aéroport de Palerme sur les genoux. Évidemment, il veut donner son avis sur les rangées de lumières qu'on aperçoit au loin dans la nuit. D'après lui, il y a un doute sur l'origine des balises lumineuses.

Sûr de ce qu'il avance, l'homme pose le doigt sur son plan des pistes et montre la 25.

Minuit 37 minutes et 22 secondes ***(steward):*** *Ça pourrait être celle-là!*

En clair le "spécialiste" sous-entend que le copilote pourrait se tromper et qu'il serait en train de confondre la piste 20 et la 25 (on croit rêver!). En réalité, c'est le steward qui se plante complètement. Comme va le confirmer le radar dans quelques secondes, l'avion est sur la bonne radiale. Tout va bien du point de vue de la trajectoire et l'intervention du steward ne fait que troubler considérablement le jugement des deux pilotes.

Minuit 37 minutes et 27 secondes *(commandant d'une voix hésitante)*: *Non, c'est mieux de...*

On ne saura pas ce qui "serait mieux" car le commandant ne termine pas sa phrase. On peut malgré tout supposer que le "chef" suggère d'attendre d'être plus près pour savoir avec précision où se trouve la bonne piste.

Cette hésitation de l'équipage ne serait pas très grave si l'avion respectait les altitudes prévues par la procédure. Mais il continue à descendre dangereusement.

Il est maintenant franchement sous le plan de descente idéal. Pourtant, encore une fois, il ne serait pas compliqué de vérifier l'altitude. En fonction de la distance restante, la fiche de percée donne une altitude. L'avion se trouve à 8 miles de la piste, il devrait être exactement à 2100 pieds.

Or il est à 1200 pieds...

Minuit 37 minutes et 29 secondes *(copilote)*: *Je mets le radioaltimètre. Nos minima sont de 700 pieds, hein?*

Personne ne répond à la question du copilote. Les minima sont en effet de 700 pieds mais plus personne ne s'en préoccupe puisque les lumières de la piste sont en vue. Il serait d'ailleurs plus exact de dire que l'équipage aperçoit des "lumières qu'il n'a pas encore bien identifiées".

Minuit 37 minutes et 32 secondes ***(copilote)*****:** *Le radar nous a dit qu'on était à droite de l'axe.*

Minuit 37 minutes et 34 secondes ***(commandant)*****:** *Il a dit "légèrement à droite".*

Minuit 37 minutes et 36 secondes ***(copilote)*****:** *Moi, je dirais qu'on était à gauche.*

Minuit 37 minutes et 38 secondes ***(steward)*****:** *Pour moi aussi, je dirais qu'on était à gauche.*

Malheureusement le copilote et le steward-pilote se trompent complètement. Car malgré la vétusté de son radar, le gars derrière son écran ne s'est pas trompé. L'avion était bel et bien à droite de l'axe. Pendant quelques secondes, il est revenu exactement au centre, puis il s'est retrouvé complètement à gauche.

Heureusement, le commandant de bord ne se laisse pas tromper par les discours décousus des deux hommes. Après quelques secondes d'hésitation, il fait une analyse correcte de la position.

Minuit 37 minutes et 39 secondes ***(commandant)*****:** *Euh... La piste est juste en face de nous. Donc, nous étions légèrement à droite et pas du tout à gauche...*

Même si les mots droite et gauche sont mal appropriés pour définir la position de l'avion, le commandant a parfaitement raison. En fait, ils étaient à l'Ouest de la bonne radiale et maintenant ils sont à l'Est. Aucun doute, depuis un moment, l'avion fait quelques zigzags désordonnés. Pourtant, une nouvelle fois, ce n'est pas vraiment le plus important.

Ce qui ne va pas c'est que l'avion continue à descendre.

Car les trois hommes sont trompés par la disposition des

lumières de la ville et ils se croient plus proches de l'aéroport qu'ils ne sont en réalité. Une illusion d'optique qui les pousse à se laisser aller toujours plus bas.

Le *DC 9* est maintenant à 700 pieds alors qu'il devrait être à 1600 pieds. L'erreur qui était minime devient très grave... Ce serait pourtant si simple de jeter un coup d'œil aux instruments puis de vérifier la corrélation entre la distance et l'altitude. Même un adolescent pourrait s'apercevoir que quelque chose ne colle pas.

D'autant que le contrôleur radar suit toujours l'avion sur son écran et qu'il annonce régulièrement la distance restante jusqu'à la piste.

Minuit 37 minutes et 40 secondes *(radar de Palerme)* : *Vous êtes à 7 miles maintenant... Vous êtes aligné. Poursuivez.*

Le contrôleur fait correctement son travail. Évidemment, pour lui, en apparence tout va bien. L'avion est à 13 kilomètres de la piste. Il est aligné sur l'axe d'approche. Comment pourrait-il se rendre compte que l'appareil est trop bas puisque son radar n'est pas équipé d'alticodeur ?

Minuit 37 minutes et 42 secondes *(commandant)* : *On vous rappellera !*

Minuit 37 minutes et 44 secondes *(commandant au copilote)* : *On pourrait peut-être sortir quelque chose ?*

Remarque amicale pour rappeler au copilote qu'il faudrait quand même songer à préparer le *DC 9* à l'atterrissage. Pour l'instant, l'équipage regarde les petites lumières au-dehors mais ni les volets, ni le train d'atterrissage ne sont encore sortis. Il serait temps car l'avion devrait toucher la piste dans un peu moins de deux minutes...

Minuit 37 minutes et 46 secondes *(copilote sur le ton désolé*

***de quelqu'un qui a oublié quelque chose)**: Euh... 15 degrés de volets ?*

Puis, ne pouvant pas s'empêcher de regarder dehors, il rajoute aussitôt d'une voix désolée.

Minuit 37 minutes et 47 secondes *(copilote)*: *C'était pas les bonnes lumières.*

Comme toujours, le steward vient aussitôt rajouter son grain de sel pour montrer qu'il maîtrise lui aussi la situation. Il passe la fiche de percée jusqu'au copilote et lui montre les rangées de lampadaires qui s'étirent le long de la côte.

Minuit 37 minutes et 50 secondes *(steward)*: *Peut-être qu'on a confondu avec ces lumières-là ?*

Quelle pagaille incroyable ! Difficile d'imaginer que l'on se trouve dans le cockpit d'un avion de ligne qui transporte 124 passagers confiants dans la qualification de ceux qui ont leur vie entre leurs mains !

Minuit 38 minutes et 01 seconde *(copilote au commandant de bord)*: *On sort le train.*

D'un geste précis, le commandant abaisse la grosse manette située au centre du tableau de bord. Aussitôt, les roues sortent de leur logement et se verrouillent avec un claquement sourd.

La vitesse est réduite à 360 kilomètres à l'heure.

L'avion est à présent à 6 miles (11 kilomètres) de la piste mais pendant ces dernières manœuvres, il a dévié de nouveau de sa route. Il est reparti beaucoup trop à gauche de l'axe (c'est-à-dire à l'Est de la radiale 217).

Et il a poursuivi sa descente incontrôlée. A cet instant, le

DC 9 n'est plus qu'à... 700 pieds alors qu'il devrait normalement se trouver à 1 500 pieds. 700 pieds... Ce sont les minima... L'alarme du radioaltimètre se déclenche donc pour rappeler aux pilotes qu'il faut être prudents mais personne ne porte la moindre attention à ce klaxon puisque la visibilité est bonne et qu'on voit distinctement des rangées de lumières au-dehors... Même si on ne sait pas très bien vers quoi on se dirige... Car, évidemment du fait du vol à basse altitude, la perspective de la ville et des balises lumineuses deviennent plus difficiles à appréhender. L'eau approche... Maintenant que l'appareil est à basse altitude, il est secoué par une turbulence un peu plus forte. Sans être inquiétants, ces mouvements brusques accaparent davantage l'attention de l'équipage qui s'occupe encore moins des indications de l'altimètre.

Minuit 38 minutes et 05 secondes (radar de Palerme): *Alitalia 4128, maintenant vous êtes en train de dériver à gauche de la radiale. Euh... Vous êtes à gauche de la radiale pour environ 1 mile.*

L'information fournie par le contrôleur radar est parfaitement exacte. Avec le vent d'ouest et le cafouillage du tandem steward-copilote, l'avion s'est maintenant déporté de deux kilomètres vers l'Est.

Étrangement, pour la première fois, le commandant de bord paraît mettre en doute les paroles du radariste.

Minuit 38 minutes et 12 secondes *(commandant d'une voix suspicieuse)*: *Nous sommes légèrement à gauche de la radiale? Quelle est notre position en ce moment?*

Le ton un peu agressif semble avoir surpris le contrôleur sicilien.

Il réfléchit une seconde avant de répondre avec une certaine hésitation:

Minuit 38 minutes et 17 secondes ***(radar de Palerme)*****:** *Votre position ?, euh... 5 miles... Vous êtes à 5 miles de la balise.*

Même si la voix est hésitante, l'information est toujours parfaitement exacte. L'avion est effectivement à 9 kilomètres de la piste. Mais le doute est dans les esprits des navigants. L'équipage commence à se demander si les indications du radar de Palerme sont vraiment fiables. La positon qu'on leur donne est-elle vraiment exacte? Sont-ils à droite ou à gauche de l'axe? Étrangement, c'est la position qui préoccupe en premier lieu l'équipage... Alors que ce devrait être l'altitude car c'est là que se trouve le véritable danger.

L'appareil est à 500 pieds de l'eau...

Ça va mal! Obnubilé par sa trajectoire, le commandant tente d'analyser ce que représentent les lumières de plus en plus rasantes qu'il a devant les yeux. Il cafouille minablement.

Minuit 38 minutes et 19 secondes ***(commandant)*****:** *On voit celle-là... mais la piste, c'est celle-là!*

Minuit 38 minutes et 22 secondes ***(steward)*****:** *Euh ???*

Minuit 38 minutes et 23 secondes ***(copilote)*****:** *Alors, il nous a filé des mauvaises informations!*

Minuit 38 minutes et 27 secondes ***(commandant)*****:** *Oui...*

Le contrôleur radar n'a donné aucune "mauvaises informations" mais l'équipage est maintenant complètement hors du coup. Troublés par les lumières de la ville qui s'entrecroisent de toutes parts, gênés par le steward qui donne son avis à tout instant, les deux hommes ne savent plus du tout où ils en sont. Ils n'ont plus confiance en ce vieux radar complètement dépassé. Leur attitude est déconcertante: ils ont un doute évident sur les informations qu'on vient de leur donner mais ils entament tout de même un léger virage vers la droite pour tenter de revenir sur l'axe, ce qui veut dire qu'ils suivent les recommandations du radariste.

Minuit 38 minutes et 30 secondes *(radar de Palerme)*: *Alitalia 4128, radar?*

Minuit 38 minutes et 31 secondes *(commandant)*: *Allez-y, je vous écoute...*

Minuit 38 minutes et 33 secondes *(radar de Palerme)*: *Vous êtes à 4 miles. Toujours à gauche de la radiale 217...*

Tout à coup, une alarme inquiétante retentit dans le poste de pilotage. C'est le radioaltimètre qui se déclenche parce que l'avion atteint l'altitude de 200 pieds (60 mètres). Cette fois, l'équipage sursaute. C'est grave... Les deux hommes réalisent enfin qu'il se passe quelque chose d'anormal. Une seconde plus tard, le copilote stoppe la descente et met l'avion... en palier.

A travers cette réaction inappropriée, on devine le manque évident d'expérience du navigant. La réaction logique devant une alarme de ce type devrait être de remettre immédiatement l'avion en montée. Au lieu de cela, il se contente d'une remise en palier stabilisé.

Minuit 38 minutes et 40 secondes *(commandant)*: *Attend une minute!*

Minuit 38 minutes et 43 secondes *(copilote d'une voix visiblement enrouée par l'émotion)*: *Alors, il nous a filé des mauvaises informations!*

L'équipage discute sans réaliser vraiment ce qui arrive. Si la scène avait lieu en plein jour, les trois hommes seraient absolument horrifiés en découvrant la situation dans laquelle ils se trouvent.

A ce moment précis, le *DC 9* d'Alitalia est en vol stabilisé au-dessus de la mer. Il est exactement à... 38 mètres d'altitude et pendant neuf secondes, il se maintient à cette hauteur. C'est une éternité... Son train d'atterrissage est sorti, les volets sont braqués à 15 degrés... Il vole à 270 kilomètres à l'heure au ras des vagues.

Des pêcheurs au lamparo qui travaillent en pleine mer entendent le sifflement des réacteurs dans la nuit. Le bruit leur paraît suffisamment proche pour qu'ils relèvent la tête vers le ciel. Quelques secondes plus tard, ils aperçoivent une ombre qui passe à quelques mètres devant eux. L'appareil vole si bas qu'ils distinguent avec précision la rangée des hublots éclairés dans la nuit.

Les feux de position situés au bout des ailes frôlent la mer. Tous se demandent ce que fait cet avion de ligne en rase-vagues à sept kilomètres de la côte.

Minuit 38 minutes et 47 secondes *(commandant)*: *Appelons le radar!*

Quelle étrange réaction en face du danger! A cet instant crucial, la priorité des priorités n'est plus d'appeler un contrôleur dans lequel l'équipage n'a d'ailleurs qu'une confiance limitée. Il faudrait pas réfléchir. Simplement repousser les deux manettes des gaz à fond vers l'avant et reprendre de l'altitude. Très vite...

Ne pas rester au ras des flots où la moindre turbulence peut provoquer la catastrophe. Remonter de toute urgence...

Apparemment, ce n'est pas l'idée qui vient à l'esprit du commandant de bord et ses deux hommes d'équipage.

Minuit 38 minutes et 58 secondes *(copilote)*: *On pensait qu'on était à gauche... aaaah...*

Le copilote n'a pas le temps de terminer sa phrase. On entend des cris impressionnants... L'aile droite vient de toucher la Méditerranée.

Minuit 39 minutes et 00 seconde: *Fin de l'enregistrement.*

Le choc a été d'une violence terrible...

A 270 kilomètres à l'heure, l'eau est aussi dure que du béton. L'aile droite est arrachée d'un coup. Le fuselage bascule aussitôt sur la droite. Il plonge dans l'eau et se déchire en quatre tronçons. A l'avant, la dislocation est immédiate. Les parois se disloquent comme du papier. Les vitres du poste de pilotage sont pulvérisées immédiatement et l'eau surgit en trombe sur les trois hommes.

Dans la cabine, les lumières s'éteignent brusquement. En une fraction de seconde, les passagers passent du confort douillet de leur siège au cauchemar le plus épouvantable. Ils se retrouvent dans l'obscurité, envahis par une masse liquide qui les terrifie et les submerge.

Au moment de l'impact, la partie centrale de la carlingue se retourne et les malheureux se retrouvent à l'envers, retenus par leur ceinture. La tête en bas.

En une dizaine de secondes. Ils sont submergés par des tonnes d'eau. Ceux-là n'auront aucune possibilité de s'en tirer. Ils meurent noyés.

Comme d'habitude, c'est vers l'arrière de l'appareil que le choc est ressenti le moins brutalement. La queue se dresse à la verticale, laissant aux passagers quelques secondes de répit avant que l'eau ne parvienne jusqu'à eux. Certains chanceux auront le temps de récupérer leur gilet de sauvetage sous leur siège et ils pourront s'échapper par l'ouverture béante du fuselage coupé en quatre sections.

Dans la nuit, les pêcheurs au lamparo repéreront les petites lampes des gilets et parviendront à sauver quelques vies.

Parmi les 129 occupants de l'appareil, les sauveteurs ne réussiront à récupérer que 21 personnes. Tous les autres périront noyés à l'intérieur du fuselage. Le commandant de bord, le copilote et le steward meurent dans l'accident.

Que d'erreurs ont été commises au cours de ce vol tragique! Des fautes de débutant... L'une des plus graves a été que le commandant de bord tolère d'être dérangé par un étranger au cours d'une approche délicate.

CHARTER DE TOUS LES DANGERS...

30 septembre 1996.

Le *MD 83* est blanc avec une énorme inscription en caractères rouges sur le fuselage et sur la queue: *Sunways*(1). C'est un charter plein de touristes allemands qui reviennent d'une semaine de vacances au soleil. L'avion a décollé à 17 heures 40 de Dalaman en Turquie et il se dirige vers Cologne à la vitesse de 910 kilomètres à l'heure.

Il y a 129 passagers à bord...

Le programme des vols prévoit qu'après son atterrissage en Allemagne vers 21 heures, l'appareil repartira à vide pour Kajaani en Finlande. Il redécollera ensuite au milieu de la nuit à destination de la Turquie avec une nouvelle cargaison de touristes.

Ces rotations de la Turquie vers l'Europe sont répétitives. Elles se produisent tous les jours avec des escales similaires

(1) Compagnie de charter fondée en 1995 et appartenant au groupe touristique Turkish Tursem.

en Allemagne et en Finlande. Ce sont des vols très rentables pour la jeune compagnie turque Intersun Sunways puisqu'à l'exception du trajet Cologne — Kajaani, qui se fait presque toujours à vide, les vols sont généralement pleins. La compagnie aérienne possède en effet sa propre agence de voyage à Helsinki: "Kymppimtkat" qui fonctionne à plein régime pour envoyer de la "chair à bronzer" en Turquie...

Exceptionnellement, il n'y a pas de copilote aux commandes du *MD 83*. Ce sont deux commandants de bord qui se relaient à chaque escale pour occuper la place gauche. Les navigants sont tous les deux d'anciens pilotes militaires qui ont quitté la Turkish Air Force trois ans plus tôt. Quant au copilote, il est effectivement présent à bord de l'avion mais il ne fait rien... Assis sur le jump seat devant la console centrale, il se contente de regarder les "anciens" travailler.

Le premier incident grave survient au cours du vol Turquie/Allemagne pendant que l'appareil est en croisière au niveau de vol 280 (28000 pieds). L'avion est alors sur pilote automatique... Tout est calme... Il a décollé depuis 22 minutes lorsqu'une explosion sourde retentit vers l'arrière. Le coup est suffisamment violent pour que tous les occupants de l'appareil se retournent comme un seul homme pour chercher à comprendre ce qui se passe...

Le scénario est habituel et tristement classique: les passagers blêmissent, se mettent à transpirer. Les conversations cessent et la peur commence à rôder au détour des fauteuils. Chacun surveille les moindres faits et gestes des membres du personnel navigant. Ceux-ci ne font rien... Seul le chef de cabine se dirige lentement vers l'arrière. Il semble très inquiet. Tous les regards sont braqués sur lui. On guette ses réactions. Après quelques secondes d'hésitations, le PNC finit par s'approcher des passagers assis près des toilettes:

– A votre avis, demande-t-il, est-ce que le bruit venait de la droite ou de la gauche de l'appareil ?(2)

Stupéfaits, les deux touristes allemands interrogés confirment au chef de cabine que l'explosion s'est bien produite vers "cet endroit là"... Ils désignent le gros réacteurs Prat & Whitney dont l'énorme entrée d'air se trouve à côté de la queue, à moins de deux mètres de leur cloison.

– C'est celui de gauche, murmure finalement l'un des deux hommes.

Le chef de cabine se penche par le hublot, cherche à comprendre et ne voit rien. Il saisit alors l'interphone de bord qui permet de communiquer avec le poste de pilotage. S'engage alors une longue conversation en Turc pour informer les deux commandants de bord de ce qui vient de se passer...

Ceux-ci sont déjà au courant car l'explosion était si forte qu'elle a évidemment été entendue jusqu'à l'avant de l'appareil.

Un peu inquiets, les pilotes ont immédiatement examiné les instruments sur le tableau de bord pour tenter de trouver ce qui n'allait pas. Mais étrangement tous les paramètres sont normaux. Aucune vibration. Pas de baisse de régime.

Au contraire, au bout de quelques minutes, les pilotes constatent avec étonnement que trois paramètres moteurs sont en augmentation : la température des gaz d'échappement (EGT), la vitesse de rotation du compresseur haute pression (N2) et le débit de carburant..

(2) Toutes les conversations qui sont reportées dans ce récit sont extraites du rapport établi par le Bureau Enquête Accident finlandais.

Les deux hommes se concertent brièvement et se disent que ça ne doit pas être bien grave puisque les instruments moteurs sont “presque” normaux. Pourquoi donc ne pas continuer comme ça jusqu'à Cologne. Évidemment, il doit bien y avoir quelque part une explication à ces étranges modifications. Il serait peut-être possible de consulter le manuel de vol ou de faire une check-list d'urgence pour essayer de comprendre la raison de ce “boum” inquiétant. La solution la plus sage serait certainement de faire demi-tour pour rejoindre l'aéroport de départ.

Mais tout cela ne vient pas à l'esprit des pilotes...

Aucune annonce n'est faite pour rassurer les passagers ou les informer de ce qui s'est passé. Le vol se poursuit donc “normalement” et l'atterrissage a lieu à Cologne à l'heure prévue, c'est-à-dire à 21 heures 11 GMT...

Quelques minutes plus tard, les passagers débarquent de l'appareil, visiblement soulagés de se retrouver sains et saufs sur le sol allemand. Dans les couloirs de l'aéroport, les conversations ne portent que sur un seul sujet: ce bruit “Kolossal”. qui a fait sursauter tous les touristes après le décollage de Dalaman. On en tremble encore... Les passagers ne se sont sentis vraiment en sécurité qu'au moment où les roues de l'appareil ont été sur la piste. Les hypothèses les plus folles courent à propos du bruit. Certains évoquent la possibilité d'une bombe, d'autres parlent de l'arrachement d'un réacteur ou même du choc avec un oiseau qui aurait volé très haut. L'équipage n'ayant donné aucune explication, personne ne sait réellement ce qui s'est passé.

En fait, les deux commandants de bord n'ont rien expliqué à leurs passagers pour une raison très simple: eux-mêmes n'ont aucune idée de l'origine du “boum”.

Pendant que les passagers passent les formalités de douanes et de police, l'un des pilotes contacte par téléphone le correspondant sur l'aéroport de la compagnie Intersun Sunways. Un peu énervé, il l'informe qu'il faut très rapidement lui envoyer un mécanicien. Il ne donne aucun détail technique et ne parle même pas de l'explosion, ni des paramètres moteurs un peu trop élevés. Il veut simplement que le technicien vienne jusqu'à l'avion le plus vite possible car il doit repartir le soir-même pour la Finlande et il est déjà 21 heures 45.

Dans un premier temps, le mécanicien contacté refuse de venir. Il n'a pas d'accord d'assistance avec Sunways et, quoi qu'il en soit, il n'est pas qualifié pour travailler sur les réacteurs Prat & Whitney JTD8-219 qui motorisent l'avion.

Les pilotes le contactent alors eux-mêmes par téléphone. Nouvelles discussions et marchandages jusqu'à ce qu'il finisse par céder.

Quelques minutes plus tard, le gars se présente à la porte du poste de pilotage. En quelques mots, l'équipage lui explique que le réacteur tourne mal mais personne fait allusion à l'incident qui s'est produit pendant le vol.

L'homme écoute attentivement puis il précise une nouvelle fois:

– *Je suis désolé mais je ne peux absolument rien faire pour vous dépanner. Je ne suis pas qualifié pour travailler sur ce type de réacteur.*

– *Qu'est-ce qu'on peut faire?*

La réponse tombe comme une sentence.

– *Absolument rien... Les services techniques sont fermés à cette heure. Il faut attendre demain matin.*

Devant la mine catastrophée des pilotes, l'Allemand accepte finalement de soulever le capot du réacteur gauche... juste pour jeter un coup d'œil. Il ne démonte rien... C'est seulement une inspection visuelle avec une lampe électrique.

En apparence, tout est normal, le technicien ouvre quelques trappes de visite, tape du plat de la main de ci de là... fait tourner le rotor du compresseur: il n'y a aucun bruit de frottement.

– Je ne vois rien d'anormal mais ça ne veut absolument rien dire, précise-t-il enfin. Il faudrait demander à un gars qui connaît ce réacteur.

Le commandant de bord demande alors au mécanicien de lui signer le "release to service". Un document qui lui permettrait de redécoller et dégagerait sa responsabilité si quelque chose se produisait.

Évidemment, le mécanicien refuse de signer quoi que ce soit, puisqu'il n'a rien fait et qu'il n'a aucune qualification pour travailler sur le Prat & Whitney.

Les deux commandants de bord se concertent de nouveau... Que faire? La seule solution logique serait de prendre contact avec le service technique de la compagnie Intersun en Turquie pour les informer du problème.

Évidemment, cela poserait immédiatement de sérieuses difficultés. L'avion ne pourrait pas redécoller pour la Finlande ce soir... L'équipage se verrait contraint de passer la nuit dans un hôtel de Cologne, et d'attendre des techniciens qualifiés qui devraient peut-être changer le réacteur... Quant aux touristes qui attendent l'avion à Kajaani en Finlande, il faudrait envoyer un autre appareil pour les récupérer. Ça ne pourrait pas se faire avant demain, peut-être même après-demain car tous les avions de la compagnie tournent déjà au maximum de leurs possibilités...

La galère...

Après une longue discussion, les deux commandants de bord décident de ne rien faire de tout cela. Beaucoup trop compliqué... On a du mal à le croire mais c'est finalement... le copilote qui signera le papier attestant que l'avion est en état de reprendre le vol.

Aucune mention n'est portée sur les documents de l'appareil signalant une quelconque anomalie sur un moteur: RAS...

Et l'explosion?

Quelle explosion?

Le commandant de bord dépose un plan de vol à destination de la Finlande et à 23 heures 13, l'avion s'aligne sur la piste de Cologne. Pour ce vol, il n'y a aucun passager à bord.

Au moment de la mise des gaz, le moteur gauche accélère très lentement. Il met huit secondes de plus que le moteur droit pour atteindre sa puissance maximum de 1.42 EPR(3).

Plus tard, lors de l'enquête, les commandants de bord nieront avoir remarqué ce retard important à l'accélération mais les boîtes noires seront formelles. L'analyse du FDR(4) montrera sans ambiguïté que le moteur gauche présente de graves anomalies: c'est surtout la température des gaz d'échappement qui est beaucoup trop élevée par rapport à celle du moteur droit.

(3) Le manuel de vol du MD 83 spécifie très clairement qu'une différence d'accélération supérieure à 3 secondes doit être considérée comme très anormale.
(4) Flight Data Recorder.

Aussitôt après avoir décollé de Cologne, les pilotes mettent le cap vers la Finlande et grimpent vers le niveau 350 (35000 pieds).

C'est au moment où ils atteignent ce niveau que survient le second incident grave. Vers l'arrière, le réacteur gauche se met à vibrer sourdement. Les fréquences ne sont pas très violentes mais elles se transmettent néanmoins à tout le fuselage qui commence à résonner de manière étrange. Une sorte de ronflement ressemblant à un bruit de perceuse dans le lointain.

Un peu inquiet, le pilote aux commandes décide de perdre un peu d'altitude. Il redescend au niveau 310.

Le bruit cesse...

Intrigué, il remonte au 350 et le ronflement reprend aussitôt.

Du coup, l'équipage décide de se stabiliser en croisière au niveau 290. A partir de ce moment, le ronflement ne réapparaît plus et tout semble normal. Sauf bien entendu, en ce qui concerne les quelques paramètres moteurs cités plus hauts qui atteignent des valeurs bien plus élevées que la normale. Donc, tout va bien... Le vol dure 2 heures et 25 minutes et il se poursuit normalement jusqu'à Kajaani où l'avion atterrit à minuit 32 en heure locale...

Dès son arrivée au bloc, l'équipage demande à ce qu'on envoie un technicien pour examiner le réacteur gauche. Encore une fois, les deux hommes ne donnent aucun détail concernant l'explosion, les vibrations, les paramètres anormaux ou la lenteur de l'accélération du réacteur.

Ils savent qu'il leur faut éviter d'en dire trop sur leurs problèmes. S'ils ne parviennent pas à trouver un mécanicien qui puisse les dépanner sur place, les autorités risquent de les empêcher de décoller pour la Turquie.

Trouver quelqu'un de qualifié au milieu de la nuit sur l'aéroport de Kajaani n'est pas chose facile. Seule la compagnie Finnair dispose de personnel de permanence 24 heures sur 24. Or, pas de chance, encore une fois, il n'existe aucun accord d'assistance entre Intersun et la compagnie finlandaise. Coups de téléphone, interventions, palabres interminables... Les gens de Finnair finissent par envoyer gracieusement un de leurs mécaniciens pour jeter un coup d'œil au réacteur.

Dès que le technicien arrive à l'avion, il examine le moteur comme l'avait fait le mécanicien allemand trois heures plus tôt: ouverture des capots et examen avec une lampe torche. Plutôt serviable le Finlandais car les conditions de travail sont loin d'être idéales: il tombe une petite pluie glacée qui transperce tout et avec l'obscurité du parking, on ne voit pratiquement rien.

A part une légère fuite d'huile sous le réacteur, l'homme ne trouve rien d'anormal. Il se tourne alors vers l'équipage pour faire une proposition parfaitement logique.

– *Désolé, je ne vois pas ce qui cloche... Il n'y a qu'une seule chose à faire, c'est tracter votre avion jusqu'à l'aire d'essai à l'autre bout de l'aéroport... Là-bas, on mettra le réacteur gauche en marche et on le poussera un peu. C'est la seule solution pour vérifier les différents paramètres.*

Apparemment, la suggestion du Finlandais ne déclenche pas un enthousiasme délirant chez les deux Turcs. Long silence embarrassé... Regards de connivence appuyés. Puis les pilotes se lancent dans une longue conversation dans leur langue. Ça dure une dizaine de minutes. On appelle même le copilote pour qu'il donne son avis.

Pendant ce temps-là, le mécanicien finlandais attend et commence à s'impatienter sérieusement...

Enfin, à sa grande surprise, les deux pilotes s'adressent à lui avec un grand sourire.

– *Ce n'est pas la peine de vous donner du mal. On va se débrouiller comme ça. Tout va bien...*

Le Finlandais ne parle pas le Turc, mais il a parfaitement compris la situation. Les deux pilotes ont surtout très peur de se retrouver coincés sur l'aéroport à cause d'un moteur défaillant. Ils sont prêts à tout pour filer d'ici.

L'homme ne peut s'empêcher de leur faire remarquer qu'ils ont quand même une fuite d'huile sous le réacteur suspect.

– *No problem... Est-ce que vous pouvez nous compléter le plein, demande l'un des deux Turcs.*

Le mécanicien sourit mais réplique fermement.

– *Désolé les gars, je ne peux pas faire ça... Il n'y a aucun accord de maintenance entre nos deux compagnies. S'il arrivait un pépin, je pourrais être tenu pour responsable. A la rigueur, je peux vous prêter un escabeau pour que vous puissiez atteindre l'orifice de remplissage.*

Un peu vexé, l'un des commandants de bord murmure un vague merci et lance quelques mots en Turc à son collègue.

Quelques minutes plus tard, c'est le copilote lui-même qui procède au complément de l'huile du réacteur. L'opération n'est pas facile... Avec la pluie et le froid, le jeune navigant peine pour ne pas renverser le précieux liquide sur son bel uniforme.

Le temps presse maintenant... Le décollage est prévu à 2 heures 15 du matin (heure locale). Le copilote a tout juste terminé de faire le plein d'huile que les premiers passagers sont déjà en train d'embarquer.

Pendant ce temps, le mécanicien au sol de Finnair, jette un coup d'œil de professionnel au *MD 83*. Il découvre un autre problème que les Turcs ne semblent pas avoir remarqué: bien que la température extérieure soit très légèrement positive (4 degrés Centigrades), les ailes sont recouvertes d'une fine couche de glace transparente. Il ne peut s'empêcher d'en faire part immédiatement à l'un des deux commandants de bord:

– *Vous devriez passer au dégivrage avant de décoller, suggère-t-il. Vous avez de la glace en formation un peu partout, c'est très dangereux.*

Le commandant de bord ne semble pas apprécier les nouvelles suggestions de son interlocuteur. Sans même jeter le moindre coup d'œil à ses ailes, il réplique avec une certaine agressivité.

– *C'est bien la première fois que j'entends ça! Il n'y a aucun risque de givrage lorsque la température est positive.*

Une longue discussion s'engage alors entre les deux hommes et le ton monte rapidement. Visiblement, le Finlandais a une bonne connaissance des phénomènes de givrage sur les aéroports de son pays. Il sait que, du fait de courants d'air glacés localisés, le phénomène peut parfois se produire avec des températures positives. Or le Turc ne semble pas mesurer les risques qu'il prend en décollant sans passer son avion au dégivrage(5). Le ton du commandant de bord devient terriblement cassant.

(5) Voir : *Les deux réacteurs s'arrêtent en vol* dans LES MIRACULÉS DU CIEL du même auteur aux Éditions Altipresse.

– *Vous êtes mécanicien... C'est mon avion et j'en suis le seul responsable, finit-il par lancer.*

L'interpelé fait tout de même remarquer que ce sont des compatriotes finlandais qui sont en train de prendre place à bord de l'appareil. Il sont 137 innocents qui vont lui confier leur vie et ça ne donne pas le droit de faire n'importe quoi...

Finalement, le Turc accepte que l'on fasse appel à un expert pour avoir un avis indépendant. Un pilote de la compagnie Finnair vient alors en personne passer la main sur l'aile du *MD 83*(6). Sans hésitation, il conseille de faire dégivrer l'avion car l'aile est déjà bien recouverte de glace transparente.

Pas très heureux mais à court d'arguments, les deux commandants de bord finissent par accepter de faire effectuer la procédure de sécurité.

A 2 heures du matin, l'embarquement des touristes est terminé. L'avion a été dégivré et le plan de vol a été déposé. Le charter a été enregistré sous l'indicatif Intersun 2042 à destination de Dalaman en Turquie...

Les documents sont signés et l'avion est prêt à mettre ses réacteurs en route... Encore une fois, du point de vue officiel: tout semble en règle... Pourtant, dans les différents services de l'aéroport, les conversations vont bon train au sujet du *MD 83* de Sunways. Évidemment, le mécanicien et le pilote finlandais ont parlé à leurs collègues... Certains sont même au courant de l'explosion car les hôtesses de Sunways ont discuté avec des agents de l'aéroport de ce qui leur était arrivé au

(6) L'inspection manuelle de l'aile pour vérifier la présence de glace est la seule méthode valable préconisée par toutes les compagnies nordiques.

cours des vols précédents. Un peu naïvement, elle ont parlé du "boum" qui leur a fait si peur...

Bref, tout le monde au sol a bien compris que l'un des réacteurs de l'avion n'est pas en très bon état. Et puis surtout, on a remarqué que les pilotes n'agissaient pas comme de véritables professionnels puisqu'il a fallu discuter "ferme" pour les convaincre de dégivrer leur appareil. Apparemment, les gars n'ont pas l'air de savoir que les risques du givrage ne sont pas les mêmes en Finlande et en Turquie.

Du coup, c'est avec une certaine inquiétude que les agents de l'aéroport ont suivi l'embarquement des touristes inconscients. Que peuvent-ils faire? Absolument rien... Il n'y a malheureusement aucune possibilité légale d'arrêter l'avion puisque ses documents sont en règle.

A 2 heures 21 du matin, les strobes(7) se mettent à clignoter aux bouts des ailes et le commandant de bord contacte la tour de contrôle.

Écoutons la suite:

2 heures 21 minutes 45 secondes ***(commandant turc)***: *La tour de Kajaani, bonsoir... Intersun 2042.*

2 heures 21 minutes 49 secondes ***(tour de Kajaani)***: *Bonjour, Intersun 2042, allez-y, je vous écoute.*

2 heures 21 minutes 55 secondes ***(commandant)***: *2042, nous sommes au parking. On est prêts pour la mise en route(8). Destination Dalaman.*

(7) Feux de position à éclats.

(8) Sous plan de vol aux instruments, la mise en route des réacteurs ne peut être faite qu'avec l'autorisation de la tour de contrôle.

2 heures 22 minutes 04 secondes *(tour de Kajaani)*: *Intersun 2042, pas de restrictions pour la mise en route. Le vent est du 150 degrés pour 7 nœuds. La température est de + 4 degrés. QNH 990*(9)*... Et il est 2 heures 22.*

2 heures 22 minutes 20 secondes *(commandant)*: *Reçu, tout est noté, Intersun 2042.*

L'appareil d'Intersun est le seul à partir de Kajaani à une heure aussi tardive. Il ne sera donc pas gêné par les autres avions. D'autant que, même en l'air, le trafic sur la Finlande est pratiquement nul.

Le pilote démarre d'abord le réacteur numéro 2, celui qui n'a pas de problème.

Le sifflement déchire le silence de la nuit. Les pressions montent normalement. Tout va bien...

Puis, c'est au tour du moteur gauche.

Trois minutes plus tard, la procédure de démarrage est terminée. Les deux moteurs tournent... L'avion appelle de nouveau le contrôleur.

2 heures 25 minutes 09 secondes *(commandant)*: *La tour, Intersun 2042, nous sommes prêts à rouler.*

2 heures 25 minutes 14 secondes *(tour de Kajaani)*: *Roger, Intersun 2042, aucun autre trafic. Vous pouvez rouler et votre clearance*(10) *est prête.*

2 heures 25 minutes 25 secondes *(commandant)*: *Allez-y pour la clearance.*

2 heures 25 minutes 36 secondes *(tour de Kajaani)*: *Le contrôle de Rovaniemi autorise le vol Intersun 2042 jusqu'à la*

(9) Pression atmosphérique ramenée au niveau de la mer.
(10) Trajectoire autorisée pour le départ.

destination suivant le plan de vol demandé. Niveau de vol 290... transpondeur 2013(11).

2 heures 25 minutes 44 secondes *(commandant)*: *Roger, on est autorisé jusqu'à destination conformément au plan de vol. Niveau de vol 290 et transpondeur 2013. Bien compris Intersun 2042.*

Comme c'est la réglementation, le pilote a répété chaque terme de la clearance sans omettre un seul mot. On ne peut pas dire que les Finlandais fassent des difficultés administratives pour le départ de l'avion... Au contraire, le *MD 83* a obtenu exactement la route qu'il avait demandée, (ce qui n'est pas toujours le cas lorsque le trafic aérien est important) et on lui accorde de monter directement vers le niveau de vol 290. Évidemment, l'équipage n'a pas choisi ce niveau par hasard. Il sait que c'est précisément à cette altitude que le réacteur gauche ne rentre pas en vibrations.

2 heures 26 minutes 00 seconde *(tour de Kajaani)*: *La clearance est correcte, monsieur...*

2 heures 26 minutes 05 secondes *(commandant)*: *On est prêts à rouler.*

2 heures 26 minutes 09 secondes *(tour de Kajaani)*: *Vous êtes tout seul sur l'aéroport. Il n'y a pas d'autre trafic et la piste est libre*(12).

Les phares de roulage sont allumés. Ils projettent devant l'appareil un faisceau blanc qui irise les minuscules gouttelettes de pluie. Dans le poste de pilotage, le commandant turc

(11) Code du radar secondaire permettant au contrôleur de voir s'afficher sur son écran le numéro et l'altitude du vol concerné.

(12) D'un point de vue réglementaire, l'aéroport de Kajaani étant un AFIS (il n'y a pas de contrôle réel mais un service d'information de vol), le contrôleur ne prononce jamais le mot "autorisé". Il donne des informations au pilote.

pousse lentement les deux manettes de gaz vers l'avant. Les freins sont lâchés et la machine se met en mouvement.

En cabine, les passagers se réjouissent du départ qui approche. Ils s'imaginent déjà en train de flâner dans les bazars ou de se faire bronzer sous le soleil de Turquie. Pour ce peuple nordique qui vit en permanence dans les rigueurs du froid et de la nuit, c'est une sensation extraordinaire. Chacun ne pense plus qu'aux vacances de rêve qui se préparent !

Et les deux commandants de bord dans leur poste de pilotage, à quoi peuvent-ils bien penser ? Sont-ils bien conscients qu'ils vont mettre en l'air un avion qui n'est pas réellement en état de vol. Peut-être se disent-ils qu'il y a deux réacteurs sur le MD 83. En cas de défaillance de l'un, il en restera toujours un deuxième. Et la sécurité dans tout ça ?

Kajaani n'est pas un grand aéroport. La distance entre le parking et le point d'attente ne dépasse pas 150 mètres. Il ne faut donc guère plus d'une minute pour que l'avion soit en place au bord de la piste.

2 heures 27 minutes 14 secondes (commandant) : *La tour, Intersun 2042, on demande l'alignement piste 07.*

2 heures 27 minutes 20 secondes (tour de Kajaani) : *Roger Intersun 2042... (incompréhensible), la piste 07 est libre.*

Lentement, l'avion de ligne commence à rouler pour pénétrer sur la piste. Mais il ne fait que quelques mètres et s'arrête immédiatement.

Il y a un nouveau problème. Quelque chose vibre dans l'avion... Ce n'est pas très fort mais ça se répercute dans tout le fuselage.

Dans le poste de pilotage, les deux hommes discutent dans leur langue pour essayer de comprendre l'origine de ces vibrations. Ils pensent qu'elles proviennent du train d'atterrissage avant... Leur hypothèse est qu'ils ont un pneu crevé.

Ils ont tout faux... L'enquête montrera qu'en réalité, le phénomène vibratoire vient toujours du réacteur gauche qui fonctionne de plus en plus mal, mais l'équipage n'y pense pas.

Du haut de sa tour, le contrôleur ne comprend pas pourquoi l'avion s'est arrêté entre le taxiway et la piste. Comme il n'y a pas de trafic, il attend patiemment. Finalement au bout de 48 secondes, c'est lui qui vient aux nouvelles.

2 heures 28 minutes 08 secondes (contrôleur de Kajaani): *Vous avez un problème Intersun 2042 ?*

L'équipage du *MD 83* ne répond pas à la radio. Les deux hommes sont trop absorbés par leur discussion. Ils voudraient bien comprendre ce qui provoque ces étranges vibrations...

Nouvelle attente interminable...

Le contrôleur est sur le point de réitérer sa demande, lorsque soudain, il entend d'étranges parasites en provenance de l'avion.

2 heures 29 minutes 00 seconde (commandant de bord): *...(incompréhensible) ...Intersun 2042.*

2 heures 29 minutes 05 secondes (tour de Kajaani): *OK... La piste est libre, Intersun 2042. Vent du 150 degrés pour 9 nœuds.*

Il y a encore un temps mort puis le *MD 83* s'avance enfin jusqu'au centre de la piste. Il s'arrête et ne bouge plus... Les secondes passent... Le contrôleur attend. Il se dit que le pilote est peut-être en train de terminer sa check-list mais c'est tout de même un peu long.

Et puis tout à coup, le pilote l'appelle... A partir de maintenant, les choses vont prendre une tournure tout à fait incroyable.

2 heures 30 minutes 55 secondes ***(commandant)*****:** *On voudrait vérifier la roulette de nez... euh... Est-ce que vous pourriez pas nous envoyer un mécanicien et... euh... on voudrait partir !*

Le contrôleur n'en croit pas ses oreilles en entendant ce message complètement délirant... Difficile de comprendre ce que veut vraiment le pilote... Il demande à la fois de vérifier la roulette de nez, un mécanicien et dans le même temps, il veut partir ! Tout cela n'est qu'un piteux cafouillage.

En fait, dans leur poste de pilotage les deux commandants de bord n'ont pas encore réussi à analyser leur problème. Celui-ci est pourtant très simple. On peut le résumer ainsi : lorsqu'ils roulent, ils augmentent la poussée des réacteurs. Le moteur gauche se met alors à vibrer et les gars pensent que les vibrations proviennent d'une roue avant qui serait crevée(13).

2 heures 31 minutes 02 secondes ***(contrôleur de Kajaani)*****:** *Intersun 2042, reçu, voulez-vous rentrer au parking ?*

Nouveau silence gêné sur la fréquence. Rentrer au parking, c'est évidemment la dernière des choses que les Turcs envisagent. Vu l'état de leur avion, s'ils font ça, ils ne pourront jamais repartir cette nuit... Or, ils veulent rentrer au pays coûte que coûte. On pourrait presque sourire de leur attitude obstinée si elle ne mettait en jeu la vie de 144 personnes.

2 heures 31 minutes 20 secondes ***(commandant)*****:** *On stoppe euh... sur la piste... Euh, est-ce que vous pouvez nous envoyer un mécanicien ?*

(13) Les réacteurs de l'avion n'étaient pas équipés de détecteurs de vibrations.

2 heures 31 minutes 29 secondes *(tour de Kajaani)*: *Vous êtes en train de me demander de vous envoyer un mécanicien... sur la piste?*

2 heures 31 minutes 31 secondes *(commandant)*: *Euh... oui.*

Cette fois, le contrôleur n'a pas pu cacher son étonnement. Le type là-bas s'imagine qu'on va lui réparer son avion au beau milieu de la piste.

C'est comme si un automobiliste proposait qu'on lui change son moteur sur la voie de gauche d'une autoroute!

2 heures 31 minutes 59 secondes *(contrôleur de Kajaani)*: *Attendez un instant.*

2 heures 32 minutes 05 secondes *(commandant)*: *Okay, on attend.*

Un peu décontenancé, le contrôleur appelle son chef de quart pour le mettre au courant des exigences du pilote. La réponse arrive en moins d'une minute: "qu'ils demandent des conseils aux mécaniciens de Finnair". Aussitôt, le fonctionnaire transmet le message à l'avion.

2 heures 33 minutes 12 secondes *(contrôleur de Kajaani)*: *Intersun 2042, est-ce que vous voulez la fréquence de la compagnie Finnair?*

2 heures 33 minutes 15 secondes *(commandant)*: *Euh .. Okay.*

2 heures 33 minutes 22 secondes *(contrôleur Kajaani)*: *Appelez leur service mécanique sur 131.50*

2 heures 33 minutes 24 secondes *(commandant)*: *131?*

2 heures 33 minutes 27 secondes *(commandant)*: *131,40?*

2 heures 33 minutes 28 secondes *(contrôleur un peu énervé)*: *131,50!*

2 heures 33 minutes 30 secondes *(commandant)*: *50... merci.*

Dans sa tour, le contrôleur vient d'être rejoint par deux fonctionnaires de l'aéroport qui se préparaient à rentrer chez eux... L'un d'eux a pris les jumelles pour observer l'avion de ligne immobilisé sur le seuil de la piste 07. Les phares sont toujours allumés, et les strobes déchirent la nuit de leurs flashs éblouissants.

Le spectacle des ces pilotes qui cafouillent minablement est consternant. On ne sait plus si on doit éclater de rire devant leur incompétence ou trembler de peur en pensant aux malheureux qui sont à bord de l'avion.

D'autant que sur la piste, il se passe maintenant quelque chose d'inimaginable: la porte avant gauche est en train de s'ouvrir. On aperçoit distinctement la lumière de la cabine qui se reflète sur le ciment mouillé. Lentement, l'escabeau intégré se déploie. Quelques secondes plus tard, un des pilotes descend la passerelle et se dirige vers le train d'atterrissage avant.

L'homme donne un rapide coup de pied sur les deux roues, il tourne deux fois autour de la jambe de train puis remonte dans l'avion. Les contrôleurs n'en croient pas leurs yeux. Le gars vient tout simplement de vérifier que ses pneus ne sont pas crevés et il a fait ça sous leurs yeux, en plein milieu de la piste! Sans même les informer! Un cauchemar pour contrôleurs consciencieux...

Quelques secondes plus tard, la passerelle escamotable remonte lentement dans son logement.

2 heures 34 minutes 11 secondes *(commandant)*: *La tour, c'est Intersun 2042... On vient de vérifier... euh... Tout va bien, euh... on demande le décollage.*

Tout va bien puisque les pneus sont en bon état... Sans chercher plus loin l'origine des vibrations qui lui faisaient croire à une crevaison, l'équipage demande maintenant l'autorisation de décollage.

Aussi incroyable que cela puisse paraître, le contrôleur n'a pas d'autres solutions que de laisser partir l'avion. L'aéroport n'est qu'un AFIS, dont les attributions sont limitées au service d'information.

2 heures 34 minutes 15 secondes *(tour de Kajaani)*: *Intersun 2042, Roger... La piste 07 est libre. Vent du 140 degrés pour 11 nœuds.*

Depuis la tour, on entend le sifflement des réacteurs qui s'amplifie. Cette fois, il va y aller et tout le monde au sol croise les doigts pour que ça se passe bien. Les secondes s'écoulent interminablement...

Le sifflement devient un grondement qui fait trembler les vitres de la petite aérogare. A tout moment on croit que le pilote va lâcher les freins. Mais il maintient son appareil immobile avec les gaz plein pot. Ça dure près d'une minute... Et puis tout à coup, il y va... L'avion commence à rouler. Il accélère... Le contrôleur se surprend à faire une brève prière pour que Dieu protège les innocents qui sont à bord.

Le *MD 83*(14) n'a pas parcouru une centaine de mètres que des claquements sourds retentissent. On dirait une rafale de mitrailleuse tirée dans le lointain. Puis soudain, c'est une violente explosion.

(14) Le MD 83 est un des rares avions de ligne à posséder une passerelle latérale escamotable. Ce système lui confère une certaine autonomie pour le débarquement de ses passagers.

Le bruit est si fort qu'il couvre le grondement des réacteurs. On l'entend jusque dans les hangars de maintenance de Finnair. Surpris, deux policiers se ruent sur le parking, croyant que l'avion vient d'exploser.

Aussitôt, le grondement des réacteurs diminue. L'avion ralentit et s'arrête de nouveau en plein milieu de la piste.

Dix secondes plus tard, le pilote appelle sur la fréquence.

2 heures 35 minutes 55 secondes *(commandant)*: *Euh... c'est Intersun 2042... Nous avons annulé le* décollage et nous... euh, nous rentrons au parking.

2 heures 36 minutes 07 secondes *(contrôleur Kajaani)*: *Aaaah... Vous rentrez au parking?*

Pas de réponse. Dans le poste de pilotage, on doit commencer à réaliser qu'on est passé tout près de la catastrophe.

Cette fois, le contrôleur préfère insister lourdement. Il avouera plus tard qu'il a eu très peur que l'équipage ne change d'avis et ne fasse une nouvelle tentative de décollage.

2 heures 36 minutes 12 secondes *(contrôleur Kajaani)*: *Intersun 2042, est-ce que vous confirmez que vous rentrez au parking?*

Le silence est encore très long avant qu'une voix mal à l'aise ne se fasse entendre sur la fréquence:

2 heures 36 minutes 40 secondes *(commandant)*: *Affirmatif.*

2 heures 36 minutes 42 secondes *(tour de Kajaani)*: *Compris...*

A très faible vitesse, le *MD 83* rejoint alors l'endroit qu'il a quitté quelques minutes plus tôt. Au moment où les phares d'atterrissage s'éteignent, la tour le rappelle une dernière fois.

Mais c'est une autre voix plus grave qui interpelle le pilote:

2 heures 39 minutes 05 secondes *(tour de Kajaani)*: *Intersun 2042, Kajaani.*

2 heures 39 minutes 08 secondes *(commandant)*: *Oui, monsieur.*

2 heures 39 minutes 10 secondes *(tour de Kajaani)*: *Est-ce que vous pourriez aller immédiatement dans le bureau de Finnair... Il y a un appel téléphonique pour vous!*

2 heures 39 minutes 14 secondes *(commandant)*: *OK...*

Le dernier mot du commandant est à peine audible... L'homme a compris que les ennuis commençaient...

Les choses ne traînent pas... A 5 heures du matin, une commission d'enquête est désignée par la FAIB(15). Deux heures plus tard, les premiers experts sont sur place pour procéder à l'examen du réacteur. Ils sont atterrés par ce qu'ils découvrent...

Plusieurs ailettes du compresseur "basse pression" sont brisées. Quant au compresseur "haute pression", il est littéralement en charpie. Si le moteur avait été poussé quelques secondes de plus, il ne fait aucun doute qu'il aurait pris feu.

La première décision des experts est d'interdire à l'appareil de redécoller tant que le réacteur incriminé n'a pas été changé (on ne sait jamais!). Mais étant donnés les risques qui ont été pris vis à vis des passagers, les enquêteurs décident d'aller plus loin. Ils font sortir les deux boîtes noires pour les analyser et on découvre avec stupeur que les problèmes du réacteur gauche n'ont pas commencé à Kajaani mais après le décollage de Turquie.

(15) Finish Accident Investigation Board : Bureau finlandais d'enquête accident.

Il y a beaucoup plus grave... L'analyse du FDR prouve sans ambiguïté qu'au moment de la dernière mise des gaz à Kajaani, les instruments au tableau de bord affichaient des informations alarmantes sur l'état du réacteur: des battements très importants se produisaient au niveau de l'EGT. Et le moteur a mis plus de 40 secondes pour monter en puissance, ce qui annonçait évidemment que la mécanique allait casser...

C'est d'ailleurs la raison pour laquelle l'équipage a mis tant de temps avant de lâcher les freins, il attendait que le moteur accélère. Parmi la petite centaine d'erreurs qui seront reprochées aux pilotes, la plus terrible sera évidemment cette folle tentative de décollage avec des passagers à bord. Pour se défendre, les deux hommes prétendront qu'ils n'avaient pas l'intention de décoller mais procédaient à un simple essai du réacteur sur la piste.

La boîte noire prouvera le contraire. S'il s'était agi d'un essai, seul le moteur gauche aurait été poussé, or les deux réacteurs étaient à fond. Et de toutes les façons, pour un essai au sol, on ne lâche jamais les freins.

Cet incident n'a fait aucune victime. C'est une chance extraordinaire. Si le moteur avait cassé quelques secondes plus tard, les risques de crash auraient été énormes.

Accumulation d'erreurs... négligences...... mauvaise formation des équipages... souci de rentabilité maximum... inconscience criminelle. Cet incident est une caricature de ce qu'il ne faut pas faire si on veut garder la confiance des passagers.

L'incident sera classé "sérieux" par les enquêteurs. Cela provoquera d'ailleurs la colère de la compagnie Intersun et des autorités aéronautiques turques qui crieront au complot. A leurs yeux, il n'y a eu qu'une simple panne moteur et l'équipage n'a commis aucune faute.

Elles n'auront malheureusement jamais l'occasion de prouver leur bonne foi puisqu'elles refuseront tout simplement de coopérer à l'enquête. Les enquêteurs demanderont aux services techniques de la compagnie Sunways de leur faire parvenir des documents concernant l'entretien de l'avion. Certains ne leur parviendront jamais...

Deux semaines plus tard, le *MD 83* a été équipé d'un nouveau réacteur et il a été remis en vol.

Les Finlandais ne semblent pas avoir de chance avec cette compagnie turque car 9 mois plus tard, un autre incident grave survient sur l'aéroport de Joehensuu. A 1 heure 56 du matin, le pilote d'un MD 80 manque son atterrissage.

Il se présente beaucoup trop vite et ne parvient pas à freiner avant la fin de la piste. Un peu hébété, il termine sa course... sur l'aire de repos d'une autoroute. Par une chance extraordinaire, il n'y a aucun blessé parmi les 166 passagers et les 7 membres d'équipage.

Deux mois plus tard, à Kuopio, (toujours en Finlande) un autre appareil d'Intersun Sunways se présente cette fois avec une vitesse beaucoup trop faible (il faut bien essayer de se corriger !). Comme le pilote est trop bas sur son plan d'approche, il accroche le sommet d'un arbre et se pose quelques mètres avant la piste... La encore, il n'y a aucun blessé. Espérons que cette chance insolente se poursuivra.

Suite à ces trois incidents graves, certains officiels ont proposé de sanctionner la compagnie en lui retirant son autorisation de transport aérien. Étrangement, la procédure n'a pas abouti. A l'heure où ces lignes sont écrites, il est donc toujours possible pour des touristes de toute nationalité de se rendre en Turquie à bord des avions d'Intersun Sunways.

Bon voyage !

SOMMAIRE

Dans la collection
HISTOIRES AUTHENTIQUES
aux Éditions Altipresse

---

de Jean- Pierre Otelli

-

CATASTROPHES AÉRIENNES
Les passagers ont le droit de savoir

LES MIRACULÉS DU CIEL
Histoires de survies extraordinaires

GANGSTERS DU CIEL
Actes de piraterie aérienne

POURQUOI ILS SONT TOMBÉS
Les faits...la vérité!

LES FOUS DU CIEL
Que s'est-il vraiment passé dans les avions?

PILOTES
Germain CHAMBOST et Jean-Pierre MITHOIS

AVENTURES DANS LE CIEL
Bernard THOUANEL

POMPIERS
Jean-Claude DEMORY

CHERCHEURS DE TRÉSORS
Fred BONAMY

Achevé d'imprimer en mai 2003
sur presse Cameron
par ***Bussière Camedan Imprimeries***
à Saint-Amand-Montrond (Cher)

N° d'impression : 032572/1.
Dépôt légal : mai 2003.

Imprimé en France